优质之路

北京市第十七届
课外校外教育理论研讨会
论文集

周立奇
　／
　主编

图书在版编目（CIP）数据

优质之路：北京市第十七届课外校外教育理论研讨会论文集／周立奇主编. —北京：中央编译出版社，2020.7

ISBN 978-7-5117-3315-3

Ⅰ. ①优… Ⅱ. ①周… Ⅲ. ①校外活动-北京-文集 Ⅳ. ①G77-53

中国版本图书馆 CIP 数据核字（2020）第 087311 号

优质之路：北京市第十七届课外校外教育理论研讨会论文集

出 版 人：	葛海彦
出版统筹：	贾宇琰
责任编辑：	郑永杰
责任印制：	刘　慧
出版发行：	中央编译出版社
地　　址：	北京西城区车公庄大街乙 5 号鸿儒大厦 B 座（100044）
电　　话：	（010）52612345（总编室）　　（010）52612365（编辑室）
	（010）52612316（发行部）　　（010）52612346（馆配部）
传　　真：	（010）66515838
经　　销：	全国新华书店
印　　刷：	北京时捷印刷有限公司
开　　本：	710 毫米×1000 毫米　1/16
字　　数：	267 千字
印　　张：	17.75
版　　次：	2020 年 7 月第 1 版
印　　次：	2020 年 7 月第 1 次印刷
定　　价：	89.00 元

网　　址：	www.cctphome.com　　邮　箱：cctp@cctphome.com
新浪微博：	@中央编译出版社　　微　信：中央编译出版社（ID：cctphome）
淘宝店铺：	中央编译出版社直销店（http：//shop108367160.taobao.com）
	（010）55626985

本社常年法律顾问：北京市吴栾赵阎律师事务所律师　　闫军　梁勤
凡有印装质量问题，本社负责调换。电话：（010）55626985

编 委 会

顾　　问：王定东
主　　任：杨志强　刘忠心
副 主 任：卢　亭
主　　编：周立奇

编　　委：（排名不分先后）
　　　　　　王　越　王　平　柳小兵　周心悦　王小慧　李灿宇
　　　　　　齐小兵　何　静　朱勇哲　张　伟　孙　茜　叶　奔
　　　　　　马连山　刘春霞　周尚起　冯晓虹　侯利伟　胡盼盼

参编作者：（排名不分先后）
　　　　　　胡盼盼　冯晓虹　周　咪　徐　颖　章雪楠　霍艳平
　　　　　　马　馨　何　江　王慧旻　张　彦　孙　浩　李　雪
　　　　　　赵　洁　毕　欣　黄　涛　马　劢　王　芳　李魏新
　　　　　　张　伟　孙　茜　杨　帆　王袁媛　王　雷　刘春霞
　　　　　　崔焕然　韩永智　王秀江　蔡　颖

指导专家：（排名不分先后）
　　　　　　康丽颖　康建朝　王永红　王海平　崔向红　王　平
　　　　　　周　放　马金鹤

序 言

科研工作是教育事业的重要组成部分,在教育改革和创新发展中具有先导性和引领性的地位。近年来,北京市校外教育坚持深化研究,以科研服务校外教育供给侧改革,以科研指导教育教学实践。而作为全市校外教育教科研重要载体的"课外、校外教育理论研讨会"已持续开展三十余年,成为展示和交流全市校外教育教科研成果的最佳平台,在提高校外教育科研工作质量,提升校外教育科学化、理论化水平,促进校外教育活动育人、实践育人等方面发挥着重要作用。

在参与第十七届校外教育教科研理论研讨会的评审中,我体会颇深。本届研讨会各区重视程度高、参与面广,全市课外、校外教育工作者紧密联系工作实际,积极选题、主动研究、细致梳理,形成了一批理论性成果。这一文集收录了27篇优秀论文,作者立足于课外、校外教育教学实际,在优质项目建设、活动课程建设、教师队伍建设以及活动教学和管理等方面做了大量的探索、反思和提炼,选题立意新颖,观点明确,资料翔实,论证有力,研究规范、严谨,突出了实践性、实用性和实效性,有效地促进了课外、校外教育的优质发展。具体体现在以下三个方面。

一、推进了优质项目建设。作者围绕校外教育"三个一"活动以及校外教育优质项目建设展开研究,贡献了自身的智慧。微观层面上,他们立足于以教育教学、科研、教研、教师培训、宣传为支撑的"实践共同体",以论文研究支持项目建设,支持教师专业培养,探索了核心素养的具化方式、活动育人的发展策略、项目目标框架的设计对策,研究了校外教育机构新入职教师的培养方式、校外教师师德建设的策略;宏观层面上,他们全面总结了校外教育"三个一"改革实践活动,述评了校外教育政策，进一步探究了校外教师队伍建设的路径、校外教科研的发展方向，思考了优质项目的建设途径。这些理论不仅为校外教育优质项目建设提供了导向，加强了校外教育学科建设，还在扩大校外教育的格局中发挥了示范引领作用，对未来校外教育的发展做出研判，为下一轮的改革发展提供了思路。

二、支持了活动课程研发。教学研究是现代教师必备的一项专业素质，只有在教学中勤于实践、不断创新，才能与时俱进，提高自己的教育教学水平，而校外教育的个性化特征又决定了课程研发是校外教育机构教师必备的专业素质之一。我们从中可以看到校外教育实践者们付出的努力。他们结合学生核心素养培育、结合教育发展规律，设计了合理性、系统性、科学性的校外教育活动课程，促进了校外教育活动的课程化建设。他们探索了全新的校外教育机构活动内容、课程组织框架，发现了全新的活动规律、活动方法和活动模式，把自己的教学实践经验上升到理论经验。这些理论又进一步指导未来教育教学实践，引领校外教育活动课程化、规范化、体系化的改革，提升校外教育教学的质量。

三、促进了融合育人落地。作为基础教育的重要组成部分，校外教育活动以其灵活性、多样性、开放性的特点为校外教育融合发展提供了基础，在推进素质教育、促进校内外相结合方面彰显了明显优势和独特作用。我们看到了作者在研究中独特的融合思维，他们通过整合区域校内外优质教育资源、探索区域校内外教育活动育人平台，构建了校内外有机融合的协同育人模式；他们在校外教育专业学科融合上进行了深入思考，探究专业教学内在的教育规律，通过专业学科的交叉，构建了多样化、优质化的校外教育供给资源模式。这些研究不仅提升了课外校外教育活动的供给水平，也凸显出校外教育机构活动育人的能力。

尽管此文集在某种程度上还不够成熟，但它毕竟是全市校外教育科研成果的一种呈现，希望能为校外教育工作者提供一定的借鉴和参考。衷心希望广大校外教育工作者继续加强校外教育的理论、实践研究和学科研究，不断积累校外教科研成果，使得校外教科研工作更加有力、有为、有效，引领全市校外教育科学健康发展。

北京校外教育协会副会长　崔向红
2020 年 5 月

目 录

"三个一"优质项目下的校外教育教科研初探

  胡盼盼（北京学生活动管理中心）……………………… 1

北京校外教育"三个一"活动的成效与发展启示

  冯晓虹（北京学生活动管理中心）……………………… 8

对校外教育项目建设的思考

  周　咪（北京学生活动管理中心）……………………… 17

冬奥会背景下北京市中小学"冰雪运动进校园"开展现状及对策研究

  徐　颖（北京学生活动管理中心）……………………… 26

中华优秀传统文化促进师德建设的策略研究

  ——以"中华茶文化"课程授课教师骨干师资培训为例

  霍艳平（北京市东城区少年宫）………………………… 34

基于核心素养探索初级合唱团游戏化教学模式

  马　馨（北京市东城区少年宫）………………………… 47

论中学校外教育资源的开发与利用

　　何　江（北京市第一零九中学） …………… 56

关于校外教育机构传统文化课程设置的几点构想

　　孙　浩（北京市西城区少年宫） …………… 65

"趣味鸟科学"课程的开发经验与思考

　　李　雪（北京市西城区青少年科学技术馆） …………… 74

校外科技教师开展小课题研究的实践探究

　　——以北京市宣武青少年科学技术馆为例

　　赵　洁（北京市宣武青少年科学技术馆） …………… 84

浅谈校外教育机构新入职教师的培养方式

　　黄　涛（北京市宣武青少年科学技术馆） …………… 93

国学校本课程开发中的课程内容组织逻辑研究

　　马　劢（北京市西城区西长安街少年宫） …………… 102

校内外深度融合，共话"生命之美"

　　——以中学生生物模型设计与制作评展活动为例

　　王　芳（北京市朝阳区学生活动管理中心、青少年活动中心） …… 114

校外教育优质项目目标框架问题及对策研究

　　李魏新（北京市朝阳区望京教育辅助中心） …………… 121

实践中研究、挑战中转型、迭代中发展

　　——成就有特点的校外专业教师

　　孙　茜（北京市丰台区少年宫） …………… 134

加强优质项目建设，坚持活动育人

  杨 帆（北京市门头沟区少年宫）……………… 143

国学启蒙教育促进儿童品德发展的实践研究

  王袁媛（北京市大兴区少年宫）………………… 150

校外儿童美术教育实践活动育人的创新研究

  王 雷（北京市大兴区少年宫）………………… 160

实践视角谈核心素养在优质项目中具化的思考

  崔焕然（北京市密云区青少年宫）……………… 171

硬笔书法教学与美术的融合促进学生探究性学习习惯的培养

  韩永智（北京市延庆区青少年活动中心）……… 177

改革开放四十年来校外教育政策述评

  王秀江（中国儿童中心）………………………… 184

校外教育机构美育实践的思考和探索

  蔡 颖（中国宋庆龄青少年科技文化交流中心）……… 192

益智类游戏活动课模式探索

  ——"叠叠高"游戏

  章雪楠（北京市东城区少年宫）………………… 199

教育资源促进资质优异学生科学素养发展

  王慧旻 张 彦（北京市东城区府学胡同小学）……… 211

研发课程提高电子小组教学质量的研究

  ——"可编程电子创意制作"课程教材开发与教学应用

  毕 欣（北京市宣武青少年科学技术馆）……… 224

基于三科兴趣探究海淀区中学生人文素养的影响研究报告

　　张　伟（北京市海淀区青少年活动管理中心）……………… 238

校外教育优质项目建设阶段性成果调查报告

　　刘春霞（北京市密云区青少年宫）……………………………… 245

附录一 ……………………………………………………………… 256

附录二 ……………………………………………………………… 259

"三个一"优质项目下的校外教育教科研初探

胡盼盼

(北京学生活动管理中心)

【摘　要】 教育改革发展的进程中教育科学研究一直扮演着重要的角色，有着特殊的意义与内涵。无论是学者还是国家都在倡导教育科学研究新模式的探索与推广。北京市"三个一"优质项目建设活动开展以来，教科研对项目发展和教师个人成长方面都起到了关键作用。本文试图以教科研视角分析"三个一"优质项目建设现状，并针对现有问题提出相应建议。

【关键词】 校外教育　教科研　"三个一"优质项目

20世纪初期，教师就被认为具备在教育教学中主动发现问题并会尝试解决问题的能力[1]。20世纪70年代，英国课程学家斯腾豪斯也明确提出"教师作为研究者"的主张，他认为教师在教学课堂开展研究十分有必要，课程研究和设计、项目研究等都有赖于教师的教育教学工作[2]。皮亚杰认为目前因为中小学教师更低频地参与或组织科学研究从而导致他们正在丧失应有的职业专业性。他主张教师应该加强教育科学研究从而能够像医生、科学家一样具备自己的专业素养和地位[3]。由此得出，除了教育教学外，教科研对于教师而言是一件有意义且必要的工作。

2016—2019年，按照北京市教委的整体规划和要求，全市62家校外教育机构投身于北京市校外教育"三个一"优质项目的建设和评选中。随着"三个一"活动的不断深入,全市已有六百余项校外教育项目在持续建设中,北京市教委已评选了首批149项优质项目。"三个一"活动是以教育教学质量提升为核心,教研、科研、管理、保障、宣传等内容多位一体,协同发展。教科研对于优质项目的建设起到了关键性作用。

一、教科研对校外教育的独特意义

(一)教研与科研的区别和联系

教育科学研究简称为"教科研",包括教学研究(简称"教研")和科学研究(简称"科研")[4]。《教育科研手册》中对于教科研的定义为:"科研是用相关教育理论,发现教育规律,针对教育实际中的问题,运用科学合理的手段解决。而教研是对教学主体、目标、内容、方法、媒体、环境等要素,教学准备、教学实施、教学评价等环节进行研究,探讨教学的规律,提高教学效果和质量。"[5]在实践中,部分老师对于教科研存在一定的误解,把教研当成科研,把科研等同于做课题和写论文[6];部分教师过分注重教科研的功利价值,更关心教科研在职称晋升的作用,而忽视了教科研本质的意义,弱化了教科研对于教育教学本身的促进指导作用。

其实,教研和科研之间既有区别又有联系[7]。在研究目的方面,科研侧重于提升理论价值,教研侧重于解决现实问题;在研究方式方面,科研主要以课题形式开展,教研则更多以集体备课、说课、观摩课等方式;在研究过程方面,科研更强调计划性,周期更长,教研则更加灵活,周期短;在研究方法方面,科研更强调严谨的研究方法,教研则更偏经验和实践等。但两者并不是决然分离的,科研往往能够给教研提供更科学的理论支撑,而教研反过来又能为科研提供更直接的实践反馈,两者呈现螺旋上升式的关系。

(二)教科研引领教育改革方向

在国家层面上,《国家中长期教育改革发展规划纲要(2010—2020

年）》明确指出："鼓励教师和校长在实践中大胆探索，创新教育思想、教育模式和教育方法，形成教学特色和办学风格，造就一批教育家，倡导教育家办学。"国家正在积极倡导教师主动参与教科研工作，实现教育供给侧的创新。

《中共中央国务院关于深化教育教学改革全面提高义务教育质量的意见》中提出"强化课堂主阵地作用，切实提高课堂教学质量"。通过掌握学生身心发展规律，结合国家课程标准，科学设定教学目标；通过精准分析学情，探索课程综合化教学来优化教学方式；通过促进信息技术与教育教学融合运用，实现教学效果的显著提升。不仅如此，《中国教育现代化2035》特别强调加强课程教材体系建设，科学规划大中小学课程，分类制定课程标准，充分利用现代信息技术，丰富并创新课程形式。无论课堂教学本身的优化还是课程建设、教材开发的质量提升，都需要教育科学研究的引领和带动。

（三）校外教育教科研的缺失

随着中国改革开放进程的加速，不得不承认校外教育的自身优势在逐渐减小，校外教育的核心竞争力在逐渐减弱。而近几十年来学校教育的质量在不断提升，这与其常态化、规范化的教科研工作密不可分。以北京市为例，各区、各学校、学校的每个年级组都设定有教研室或教研组，定期开展教科研活动，并形成体系化的工作方案。此外，高校、相关科研院所的研究关注度也给校内教育的教科研提供了有力的外部支撑。

反观校外教育，从自身发展过程来看，以北京市为例。北京市教委于1988年成立北京市校外教育研究室，目前专职教研员11人；在全市18个区中，仅有9个区在近几年来设立了区教研室，区教研室人员大多为机构其他岗位教师兼任；校外教师普遍更倾向于或更擅长将精力投入专业研究上，而不是教育研究上，从而无法具备从事教科研所需具备的基本研究技能和素养；高校、相关科研院所几乎不具备校外教育相关人才培养体系，相关科研人员的关注度极低。

二、"三个一"优质项目建设与校外教科研

"三个一"优质项目建设的主体是教师,客体是学生,方式是活动,最终的目的是通过优质项目使学生受益更大。笔者通过分析市级"三个一"优质项目材料评选资料和现场评选资料,参与相关工作,总结出教科研工作对于优质项目的影响主要表现为以下三个方面。

(一)催生全国首套校外教育评价标准,科学评价项目质量

校外教育六十多年以来,一直都没有科学化、可操作化的评价体系,部分原因在于校外教育所涉及专业门类广,无法运用"一把尺子"衡量所有教育活动。每种校外教育专业门类都在强调自己的专业性、独特性的同时,也带来校外教育质量参差不齐、难以评价的局面。在这种背景下,"三个一"优质项目通过创新、特色、精品三个维度制定出《北京市校外教育"三个一"优质项目评价标准》,开创性地解决了上述问题[8]。该套评价标准以横向——创新、特色、精品三个维度,纵向——"规划与计划""支持与保障""方法与过程""成绩与效果"三个方面,从42个角度全方面评估一个优质项目的质量水平。

(二)促进校外教育从活动向课程化转变,提升育人质量

校外教育自诞生以来,就以"活动育人"为自身优势影响学生的身心发展。但这些活动大多以单次或零散式开展,活动与活动之间缺乏合理的关联性,活动的设计缺乏育人性和科学性。通过教科研工作,零散活动开始向体系化课程转变,通过搭建课程框架、确定课程目标、梳理课程体系、设置课程内容、研制课程评价,进一步形成了具有校外教育鲜明特点的"三个一"优质项目育人模式。在此过程中,通过及时总结和提炼教育经验,很多优质项目研制出相应的课程教材、学习单、课程资源包等,为课程实施提供更有利的保障。

（三）推动教师成长为"专家型"教师，加强校外教师队伍建设

相比较于学校教师而言，校外教师队伍整体的专业性更强，大多毕业于国内外专业院校。这成为校外教师的长处之时，同时也成为他们的短板。过于专业的学科背景，很难让其改变固有的教育教学技巧和思维，所以经常会出现"风格"之分，过于个性化和随意化。在系列教科研活动中，通过给校外教师搭建业务交流平台，让教师们了解同行的教育教学方法和技巧；通过课题申报，让教师有机会针对某些典型问题开展自己的研究；通过"引进来，走出去"，让教师吸收国内外先进的教育理念和技术。这些促使"三个一"优质项目建设的更加科学、有效，让教师从"专业型"教师向"专家型"教师发展。

三、提升校外教科研质量的路径分析

校外教科研提升了"三个一"优质项目建设的质量和效率，成为支撑项目建设的抓手，因此教科研质量的提升在一定程度上决定了优质项目建设的水平。基于北京校外教育发展情况，笔者提出以下三条提升校外教科研质量的路径。

（一）培养问题研究意识，寻找教育中的"真问题"

有意义的教育科学研究起源于一个有意义的问题。在教师参与教科研过程中，曾出现找不到问题或选题过于空、大的现象。教育研究的直接目的就是解决教育教学中遇到的问题，所以问题的质量决定了接下来研究的效果和教师的动力。而一个有意义的教育研究问题，笔者认为具备以下几个特征。第一，问题来源于真实的教育情境。问题的提出应该是基于教师在日常教学中的观察和积累，而不是凭空想象出来的问题。第二，问题具有一般性。问题不是在某些极其特定环境下产生的现象，而是在一般教育教学场景中反复出现的某种现象[9]。第三，问题具有可研究性。有的教师

虽然能提出一个问题，但对于自身或团队而言所需的条件过于苛刻，在短时间内并无法解决或改进。这样的问题对于当下而言可能不是一个适合的问题。

（二）提高问题研究能力，掌握研究中的"好方法"

基础的教育研究方法是开展教科研工作的前提条件。教师在从事教科研工作时，需根据研究问题和目的，选取合适的研究方法探讨问题。教育研究方法整体来说分为质性研究方法和量化研究方法两大类，例如教师们经常在课堂上使用的观察、与学生的访谈、对学生作品的分析等属于质性研究方法范畴。在一定范围内进行问卷调查，专业量表测试等则属于量化研究方法。校外教师需要进一步掌握这些研究方法的适用范围、条件及具体的操作步骤，才能保证得到科学、准确的研究数据。

（三）建立教育研究团队，形成工作中的"大合力"

应激励校外教师开展团队协作式的教科研活动，形成教科研共同体，打破"单打独斗""闭门造车"的教科研模式，组建同专业、跨专业的教科研团队。随着教育改革的发展，教育领域的单独性在逐渐被打破，新兴出许多跨学科的教育项目。这就需要校外教师形成学科融合式的教科研团队，以不同专业视角探索同一个问题，发挥不同学科专业优势，提供更多元的问题解决方案。这也是校外教育未来发展的一大趋势。

任何教育形式下的教科研工作都不是一蹴而就的，都需要我们潜心在实践中积极探索和发掘。校外教师从事教科研工作，也是一个不断自我反思，提升育人质量有效途径。无论是当下还是未来，校外教育教科研都会是"三个一"优质项目建设的核心内容和项目实施过程中的持续动力。

【参考文献】

[1] John Sikula.Handbook of research on education[M].USA：Macmillan Library Reference USA,1996：54.

［2］L.Strenuous.Curriculum research and the professional development of teachers［M］.USA：Heinemann Educational Books,1975：23-24.

［3］皮亚杰.教育科学与儿童心理学［M］.傅统先,译.北京：文化教育出版社,1981：11.

［4］吴立宝,张永健.中小学教师教科研困境及其实践转向［J］.中国教育学刊,2018（1）：92-97.

［5］栾传大,赵刚.教育科研手册［M］.大连：大连出版社,1991：7.

［6］李鹏,韩立菊.教师教科研存在的问题及解决策略探讨——基于莱芜市中小学教师教育科研的调查研究［J］.当代教育科学,2014（14）：43-45.

［7］张前芳,程先国.中小学校长教育科研领导力提升路径探析［J］.中小学教师培训,2019（8）：38-43.

［8］中国儿童中心.中国儿童发展报告儿童（2019）——儿童校外生活状况［M］.社会科学文献出版社,2019（8）：351-367.

［9］丁道勇.教科研如何解开第一个"结"［J］.中国教育报,2019（4）：5.

北京校外教育"三个一"活动的成效与发展启示

冯晓虹

(北京学生活动管理中心)

【摘　要】"三个一"活动是校外教育供给侧改革的重要行动,在校外教育规范化建设、核心素养培育、课程化架构方面效果凸显。究其原因,"三个一"活动不仅从根本上贯彻国家教育方针,还在教育规律指引下,运用系统论思想进行了教育改革;同时运用教育学的思想理论,将优质项目建设与课程建设及教科研活动有机结合,从供给侧角度满足了教师发展的基本需要,给予了教师专业化成长空间。这为北京市校外教育"三个一"活动的进一步发展提供了理论指导、指明了发展方向,也为全国校外教育的科学发展提供了路径支持。

【关键词】校外教育　"三个一"　成效　原因分析　发展启示

"十三五"时期,北京市校外教育紧紧围绕"培养什么人、怎样培养人、为谁培养人"这个根本问题,紧跟国家供给侧改革政策导向,在国家教育方针政策指导下开展了北京市校外教育"三个一"活动,即通过"培育一批创新项目、建设一批特色项目、发展一批精品项目",丰富校外活动供给内容,创新校外教育供给形式,提高校外教育供给侧质量,最终满足中小学生对优质校外教育的需求。

"三个一"活动建立了北京市首个优质项目建设标准、优质项目评价标准,优质项目建设目标指向课程化建设、学生核心素养培育,将教育教学、教研、科研、管理、宣传、保障因素综合纳入项目建设范畴，使校外教育机构、校外教师焕发了新的活力，促进校外教育机构的一体化发展以及校外教育机构、学校、家庭的协同发展，在北京乃至全国影响深远。分析"三个一"活动产生的成效以及原因，可以促进校外教育下一轮"三个一"活动的科学化、规范化发展，使"三个一"的发展路径更加清晰，也为全国校外教育的科学发展提供路径支持。

一、北京市校外教育"三个一"活动的发展现状及成效

（一）发展现状

2017年，"三个一"活动出台了校外教育"三个一"优质项目建设标准和评价标准，在全市征集628项优质项目。全市16个区100%参与活动，其中全市58家校外教育机构（以2017年申报时间为准）中共有53个校外教育参与申报，参与率高达91.4%，参与范围广，极大地调动了校外教育机构项目建设的积极性，推动了校外教育供给侧改革的进程。

2019年，北京市评选出149项市级"三个一"优质项目，其中创新项目44项，特色项目60项，精品项目45项。按专业分布表现为艺术类项目76项（美术30项、声乐11项、民乐9项、舞蹈7项、朗诵表演7项、西乐6项、书法6项）、群众活动类项目42项（传统文化教学16项、其他类综合实践课程12项、比赛类活动10项、电影新媒体教学4项）、科技类项目25项、体育类项目6项，全范围覆盖德智体美劳五个方面，对接核心素养培育，体现出了各校外教育学科的教育教学水平。优质项目建设成果100%向中小学校辐射，促进了校内外的融合，保障了校外教育的科学发展。

（二）发展成效

"三个一"活动注重校外教师课程设计、教学实施、管理服务、教研研究等各方面培养，提升了校外教育的教育教学质量，成果显著。

1. 促进了多样化发展

经统计，149项优质项目中，仅有9.4%的项目由一位教师完成，也就是团队合作式（2人及以上）项目所占比例超过90.5%。这说明"三个一"活动团队化、协作化作用凸显，也使得校外教育的发展更加规范。

一是建立了团队化教师培养机制。一方面建立了梯队化的教师队伍发展机制。校外教师不再"各自为政"，老、中、青教师共同发展、相互促进，各阶段教师的专业能力、教科研能力、管理能力迅速提升，发展渠道进一步拓宽。另一方面形成了规范化的教师队伍保障机制，解决了机构内单个领域教师退休后，某专业无人教学的尴尬困境，为校外教育多元化发展提供队伍支撑。

二是打造了协作化教学模式。随着"三个一"活动的实施，协作化教学模式应运而生。核心组教师通过教科研活动，发挥各自专业、教学特长，设计出针对学生个性特点的系统化、具体化课程框架，实施了多样化、融合式的教学活动，使得校外教育教学模式更加丰富。

三是形成了多元化教育形式。在市级"三个一"优质项目中，90%以上项目的核心组教师来自跨专业、多学科的结合，教师多专业、多方式、多时段融合教学，使得校外教育形式、学生学习路径更加多元。如摄影与美术的融合锻炼了学生美的思维方式；又比如环境系列教育活动，以环境教育为主题，穿插物理、化学等学科知识的培养，学生在保护环境的同时也学习了丰富的学科内容。

2. 增强了核心素养培育

核心素养是个体为了发展成为一个健全个体，必须适应生活情境需求所不可欠缺的知识、能力与态度[1]，是人全面发展的根本前提。中国将学生发展核心素养分为人文底蕴、科学精神、学会学习、健康生活、责任担当、实践创新六大素养[2]。"三个一"活动的实施，使得学生六大素养的培育得以真正落地，获得实践保障。

培养人文底蕴，追求科学精神。据统计，149项市级"三个一"优质项目中，传统文化教育类项目所占比例达到10.7%，科技类项目所占比例达到 16.78%。文化类项目的实施培养了一批拥有传统文化底蕴的青年，比如，茶类项目以打造中华茶文化为目标，通过茶文化课程体系的建设，传播茶知识，从懂茶到品茶到爱茶，使学生充满情怀，感受生活美。而科技类项目的实施不仅使学生学习了科学知识，还通过探究、观察、实验等多种教学手段锻炼了学生的科学思维，培养了正确的科学习惯，使得传承科学精神。

学会学习，追求健康生活。"三个一"活动注重趣味化教学，教学中以学生的发展为中心，锻炼学生创造探究、运用信息技术的能力；通过实践、探究等多元方式，使得学生学会学习，在参与和体验中成长；通过评价使得学生认识自我，面对成败，总结经验，发展身心，形成正确的人生观、价值观。

加强实践创新，培养责任担当。"三个一"活动的核心是活动育人、实践育人。"三个一"项目无论是小组教学还是主题群众性活动，都摆脱了学科知识的束缚，让学生在综合实践活动中完整地了解社会、品味生活、了解人生。[3]比如科技项目中的国际类科技竞赛，可以使学生将所学运用于实践，获得好成绩的同时也培养了爱国主义精神和责任担当意识。

3. 规范了活动课程架构

"三个一"活动通过项目课程化建设，形成了规范的课程体系，改变了校外教育发展60年来没有统一的教学大纲的局面。随着"三个一"项目的实施，校外教育课程建设经历了大纲的设置、短期课程的开发、主题课程的开发及整体课程体系的建设等多个发展阶段[4]，课程形式多样丰富，特点独特，如表1所示。

表1 形式多样的"三个一"项目课程架构

课程结构类型	课程结构特点
阶段式课程	结合学生年龄，针对不同年龄段设计不同程度的课程

(续表)

课程结构类型	课程结构特点
主题式课程	结合教学目标，设计知识性、实践性、探究类等多主题课程，根据各类型课程结合开展教学
递进式课程	根据受教育群体的不同，设计不同难度课程，面向不同群体开展主题性群众活动教学或小组教学，课程内容多样
核心素养式课程	根据中国学生核心素养设计项目所需的各级育人目标，结合目标设置合理的教学内容，内容丰富。多为学科融合项目

由表1可见，校外教育的课程设计呈现出多样化、规范化的特点，各类型课程体系的目标、结构、内容、评价相统一，为正规化的校外教育发展提供保障。

二、"三个一"活动取得成效的原因分析

"三个一"活动使得教师获得发展、学生迅速成长、校外教育机构焕发新的活力。"三个一"活动之所以成效颇丰，原因在以下几个方面：

（一）把握机会，贯彻国家方针政策

1. 根本落实国家改革政策

当前，国家处于供给侧结构性改革大背景下，不仅仅是经济领域，各行各业都在从供给结构入手进行质量改革，教育行业也不例外。教育领域供给侧结构性改革就是要通过提高供给效率，丰富供给内容，真正实现教育的可持续化发展。[5]"三个一"活动是校外教育领域供给侧改革的全新尝试，通过增加有效供给、减少一般供给、淘汰低能供给，提升了校外教育教学质量，为实现首都校外教育的现代化提供依据。

2. 具体践行国家教育方针

2018年，全国教育大会指出，要坚持把教师队伍建设作为基础工

作。2018年，北京市教育队伍建设文件中也指出要加大教师培养力度，建设高素质、专业化的基础教育教师队伍，加强校外教育教师培训。北京市校外教育"三个一"活动正是以教师为主要培养对象的改革行动，活动以课程建设为抓手，以教师教科研为支撑，通过项目的建设促进教师团队合作，提升教师教育教学、教研、科研等方面的能力，强化校外教师队伍建设。

（二）抓住本质，遵循教育系统规律

教育系统论将教育系统定义为特定教育因素在特定关联方式下形成的有机整体。[6]教育规律是关于教育系统的规律，主要包括教育系统的运转机制（即结构与功能的关系）、整体特征、生存条件（对环境的依赖以及相互作用）等。[7]"三个一"活动遵循教育系统规律，以系统论为手段探求校外教育系统发展。

1. 构建了校外教育一体化发展模式

"三个一"活动构建了以教育教学活动为核心，教研、科研、管理等为一体的校外教育系统，关注教学、教科研等各个要素的生存环境，关注各个要素间的结构关系，关注学生全面发展的问题，实现了校外教育中特长培养到个性培养、技术教育到技能培育的突破转变，全面提升校外教育质量。

2. 打造了教师发展共同体平台

教师专业共同体是以解决教育实际问题，促进教师专业发展为主要诉求而自愿组合形成的教师组织，成员不局限于教师，而是包括一线教师、教育研究人员、教育行政人员等，是促进教师成长的重要环境，保证了教育教学的品质。[8]"三个一"活动搭建了校外教师共同体平台，不仅打通了同机构教职工间的联系，还通过校外教育联盟、阳光教师社团活动的开展为全市校外教育同专业教师，甚至是全体教师间提供交流学习机会。

(三)突出重点,契合优秀教育理论

1. 紧密结合课程结构论

布鲁纳课程结构理论指明了是课程决定了"教什么"的问题,课程和教材的好坏是影响教学质量的重要决定性条件[9]。"三个一"活动注重课程建设及教材的开发,在项目建设过程中抓住了教育教学重点,要求教师结合学生成长规律,进行校外教育课程的构建和教材的开发。项目课程建设体系中涵盖知识技能、过程与方法、情感与价值观等多重目标维度和教学内容,有利指导了项目教学的实施,提升了教学质量。

2. 批判吸收杜威教育理论

杜威教育理论对中国教育问题的现实意义在于着意解决了教育即生活、教育即成长、教育即实践的改造这三个重要问题[10]。"三个一"活动实际上是批判性地吸收了杜威教育理论观点。项目建设关注生活、社会实际等需求,以学生成长能力培养为重点,以教学实践为手段,结合校内外、社会为多重资源开展教育教学,是实现学生全面发展,推进校外教育现代化的有力措施。

三、今后"三个一"活动的发展思考

(一)满足时代性要求

"三个一"活动和北京市校外教育的发展要紧跟国家发展方向、贯彻国家教育方针,为培养德智体美劳社会主义接班人服务;要满足社会的需求,以德树人,进行社会主义核心价值观培育,满足学生的时代发展需求。要以学生核心素养培育为中心,集合全社会的力量办优质的教育,以校内外融合实现正规教育与非正规教育的结合,为学生全面发展创造更大更广的空间。

（二）遵循系统论发展模式

项目建设要遵循教育系统论的规律。以系统论理论合理配置教学、管理、科研、实践、社会等多重教育元素，分析学生核心素养培育目标，建立更加多元的发展模式。一方面使校外机构内部教学、科研、管理等多位一体发展，关注各要素之间的配置比例与控制作用；另一方面校外教育要与学校教育、社会教育及其他教育资源多资源联合发展，构架素质教育发展共同体，为五育并举提供支撑，真正实现活动育人、全程育人、全方位育人。

（三）坚持课程化建设

"三个一"优质项目建设要进一步加强课程建设，规范校外教育活动课程体系，形成校外教育课程建设标准。在特定课程框架结构（目的、内容、过程、评价）要求之外，课程还要紧密贴合学生核心素养培育需求，不仅包含知识体系的建设，还要贯穿思想品德、研究方式及生活技能的培育、关注青少年的自我认知建设，与学生的全面发展相匹配。

（四）重视教科研活动

进入新时期，教师科研水平成为提升教师队伍质量的不可或缺的切入点。[11]"三个一"活动将教科研活动作为校外教育系统的重要组成要素，无论是教师发展共同体，还是课程规范化建设都离不开教科研活动的支撑。在项目建设过程中，教师要加强教育理论研究以及教育理论应用研究，提升教育理论修养，能针对教育教学实践中发现的问题，通过公开课、科研课题等教科研活动有效地提炼研究，解决教学问题，提升教学质量，推动教育教学改革，使得校外教育教学能满足社会的需求，实现现代化的发展。

【参考文献】

［1］吴钢. 从《中国学生核心素养》审视儿童哲学效用［J］. 莆田学院学报，2017，24（6）：24-27.

[2] 中国学生发展核心素养——三个方面六大素养[J]. 中学教育科研, 2018 (1).

[3] 周立奇. 浅析北京校外"三个一"视野下的优质项目建设[J]. 首都校外教育, 2018 (2): 12-14.

[4] 霍艳平. 以全局观引领校外教育新发展——北京市校外教育"三个一"活动的认知与思考[J]. 首都校外教育, 2018 (2): 25-27.

[5] 刘苗苗, 张永生. 教育供给侧改革的内涵与供需平衡路径研究[J]. 教育教学论坛, 2019 (22): 70-71.

[6] 李煜辉. 教育系统论主体框架问题探讨[J]. 河南财政税务高等专科学校学报, 1999 (5): 53-55.

[7] 赵国庆, 杨开城. 教育学要揭示什么样的教育规律？[J]. 现代教育技术, 2015, 25 (9): 25-29.

[8] 崔群. 教师发展视角下的教师专业共同体建设[J]. 基础教育论坛, 2018 (23): 5-6.

[9] 徐文彬, 王爱菊. 布鲁纳的课程理论：从美妙理想回归现实生活[J]. 西北师大学报：社会科学版, 2005 (5): 57-60.

[10] 褚宏启. 杜威教育理论的现实意义[N]. 中国教师报, 2019-04-03 (012).

[11] 杨晓慧. 从科研切入促进教育高质量发展[J]. 中国教育学刊, 2019 (5): 3.

对校外教育项目建设的思考

周 咪

(北京学生活动管理中心)

【摘　要】 本文结合北京市校外教育"三个一"活动的开展，围绕何为校外教育项目、为什么要抓校外教育项目建设、什么样的项目是优质校外教育项目以及如何建设优质校外教育项目四个问题进行了阐述。总之，抓校外教育项目建设有助于校外教育功能的发挥，有助于校内外教育协同育人，应该在今后的工作中常抓不懈。

【关键词】 校外教育　校外教育项目

北京市校外教育系统自"十三五"以来，在市教委的引领和支持下，开始推进"三个一"活动，即在北京市校外教育机构中推出一批创新项目、一批特色项目、一批精品项目。2019年4月，从628个项目中评选出首批149个市级优质项目。作为参与"三个一"活动的策划和组织的成员之一，笔者深深感到"三个一"活动对北京市校外教育机构的管理者和教师都有类似"破冰"的意义。"三个一"的核心是抓校外教育"项目"建设，而在此之前，一提到校外教育人们最直接的联想还是"活动"。从抓活动开展到抓项目建设，势必带来一定的困惑甚至震动，几年的工作开展中，一些经验得以沉淀，一些思考开始明晰，现总结梳理如下，便于今后的深入研究。

一、何为校外教育项目

有学者对美国校外教育项目进行了研究,提道:汤姆斯等人提出校外教育项目是针对学龄儿童(5—18岁)在校外时间的至少某一段时间内开展的,有成年人以某种方式监督的,目的是促进青少年在学术认知、个性和社会性、文化、艺术、公民意识中的一个或多个领域发展的活动。《学习科学百科全书》中对校外教育项目进行了界定:"校外教育项目是一个广义的概念,是指以学校为基础和以社区为基础的项目,在正规学校义务出勤时间以外的时间里为学龄儿童提供结构化的和有人监督的活动。"[1]

结合这两个定义我们可以看出,美国的校外教育实施主体主要是社区和学校等,研究倾向于认为校外教育项目是"活动",这种活动能够促进青少年某些领域的发展,并且是"结构化"的。

具体到北京市来说,校外教育项目的实施主体包括校外教育机构、学校、社会大课堂资源单位等校外活动场所,而就"三个一"工作开展范围来说,特指校外教育机构中校外教师设计并开展的教育教学活动,一般要求有一定教学周期,有相互关联的单元活动。

和美国校外教育项目的概念对比,可以清晰地看到,校外教育项目指的是一种经过设计的,有一定体系的教育教学活动,能够对青少年发展起到多方面的促进作用。具体到活动形式,可以是兴趣小组活动,也可以是主题性群众活动等。

二、校外教育机构为什么要抓项目建设

既然校外教育项目指的就是校外教育教学活动,为什么要旗帜鲜明地抓"项目"建设呢?这有两个方面的原因。

其一,长期以来,校外教育活动具有分散和零碎的特点,不利于教育功能的发挥。

谢维和曾指出："少年宫的活动包括相关的校外教育的活动更多地具有一种分散和零碎的形式，包括学习的内容、教师、学生和评价等，都表现出一种强烈的间断性的特点，而缺乏内在的系统性和整体性。从这些方面来看，少年宫教育及其课程，包括相关的校外教育的各种活动，要想说它们是一种教育，还真是不容易。"[2] 的确，校外教育没有统一的大纲和教材，项目开发和教学设计主要依靠校外教师个人，因此，区别于学校教育来说，校外教育有突出的灵活性，但这种灵活性也会带来教育教学缺乏规划，项目之间没有联系，项目发展缺乏系统性设计等弊端，影响教育功能的实现。

其二，校外教育功能定位对校外教育活动提出了项目建设的需求。

校外教育要不要抓项目建设，应由校外教育的功能决定。有学者指出：基于和学校教育的关系来说，校外教育的功能定位经历了延伸说、互补说和协同说三个阶段[3]。具体来说，"延伸说"以学校为主体，把校外教育视作学校教育的延伸，是儿童第二个"学校"，校外教育应为学校服务。从这个功能定位出发，校外教育项目建设应沿袭学校模式，并且与学校保持一致，学校开什么样的课程，校外教育就要开设同样的项目。校外教育最终是为儿童更好地接受学校教育做准备。

"互补说"则把学校教育和校外教育当作两个独立的主体来看待，认为校外教育是独立于学校的教育形态，有其自身的特殊性，应该与学校划清界限而不是依附于学校教育。学校教育以培养知识为主，校外教育则以发展能力为要；学校教育以全面发展为主，校外教育则以个性发展为主；学校教育以"课程"为主，校外教育则以"活动"为主。然而，随着素质教育的不断深入推进，越来越多的校外教育工作者认识到：应该把校外教育和学校教育放在素质教育的背景下考察，在校外教育与学校教育的互动协调中实现教育效能的最大化，即走向"协同"。即学校教育与校外教育相互影响、相互促进，共同为素质教育而努力。从这个功能定位出发，校外教育应该有自己独立的项目建设，且与学校一样，都需要有体系化。

综上所述，历史上校外教育忽视项目建设，校外教育活动体系化不足，影响了校外教育自身功能的发挥，且目前我国素质教育的大背景要求校外教育同学校教育协同育人，需要校外教育像学校教育一样有规划，成体系，也就需要抓项目建设。

三、什么样的项目是优质校外教育项目

（一）符合"三个一"优质项目评价标准的项目就是优质项目

"三个一"活动是北京市教委在全市校外教育机构中推行的抓校外教育项目建设的活动，活动推出了经众多教育理论研究者论证，多方参与的校外教育项目评价标准，并提出了三年一次评选，也就是说，在很长时期内，"三个一"优质项目评价标准就是校外教育项目的标准。因此，符合这个标准的项目就是优质项目。

（二）突出四个要点

在"三个一"优质项目评价标准中，突出了四个要点，把握住这四个要点，能更好地建设项目。

1. 落实学生核心素养培育

在"三个一"优质项目评价标准中，直接提到核心素养的有两条：第6条和第22条，而与"育人"相关的，有第5、23、25、29六条，共占16分。

2. 具有鲜明校外特点

在"三个一"优质项目评价标准中，第5、9、24、29、30条与校外特点有关，共占12分。

3. 关注学生

在"三个一"优质项目评价标准中，第2、5、6、22、24、25、26、29、30共九条突出体现了关注学生，占23分。纵览整个评价标准我们可以看到，始终关注、特别突出学生是这个评价标准最显著的特点，评价教师教的怎么样，主要看学生学的怎么样。学生是教育的出发点，也是归宿。

4. 有课程体系，目标、内容、实施、评价相一致

在"三个一"优质项目评价标准中，第 8 条是有关课程体系的，占了 7 分，是整个评价标准 38 个指标中分值最高的，另外，第 26、27、28 也分别从评价、教学环节的完整性、一致性等方面提出了课程体系的要求，加起来共占 10 分。

（三）创新、特色、精品如何区分

"三个一"是三个一批优质项目之意，在优质项目中，分为创新项目、特色项目和精品项目。这三类项目该如何区分呢？通过对整个评价标准的研究能看到，三类项目之间主要还是一个程度逐渐递进的关系，从创新到特色再到精品，对项目的体系化和教育质量的要求逐渐增高。

最突出的表现在下面两条（见表1）：

表 1　创新、特色、精品的体现

创新项目	特色项目	精品项目
建构起基本的课程框架	课程结构完整，内容体系完善。有比较成熟的教材	有成熟的课程体系，有较高质量的原创教材，并获区级以上奖项或公开出版
生源相对稳定	有稳定的学生梯队	有高水平的学生社团

综上所述，符合评价标准的项目就是优质项目，其中，要特别注意突出核心素养，要具有鲜明校外特点，要关注学生，要有课程体系。另外，从创新到特色再到精品，项目的体系化和教育质量有一个逐渐递进的关系。

四、如何建设一个优质校外教育项目

根据前文梳理的四个要点，要建设优质校外教育项目，关键就是做到以下四点。

（一）认识核心素养培育的意义，把握核心素养的核心

1. 从落实立德树人根本任务的高度来认识培育学生核心素养的意义

中共教育部党组共青团中央《关于在各级各类学校推动培育和践行社会主义核心价值观长效机制建设的意见》（教党〔2014〕40号）文件中提出"积极培育和践行社会主义核心价值观是学校落实立德树人根本任务的核心要求"；"推动社会主义核心价值观融入教育教学：研制中国学生发展核心素养体系。明确学生适应终身发展和社会发展需要的必备品格和关键能力，系统落实社会主义核心价值观的要求"。

对核心素养的概括，除了大家熟知的必备品格和关键能力外，在高中课程标准修订时，又丰富了内涵：正确的价值观。把人的"魂"树立起来关键是正确的价值观，而不仅仅是知识和技能[4]。

综上所述，落实核心素养，首先要明确立德树人是教育的根本任务，而培育社会主义核心价值观是首位。

2. 把握核心素养的核心

"中国学生发展核心素养"发布之后，很多校外教师觉得这个概念距离自己的教学特别遥远，无从把握，造成这种现象的原因之一是"中国学生发展核心素养"的要点表述过于抽象和繁杂。实际上，可以通过把握核心素养的核心来把握这个概念。

中共中央办公厅国务院办公厅印发《关于深化教育体制机制改革的意见》（2017年9月）中提出，要注重培养支撑终身发展、适应时代要求的关键能力。在培养学生基础知识和基本技能的过程中，强化学生关键能力培养，并提出了认知能力、合作能力、创新能力、职业能力四种关键能力。

褚宏启提出，在综合了几十个国家的核心素养框架之后，总结出最能代表核心素养的六个要素：（1）创新能力；（2）批判思维；（3）公民素养；（4）合作与交流能力；（5）自我发展素养；（6）信息素养。将上述六条进一步浓缩，变成两大"超级素养"，即创新能力与合作能力，分别

对应于聪明的脑和温暖的心[5]。

袁振国提出，在不同的维度里，国际上公认在未来最需要的能力有四种。这四种能力被认为是核心素养，是一个人能够适应未来变化和挑战不可缺少的能力，对这四种能力的掌握程度决定了一个人的发展水平和幸福程度，分别是：批判性思维，沟通能力，创造性，文化流畅性[6]。

我们能看到，不同的文件和学者的研究对核心素养的核心表述并不完全相同，实际上，这个问题需要教师结合教学去做自己的思考。因为，只有经过教师自己内心认可的，才会去真正践行。简单来说，核心素养就是必备品格和关键能力，而非传统所说的知识、技能。培育学生的核心素养，是为了面向未来。未来，还没有来，充满了不确定性。知识会过时，技能会落伍，而品格和能力沉淀下来，帮助学生面对未来。因此，教师，包括校外教师需要放眼学生的一生去培养他，需要面向不确定的未来去教学。

（二）始终突出校外特点：活动育人是根本

活动是校外教育的生命线，这个论述在推进校外教育项目建设的今天仍然是适用的。没有了"活动"，也就谈不上校外教育。在校外教育项目建设的过程中，要特别注意避免由于强调教学内容的体系化而忽视校外教育活动的体验性、实践性，忽视直接经验的获取。

此外，校外教育项目建设还要特别注意研究教法，什么样的教学方法最能落实核心素养。普遍来说，校外教育需要特别倡导启发式、探究式、讨论式、参与式教学，激发学生的好奇心，培养学生的兴趣爱好，营造独立思考、自由探索、勇于创新的良好环境。让学生学会发现学习、合作学习、自主学习。但是，教法不能简单照搬，比如舞蹈教学，要总是说讨论式教学方法就不适宜了。

可以说，校外教育项目实施方式与项目的性质、具体的学习任务和学生特点有关，不存在最好，只存在最适合的教学方式。教师只有细心体察、综合考量，才能做出正确的选择。

(三)始终关注学生,把学生放在突出位置,要研究学生是怎么学的

学生是教育的出发点,也是教育的归宿。近年来,随着素质教育的深入推进,人们越来越认识到研究教学,首先要研究学生的学,要想弄清楚教师该怎么教,前提是弄清楚学生是怎么学习的。方中雄提到:必须明确"学"对"教"的支配性和决定性,将"学"作为教育教学的基本出发点。从行为者地位上讲,要明确"学主教从",教的使命在于引发学习;明确"先学后教",教的功能在于维持学习;要明确"以学定教",教的前提在于了解学习;要明确"学教合一",教的本质在于有效地促进学,关注学生在发展过程中的不同需求[7]。

具体到校外教师,要特别注意的是不能满足于活动的内容丰富、生动、有趣,形式多样、新颖、活泼等,要主动深入地思考:学生参加了活动之后的实际获得是什么?学生从中掌握了什么?理解了什么?活动有主题,各单元的活动内容之间有紧密联系,这些都还是不够的。重要的是,所有内容和形式,是否指向教学目标的达成,是否指向育人。

(四)要有一个目标、内容、实施、评价相一致的课程体系

由于历史的原因,长期以来,校外教师普遍重视活动内容和活动形式,对活动目标的思考不够深入,对学生学习的评价更加薄弱。学者们把目标、内容、实施、评价四个环节通俗地表达为"我想把学生带到哪里去","基本的素材或活动是什么","我怎样带他们去","我怎么知道他们已经到了哪里",这四者之间要有一致性,这才是课程体系。相对应的,校外教育项目建设就要把突破点放在弄清楚"我想把学生带到哪里去"和"我怎么知道他们已经到了哪里"。同时要特别注意保持四者的一致性,不能各行其是,把教学目标和评价停留在纸面上。

综上所述,抓校外教育项目建设有助于校外教育功能的发挥,有助于校内外教育协同育人,应该在今后的工作中常抓不懈。

【参考文献】

[1] 高洁. 美国校外教育项目研究 [D]. 上海：华东师范大学，2018.

[2] 谢维和. 论少年宫课程的教育性 [C]. 张昱瑾，等. 少年宫教育课程建设指导手册. 上海：华东师范大学出版社，2015.

[3] 刘登珲. 回归自身功能的校外教育课程规划研究 [D]. 上海：华东师范大学，2015.

[4] 余慧娟，施久铭. 2018：努力开创课程教材建设新局面——访教育部党组成员、部长助理、教材局局长郑富芝 [J]. 人民教育，2018（5）.

[5] 褚宏启. 创新能力是核心素养的核心 [J]. 教学管理与教育研究，2017（20）.

[6] 袁振国. 以变应变，关于中国未来教育的思考与对策 [J]. 决策与信息，2018（2）.

[7] 方中雄. 让学习方式变革成为教育变革核心 [N]. 现代教育报，2018-04-11.

冬奥会背景下北京市中小学"冰雪运动进校园"开展现状及对策研究

徐 颖

(北京学生活动管理中心)

【摘 要】本文采用文献资料、参与观察和逻辑推理等研究方法,对2022年北京冬奥会背景下北京市中小学"冰雪运动进校园"活动开展的现状进行分析,主要对活动开展中所具备的有利条件和相关的限制因素进行了梳理总结,并在此基础上提出六个方面的对策与措施,以期为"冰雪运动进校园"的后续开展、为实现"三亿人参与冰雪运动"的目标提供理论依据和实践参考。

【关键词】冰雪运动 校园 冬奥会 中小学生

一、引言

北京市"冰雪运动进校园"活动,是在2022年北京冬奥会申办成功、习近平总书记提出"带动三亿人参与冰雪运动"这一背景下开展的,以北京市中小学学生为主要参与人群,养成主动参与冰雪运动的良好习惯,让中小学生更为直接地感受冰雪运动的魅力,激发参与冰雪运动的热情,实现掌握更高运动技能的梦想,从而推动冰雪运动的发展和青少年体格和人格的双重培育。北京市中小学冰雪运动开展具有政府支持、学校重视、活动多样等有利条件，与此同时，场地、资金、师资的缺乏也极大限制了北京市青少年冰雪运动的发展。因而，合理布局、因地制宜，有针对、有成效地在北京市开展青少年冰雪运动具有重要的理论和现实意义。

二、北京市中小学冰雪运动开展的现状

（一）北京市中小学冰雪运动开展的有利条件

1. 各级政府部门的大力支持

在北京申办2022年冬奥会成功后，各级政府为冰雪运动产业发展提供指导方向和政策助力，同时也在推动群众参与冰雪运动，特别是促进冰雪运动在北京市学生中的普及开展、全面调动学生参与冰雪运动、让更多学生体验并掌握冰雪运动技能等方面也投入了相当大的精力。

2016年12月，国家体育总局冬季运动管理中心、北京市教委、北京市体育局、北京冬奥组委新闻宣传部、北京奥运城市发展促进中心共同举办了北京市第一届中小学生冬季运动会，此运动会至今已成功举办三届。同年还开展了北京市中小学生冰雪运动普及推广活动，此项活动是面向全市16个区的中小学校，开展体验传统文化、冬奥知识宣讲、冰雪运动项目体验等进校园活动。2019年5月，北京市教委完成了全市中小学校遴选第二批北京市冰雪运动特色学校及北京市2022年冬奥会和冬残奥会奥林匹克教育示范学校，同时对原有的52所北京市冰雪运动特色学校进行评估验收工作。至此，北京市冰雪运动特色校已达到113所，目前北京市中小学校园也已初步形成"冰雪热"的氛围。

2. 活动参与学校的高度重视

北京市中小学校将校园冰雪运动纳入《学校年度工作计划》《体育工作年度计划》以及制订"校园冰雪计划"方案。多所学校成立了学校体育教育工作领导小组，做到专项管理、专人负责，规范冰雪运动体育工作，定期指导开展冰雪运动教学研讨。积极开展组织冰雪运动教学、训练、比

赛活动的同时,积极做好冰雪项目社团、梯队建设工作,并组织校队做好训练及校际间的交流比赛工作。有条件的学校根据实际情况建设冰雪场地,购买冰雪运动器材。学校还协同校外冰雪机构在校内大课间活动、课后一小时时间里开设冰雪运动课程、冰雪游戏比赛等,为学生普及冬奥知识、提升冰雪运动技能,使冰雪运动得以在学校全面开展。

3. 校园冰雪活动的积极开展

自北京市冰雪运动进校园活动开展以来,各区各校积极响应,开展丰富多彩的冰雪运动活动、奥林匹克主题教育活动,增进中小学生对奥林匹克的理解,使学生在亲身体验冬奥会、参与奥林匹克教育活动中收获教益和快乐。目前,校园冰雪运动开展的项目包括冰球、冰壶、花样滑冰队列滑、短道速滑、滑雪、旱地冰球、陆地冰壶、旱地滑轮、越野滑雪等。

各校组织学生积极参与北京冬奥组委面向全社会开展的各项主题活动、讲座与体验活动。通过举办艺术节、知识竞赛、绘画等多种形式,来开展冬季奥林匹克教育文化系列活动,推广普及冬奥知识,宣传奥林匹克精神。同时,各校组织学生积极参加国家级、市级、区级主办的冬季体育运动项目系列比赛、趣味性的冰雪体验活动,让更多的中小学生参与冬季体育运动。

(二) 北京市中小学冰雪运动开展的限制因素

1. 冰雪运动场地不足,冰雪器材设施匮乏

冰雪运动和其他体育运动相比较来说,项目的特殊性对冰雪运动装备、场地设施的需求很高,在中小学校推广普及冰雪运动面临着基础设施配套难的问题。就北京市目前的冰雪场地分布情况来看,现各校参与的活动场地均是借助于社会场地资源。北京市现有滑雪场共12块,其中包括一块室内滑雪场,均分布在中心城六区外。室内滑冰场共32块,其中包括一所公立学校冰球馆和两所私立学校冰场,其余均为社会投资建设的冰场。部分学校通过在冬天借助自然环境、温度来进行浇筑冰场、建设仿真冰场来实现参与冰雪运动的目的。但对于上百万中小学生的需求,这些场地数量远远不够，同时也存在各区域场地分布不均、租用社会场地费用过高等问题。

2. 学生参与程度较低，师资队伍建设滞后

我国冰雪运动的普及度不高，在申办冬奥会成功前，参与冰雪运动的东北三省具有一定的开展优势，其他各省开展冰雪运动除了专业运动队，大众对冰雪运动了解较少。目前而言，我国虽然具有广阔的发展冰雪运动前景，但与冰雪运动项目强国相比还有很大差距。无论是学生群体还是其他社会人群，目前对于冰雪运动的了解都比较欠缺，在这种参与冰雪运动的热情氛围严重不足的情况下，也让许多的学生缺少了参与的兴趣和积极性，致使学生参与人数较少。

此外，冰雪运动进校园离不开教师队伍的建设，学校体育教师从事冰雪运动专业的较少，缺乏对冰雪运动指导的专业性，这也是制约学校冰雪运动推广的重要因素。

3. 冰雪运动成本较高，安全问题成为桎梏

冰雪运动一直以来都是作为"贵族"运动而进行的，虽然目前正在积极向大众运动方向转变，但是冰雪运动开展仍然需要昂贵的费用，无论是交通费、装备费，还是开展过程中所需要的服装费、场地费，都大大增加了投入成本。在学校中推进冰雪运动就需要进一步加强对资金的投入。冰雪运动项目具有培训时间长、成本高和成绩取得慢的特点，因此在校园中推广也不容易被师生接受，成绩取得慢容易导致校领导降低对推进冰雪运动建设的重视程度，而培训时间长则容易导致学生对冰雪运动的兴趣降低，这些因素的存在都严重阻碍了冰雪运动在学校中的普及与发展。

此外，冰雪运动的快速、刺激等特点致使自然环境和人造运动环境中都存在复杂多变的风险，学生在学习和运动过程中难免会有运动损伤，冰雪运动的危险性比其他运动项目更加明显。无论是从学校领导来看，还是从家长的角度来看，他们都不愿意学生在体育运动过程中发生伤害事故。这无疑对冰雪运动在校园中的开展起到一定限制作用。

三、对策与措施

(一) 继续加大政府支持力度,积极引入社会力量助推

通过"政府主导、各部门协同配合、全社会共同参与",才可能逐步达成"三亿人参与冰雪运动"的目标愿景。整合社会资源、学校教育资源,充分发挥体育部门与教育部门的作用,明确指出中小学校都要积极开设冰雪运动课。携手并肩科学选择"冰雪运动"走进中小学校校园,并以活动为载体,以"校园冰雪计划"为青少年冰雪运动进校园抓手,促进学校和社会培训机构加强冰雪运动方面的合作教学,调动社会力量为校园开展冰雪运动教学提供条件。

加大冰雪运动资金投入,建设一批公共滑冰馆、室外滑冰场和滑雪场等冰雪运动场地,可以利用公园或者是城市广场来建设一批可移动冰雪场地和各类季节性滑冰场。引导社会资源组建冰雪运动俱乐部、开办后备人才培养的多元化模式,举办各级别赛事活动和教练员技能培训,完善后备人才选拔与训练体制、退役运动员安置体制。扶持关于冰雪产业创新创业人才,促进国际间合作交流,拉动体育冰雪产业蓬勃发展,为冰雪进校园打下坚实基础。

(二) 校内校外活动深度结合,积极开设冰雪运动课堂

面对学校冰雪运动场地困乏、教师人才的缺乏,引入校外资源单位对于开展校园冰雪运动工作显得尤为重要。因地制宜,利用当地现有的自然资源,依靠资金、科技、政府及企业的支持,统一规划,合理布局。可以大力发展室内滑冰场地、仿真冰场、室外临时浇筑冰场等,合理规划布局,在达到适合学校的课堂教学和技能训练目的下,还要满足多样化的教学需求。

首先,学校可以通过与专业的冰场、雪场、冰壶场馆等资源做好纽带连接工作,共同大力推进校园冰雪运动活动。利用北京市城内冰场、郊区

雪场等丰富的冰雪资源，适时开展学生冰雪项目体验营活动。各区学校根据本区的实际情况开展相适应的冰雪课程。如城区的学校周边的冰场资源较多，可以开展冰球、花样滑冰、冰壶、短道速滑等运动项目及体验活动。如郊区在区域内就有滑雪场地资源，可以与雪场合作，开展适合中小学生的雪上项目及活动。其次，利用课后时间组织学生走进冰场、雪场进行冰雪运动项目的学习训练。利用寒暑假时间开展冬、夏令营等训练工作，选拔培养冰雪运动专项优秀的运动员，进行社团、梯队建设。

（三）加强校园冰雪教材编写，推动冰雪课程建设工作

为推动冰雪运动在中小学校园科学、规范、有序的开展，教委应大量收集信息，广泛征求意见，并邀请冰雪运动专家、教育教学专家和专业人员，开发、编写学生们喜爱的课程教材。来全面介绍冬奥会的历程、运动项目知识、优秀运动员成就和观赛注意事项等，帮助学生更快更全面地了解和掌握冬奥知识，懂得欣赏冰雪赛事，同时，通过书本来激发学生爱国热情和对冰雪运动的关注。

加强课程建设，形成具有本校特色的冰雪运动项目校本课程。在学校要采用中小学生奥林匹克知识读本、挂图等课程资源，积极进行冰雪运动基本常识教育，开设冰雪运动相关的教学课程，针对不同年龄阶段的学生，采取多种课程形式，普及冬季奥林匹克知识，加强冬季奥林匹克知识的宣传。结合学生爱好和区位条件，因地制宜科学选择冰雪运动项目，如旱地冰球、陆地冰壶、旱地越野滑轮、轮滑等，并根据相应的条件开展冬季运动课外活动，促进有条件的学生掌握一两项冬季运动技能。

（四）开展教师培训交流工作，加强冰雪师资力量建设

冰雪运动课程开展需要专业师资队伍配置，学校应加强师资队伍建设来解决人才亟须问题。因此，相关部门应定期组织全国、市级、区级冰雪运动专项教师培训工作。制订冰雪师资的培养和培训计划，壮大高水平教练员队伍建设，鼓励外出学习，吸收国内外高端训练技术，提高执教水平；举行专业技能培训，提高教师和教练员的专业素质。通过参加专业培

训促进交流，既是自我认知水平的提高，同时也为自身专业技术的提高创造了条件。引进国内外先进培训课程，加强教师与国内外优秀俱乐部培训机构交流以及与国际学校进行人才交换学习。提高教学创新，推动教育改革的实施。

加强教练员安全教育培训，在执教中对中小学生冰雪运动基础知识和技术要领进行全方位系统的讲解，将冰雪运动注意事项、安全防护等基本常识灌输给学生，有效地防止运动安全隐患。为冰雪运动在校园中安全顺利开展起到关键作用。

（五）加大冰雪文化宣传力度，营造校园冰雪运动氛围

在文化宣传方面，要以北京冬奥会为契机，建立各地特色的冰雪文化节，开展形式多样、丰富多彩的体育文化活动，如宣传、展览、征文、集邮等。通过编发冬奥会和冰雪运动知识普及刊物、举办相关知识竞赛、作文、诗歌征集、朗诵活动等，开展冬奥会摄影展、绘画展览等活动进行校内宣传。多种方式推动冬奥会知识和冰雪项目进校园。在此同时，学校还可以选出一部分喜欢讲演的学生组成"冬奥小使者团"，在校园里进行奥林匹克知识的宣讲普及。利用网络宣传、海报宣传、视频滚动播放、微信传播等手段对学校校园冰雪运动进行宣传，特色成果展示。

（六）举办各类冰雪赛事活动，培养冰雪运动后备人才

开展冰雪竞赛活动是进行冰雪运动宣传推广的有效手段，这需要充分发挥政府的领导作用，调动社会力量进入冰雪运动办赛过程中来，加强冰雪运动专业赛事、品牌赛事的举办，积极进行冰雪运动职业联赛。体育部门、教育部门发挥作用，组织开展市级、区级校园冰雪运动项目联赛、冬季运动会。促进城市和城市间、学校和学校间积极开展冰雪运动赛事交流，通过学校和城市冰雪运动联赛增强冰雪运动的宣传推广，以带动青少年冰雪运动进校园。让学生们加强体育文化交流，提升自身运动水平，学习国外冰雪强国的运动技能。促进我国冰雪运动后备人才的建设。

四、结语

在冬奥会背景下促进冰雪运动走进校园,一方面有利于促进青少年广泛参与冰雪运动,另一方面也有利于推动冰雪运动深度开展。目前北京市中小学校开展的"冰雪运动进校园"活动借助政府推动、社会力量配合、学校参与等有利条件,取得了长足的发展,同时由于场地、资金、师资等的制约也限制了校园冰雪运动的发展。要从根本上解决这些问题,必须以冰雪运动比赛和课程为载体,通过运动比赛与课程教学来提高学生、家长及其其他人员对冰雪运动的价值认识,采取措施促进冰雪运动与地区特色与学校体育文化功能等的结合,让冰雪运动真正成为青少年喜爱而且可以普遍参与的体育运动项目。

【参考文献】

[1] 姬忠飞,孙月. 冬奥会背景下冰雪运动进校园策略之研究 [J]. 湖北体育科技,2017,36(12):1106-1108.

[2] 房巍,刑继庆. 东北地区校园冰雪运动的影响因素及其对策探析 [J]. 体育教学,2009(2):19-20.

[3] 郭金丰. 北京冬奥会背景下推动我国冰雪产业发展的对策 [J]. 经济纵横,2018(8):114-120.

[4] 刘利新,成钰. 新时代高校冰雪运动发展的价值研究 [J]. 哈尔滨体育学院学报,2019,37(2):50-53.

[5] 马正辉,张良祥. "冰雪进校园"制约因素及对策研究 [J]. 科技视界,2018(10).

[6] 袁琳,周利明,王海春. 探析冰雪运动对高校校园体育文化建设的影响 [J]. 当代教育实践与教学研究,2018(96):242.

[7] 杨阳,陈栋,金兆中,刘啸. 冰雪运动对青年学生身心健康发展的良效应 [J]. 教育发展纵横,2018(52):205.

[8] 查庆蘋,华立君,牛辉. 中西方冰雪运动文化对比研究 [J]. 体育文化导刊,2019(4):30-35.

中华优秀传统文化促进师德建设的策略研究

——以"中华茶文化"课程授课教师骨干师资培训为例

霍艳平

(北京市东城区少年宫)

【摘 要】为了全面贯彻落实教育部等七部门《关于进一步加强和改进师德建设的意见》,着力推进师德建设,进一步增强广大教师的使命感、责任感和教书育人、为人师表的自觉性,造就高素质的教师队伍,不断提高教育教学质量,本文以中华优秀传统文化对教师师德影响为切入点,以"中华茶文化"课程授课教师师资培训为例,探索中华优秀传统文化促进教师师德建设的相关策略。

【关键词】中华优秀传统文化 师德 策略

加强和改进师德建设是全面贯彻党的教育方针的根本保证,是进一步加强和改进青少年学生思想道德建设和思想政治教育的迫切要求。所有的教育政策方针的贯彻落实,教师是重要载体,居于首要位置。党的十八大报告明确指出,"把立德树人作为教育的根本任务"。首要任务是要"立师德、铸师魂"。教师要具备较高素养,以身作则,才能更好地言传身教于学生。面向教师开展相关专业培训,是国家对教师队伍建设的重要素质提升手段。教师培训的过程中,培训内容的选择与实施对教师的成长起到关键作用,直接影响到教师的自身素质和教学水平。而师德方面的培训更是重中之重。"师德"是指教师从事教育职业劳动过程中形成的比较稳定的道德观念、道德行为规范和道德品质。师德师风与教师的思想觉悟、价值观念、人生追求、品德修养和工作态度等息息相关。由于其意识形态方面的呈现不够清晰，不容易量化，因此，教师师德方面的培训形式、内容、方法值得进一步研究。

中华优秀传统文化是中华民族的宝贵财富，为中华民族发展提供了强大的精神力量。党的十八大以来，习近平总书记关于中华优秀传统文化的一系列重要讲话，把对中华传统文化的认识推向一个新的历史阶段。为贯彻落实中央领导讲话精神，教育部研究制定了《完善中华优秀传统文化教育指导纲要》，对加强青少年学生的中华优秀传统文化教育进行了整体规划、分层设计，明确了系统推进中华优秀传统文化的要求和实施步骤。此纲要提出了加强中华优秀传统文化教育所面临的挑战：对中华优秀传统文化教育重要性的认识有待进一步提高；教育内容的系统性、整体性还明显不足；重知识讲授、轻精神内涵阐释的现象还比较普遍；课程和教材体系有待完善，教师队伍整体素质有待提升，全社会共同参与的教育合力有待加强等。

为贯彻党的教育方针，坚持"立德树人"、加强社会主义核心价值体系教育、完善中华优秀传统文化教育，并在青少年中弘扬中华优秀传统文化，东城区教育系统于2017年1月17日正式启动东城区青少年"文化·传承2030"工程。"文化·传承2030"工程以非物质文化遗产进校园等活动为载体，把培育和践行社会主义核心价值观融入学校美育全过程中。在中国传统文化中，茶文化是中华优秀传统文化的重要组成部分，是人类社会历史实践过程中所创造的与茶有关的物质财富和精神财富的总和。茶文化不仅是中华文化的一张名片，也是中国传统文化推广和传播的重要内容。因此，我们聚焦茶文化教师培训工作的开展，希望探索以优秀传统文化为内容的师训过程中如何提升教师师德水平。教师通过茶文化课程学习，感受、学习优秀的传统知识文化，也在茶文化的潜移默化中受到熏陶，不断提升自身的师德修养。

本文以中国优秀传统文化教育为切入点，以"中华茶文化"课程授课教师师资培训为例进行师德建设研究，探索优秀传统文化教育对师德建设的积极影响，解决师德建设重形式而难以形成内驱力的难题，进一步挖掘优秀传统文化的育人内容，探索传统文化教育对教师师德素养提升的基本途径、方法和评价标准。

一、师德建设的调研与分析

通过"中华茶文化"课程授课教师师资培训的重要途径，为了深入了解教师参加传统文化培训前后的师德方面的变化，特在培训活动前和活动后，对参加课程培训的教师进行了相关测试。

（一）学习前测试

学习前测试主要从教师的现状与需求方面进行调研，调研结果如下：

1. 教师对传统文化传播的态度

关于对中华传统文化的总体态度方面，89.19%的教师非常认同，渴望了解；10.81%的教师比较认同，想要了解；62.16%的教师对中华传统文化有一定了解，35.14%的教师了解的较少，2.7%的教师不了解。

参与调查的教师均认为，在当前的时代背景下，弘扬中华传统文化最应该汲取的选项侧重在：审美情趣、历史文化、道德规范、知识技能与哲学思想等几个方面（见图1）。

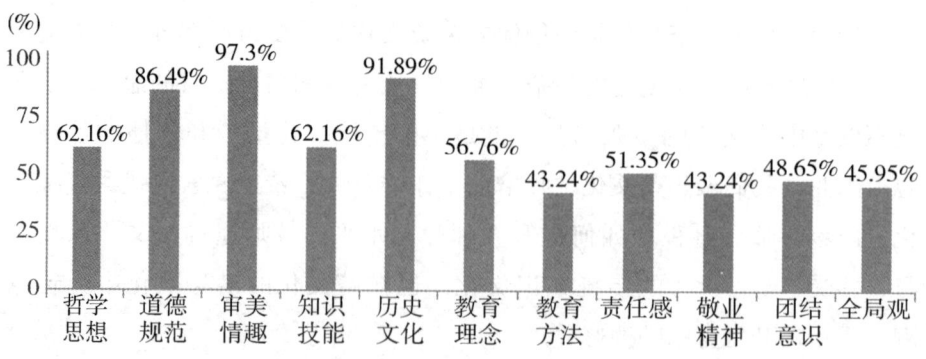

图1　学习前测试弘扬中华传统文化侧重选项分析图

24.32%的教师非常主动地在工作中进行中华传统文化的传播。59.46%的教师在主动进行传统文化的传播，24.32%的教师在不经意中做了传统文化的相关传播工作，只有2.7%的教师认为没有进行传统文化的传播。所有教师一致认为中华优秀传统文化学习有助于提升自身的师德水平。

2. 关于中国茶文化课程学习

教师都要不断提升自己的师德水平，在以下师德的几方面中，教师认为最重要的分别为：诚实守信（97.3%）；仁爱之心（97.3%）；团结协作（94.59%）、道德情操（94.59%）；有正义感（94.59%）；遵纪守法（91.89%）；自我约束（89.19%）；尊重传统（89.19%）；工作勤奋（81.08%）。

有80%—90%的教师都认为自己是一个有恒心的人、勤劳的人、喜欢寻找新事物的人，自制力较强、充满爱心、懂得感恩的人。当看到别人开心时也会开心，并且有遇到困难时会要求自己坚持到底的毅力，所有教师都有会主动学习、不断提升自己的意愿。通过中华优秀传统文化学习，各位教师希望在以下方面获得成长与提升，其中比例呈现如图2所示：

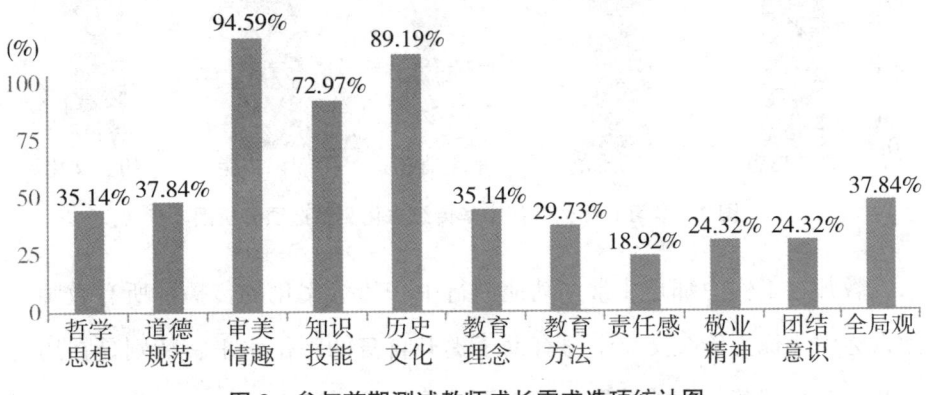

图2　参与前期测试教师成长需求选项统计图

其中，审美情趣、历史文化、知识技能这三项所占的比重较高。其次，哲学思想、全局观方面也有所期待。

（二）学习后测试

学习后测试主要关注教师参与课程后的内心变化以及收获，结果如下：

1. 教师对传统文化传播的态度

各位教师对传统文化的兴趣、了解基本情况为：对中华传统文化的总体态度方面，92.11%的教师非常认同，渴望了解；7.89%的教师比较认同，想要了解；73.68%的教师对中华传统文化有一定了解，21.05%的教师了解的较少。

参与调查的教师认为，在当前的时代背景下，弘扬中华传统文化，最应该从中汲取的依次为：历史文化、道德规范、审美情趣、知识技能与哲学思想（见图3）。

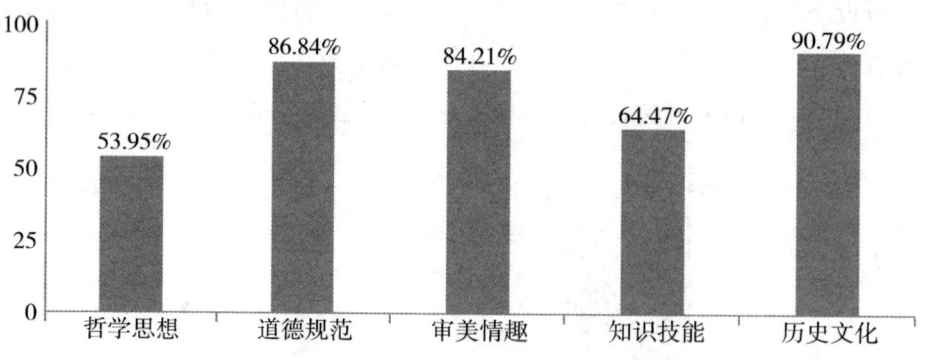

图3 学习后测试弘扬中华传统文化侧重选项分析图

教师在工作中都是非常主动地进行中华传统文化的传播。所有教师一致认为中华优秀传统文化学习有助于提升自身的师德水平，特别是在历史文化、道德规范、审美情趣方面有了显著提升，这也是传统文化对师德提升的优势。

2. 关于中国茶文化课程学习

"教师在各自的教学工作中，在以下哪方面有所提升？"此项为单选题，教师选择最重要的收获。其中尊重传统的比重最高为25%；其次是热爱祖国14.47%；再次是为人谦逊和一技之长。这些方面是传统文化培训给予教师师德成长的核心要素。

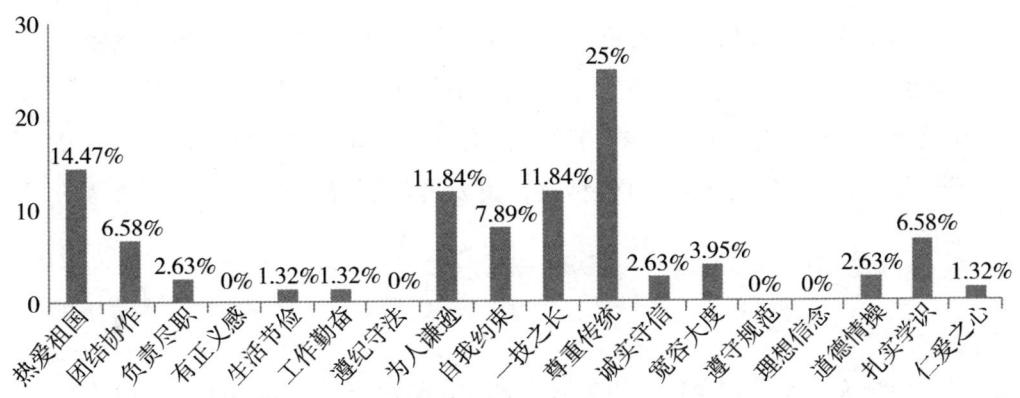

图4　参与后期测试教师成长需求选项统计图

二、优秀传统文化促进教师师德建设的内容选择

中华优秀传统文化是中华民族的瑰宝，传统文化中蕴含的美德是中华民族的重要精神体现。习近平总书记曾指出："中华优秀传统文化是中华民族的精神命脉，是涵养社会主义核心价值观的重要源泉，也是我们在世界文化激荡中站稳脚跟的坚实根基。"加强中华优良传统文化建设，不断满足人民群众日益增长的精神文化需求，是促进经济社会发展的需要。贯彻习近平总书记在全国教育大会上提出的要"坚持扎根中国大地办教育"精神，弘扬社会主义道德和中华传统美德，以中华优秀传统文化滋养师德、提高教师立德树人能力。传统文化和美德对于丰富人的精神生活、提高人的综合素质、促进人的全面发展、形成良好的社会风尚，让人们更加自觉主动地推动文化发展繁荣，具有不可替代的作用。中华民族五千多年悠久文明浩瀚多姿，对于如何更好地将传统文化转化成教育资源，笔者认为应遵循以下原则。

（一）思想性

传统文化中包含丰富的哲学思想。教师培训内容的选择要符合国家大政方针，要聚焦教育目标，立德树人，选择公正、向上的思想内容为核心。如茶文化所提出的茶德思想："廉、美、和、敬"；再如茶文化经典《茶经》中所谈道的："茶之为饮，最宜精行俭德之人。"这些都是茶文化中优秀的思想精华。因此，在传统文化内容的选择上要精挑细选，内容要符合社会发展需求，体现时代精神，更要能够引导人的精神追求高尚的情操。

（二）实践性

传统文化要融入现代人的生活方式。在学习资源内容的生成方面要有实践内容，把知识、文化、技能统筹运用，结合日常生活进行课程内容设计。茶文化是综合文化的载体，从茶的品鉴、茶事活动、茶礼习俗等多方面都有着丰富的实践内容，这也是教师、学生喜爱茶文化学习的原因之一。以往的教育实践证明，文化不能空谈，而是在实践体验中感受，继而引发内心的领悟。

（三）开放性

传统文化作为教育资源要具有开放性。教师要推动中华优秀传统文化的创新性发展，要在继承的基础上不断发展、创新。教育中要秉承开放的胸怀，不因循守旧，让"传统"文化与时代接轨，"活"起来。传统文化与多学科、多种文化相结合，增加其趣味性、科学性。在中国茶文化课程中，茶的创意板块是最受欢迎的教学内容。教师们在学习过程中会发现悠久古老的中国茶在新的时代是时尚、健康的新生活的重要内容，生机勃勃，活力四射。

三、优秀传统文化促进教师师德建设的途径与方法——以茶文化为例

以优秀传统文化促进教师师德建设已有两年的研究实践，现就研究的过程进行梳理总结，提炼出传统文化促进教师师德建设的相应途径和方法，利于其他项目借鉴。

基本理念：共学共享。

基本形式：培训—课程开发—教育实践—成果交流。

（一）三级培训体系

中华优秀传统文化在教师层面的培训要分层次进行。

第一是要面向全体。基础培训工作面向东城区全学科老师，通过区级师训培训将传统文化之"茶文化"进行普及。通过教师培训这一重要环节，教师学习中华民族的智慧，滋养心灵、涵养师德，提升教师文化修养。从而将茶文化的精神传递给更多的学生，使他们有更多机会感受、了解中国茶文化。此外，通过各科老师的参与，促进中国传统茶文化与各学科的融合创新。如：设计并开展了两期的《一带一路茶文化》课程，各学科教师将茶文化与本学科相结合生成丰富的学习资源供学生广泛使用。

第二是面向授课教师的专业培训。以专业教研的方式提供丰富的教学支持，不仅有相应的教研活动，还提供教学资源包，在教育思想引领和教学资源支持方面服务授课教师。

第三是凝聚骨干教师团队，提高核心成员业务水平。我们带领骨干教师到高校开展高端专业进修，开阔眼界，广交良师，在浙江大学茶学系我们的核心骨干教师都取得了茶学系研修证书，在茶学专业发展上有更大的空间。

（二）课程开发研究

第二层级是课程开发研究。教师边学习边开发课程，以主题课程设计为引领，开发教学资源。在发挥传统文化德育优势的时候不空谈，而是把

它变成生活方式，形成体验式课程。通过这一过程把传统文化融入生活这一基本理念融入课程设计，影响老师，从而将这种教育理念渗透到培养学生。通过任务引领、教育科学研究的方式，教师在具体目标指引下实现学习有目标、研究有组织、学习有动力、培训有成果。这一过程中，充分发挥导师的优势，促进项目团队的建设。课程开发过程中的共同学习与帮助极有力地促进教师发展，增进友谊与交流。

（三）校园教学实践

以上两个方面是教育的后台准备，而真正的面向学生的教育过程实施是第三层级。校园教育实践是检验教师培训成果的阵地，高水平、高素质的教师在教育实践中方能得以体现。因此，我们不仅前期培训教师，还通过听课、公开课、研究课等方式在教师日常教学活动中进行实践指导。指导教师进行教学的过程非常重要。一次听课指导后，授课老师发来短信，由衷地表达了内心的感动："今天上完课我又有了一种感动，其实学生们每次都带给我不同的感受。我们的感情越来越好，学生学得也越来越认真。每次都从您身上看到一种力量，我不是特别会表达，但是您在学茶做人做事上真是给了我很大的感动，谢谢您。"这些感想是培训教师和培训学员深入互动的结果。因此，培训过程中教师与学员一定要建立更深层次的互动，而不要仅仅停留在讲台和听众席的位置上。

（四）学生成果交流

除了第三级的校园教学实践外，各位教师的教学成果即学生学习成果交流也是必不可少的一个重要环节。成果交流既是平台来展示风采，更是学生为主体的评价与自我认可的过程，是文化自信融入学生内心的过程，也会更加激发教师的教育情怀，进一步提升师德修养。首先，我们在两年间组织了北京市茶文化创新大赛，学生在茶故事、茶画、茶艺等六个方面进行展示交流，多学科充分融合，教师也各展其能，各美其美，美美与共；其次，我们还组织了一场国际青少年友谊茶会、一场18所学校参加的首届青少年斗茶大赛。在各种形式的茶文化交流中为学生和老师搭台，使得传统文化成为学生生活方式的一种催化剂。因为只有充分的生活实践，才能充分展示学习成果，而学习成果在生活中的广泛应用也是我们普及传统文化的重要目的。

四、优秀传统文化促进教师师德建设的思考

（一）提升教师培训者的德育意识

教师学习传统文化过程中，德育融入为第一任务。在对教师进行培训中，业务提升是内容与支持，核心目的是提升教育情怀。因为，专业能力、教学方法可以有很多方式得到，针对性教研学习会解决得更好，而传统文化学习则在思想道德教育学习方面有自己的独特作用。从调研结果不难看出，教师的期待和最终的收获都会在思想道德教育上有更多体现。教师参加传统文化培训最期待的是审美情趣、历史文化、知识技能，反映出"美"的需求、历史文化的需求以及传统文化所特有的技能需求都是老师特别期待的。学习之后，我们看到教师在历史文化、道德规范、审美情趣方面有了显著提升。其中，道德规范提升到前三位，知识技能的重要性下降到第四位。这说明在传统文化培训的过程中教师的道德规范意识会提升，且通过学习更加珍爱自己国家的历史文化。在重要收获的选择中，由于是单选题，老师们只能在众多项目中选一个，因此更体现出教师的收获核心。结果是尊重传统的比重最高为25%；其次是热爱祖国为14.47%；再次是为人谦逊和一技之长。这些都反映了传统文化在培养教师师德方面具备的核心优势。

（二）在培训设计中注重榜样的力量

一方面，培训师资资质很重要，要德才兼备、有影响力、正气正直的教师来担当。另一方面，选择榜样人物在培训中发挥引领作用。我们运用了"真人图书馆"的形式，开展"茶人图书馆"活动，请来茶界著名茶人分享其个人成长经历及学术成就。这一活动极大地触动了老师的心灵，激

发了教师的内在主动性。只有由内而外的自主行为诞生，才真正是教师成长的开端。新时代全面加强师德师风建设，就要坚持弘扬高尚师德，以榜样的精神感染人、鼓舞人、引导人。

（三）注重培训活动中的师生互动

在师训活动组织中，我们充分运用了师生互动理论。鉴于教师培训教师的现状，且培训内容为中国茶文化这一特点，我们采取了"师组互动"的形式，将教师分成若干学习小组，开展"共创性"学习。由于学习组织的搭建，凝聚了参与教师的感情，增进了相互之间的了解，提高了学习任务的完成质量。因为都是教师角色，所以小组教师的互动更融洽，也激活了所有参与学习者的自律性与主动性。我们还运用了相互磋商型的互动形式，通过培训中的多元点评、交换意见，不断提升教师的收获。

（四）关注教师师德水平的评价

在师德水平的评价方式方面，我们采取了自评和他评的方式。特别是除针对教师自身的调查问卷外，我们还设计了校长访谈内容，使得评价更具权威性。同时我们也关注学生的反馈，教师进行了学校学生对教学的满意度调查，从总体看效果很好。这也奠定了茶文化项目蓬勃发展的基础。

在教师师德水平的评价方面我们的探索还比较少。评价品德很难，因为有很多隐形的内容。我们尝试通过问卷方式了解教师的思想状况，也得到了一些结果，但不排除这些结果是理性思考的结果而非自然的状态。因此，这方面的研究还将继续进行。

五、优秀传统文化促进教师师德建设的建议

中华文化博大精深，结合实践，我们感到通过加强传统文化培训来提升教师师德是非常有必要的。一方面，在这个领域还有很大的空间值得去拓展和挖掘，另一方面，加强这方面的研究和探索，也是同国家、教委弘

扬中华传统文化、加强教师队伍师德培育的指导思想相契合的。未来还有一些内容值得去商榷和考虑：

一是要解决训用脱节的问题。培训工作是阶段性的，随着当前信息化数字化时代的快速发展，"继往"与"开来"面临着越来越多的碰撞与选择。如何让短时间的培训发挥持久影响力和辐射作用是一个有难度的课题。目前已经有教育实践指导和学生成果交流的方式，但毕竟培训师资有限。未来，可以尝试信息化、数据化手段来解决这样的问题，即使"线下"培训终止了，也能让"线上"的功课不停歇，避免我们的培训工作变成"短平快"和"一阵风"。通过这样一种长期的融入和影响，在互动中充分发挥集体智慧，让教师把学到的知识、接收的信息在教育教学中用起来、活起来。

二是要解决教师个性化需求的问题。中华传统文化涉及的领域门类众多、纷繁多彩，要使这个大课题在师德培育中保持生机活力，必须展现出它的多元性，不能仅仅拘泥在茶文化，还要拓展到书法文化、戏曲文化、民俗文化、陶瓷文化等能体现中华文化精髓的不同文化艺术门类。在这方面的培训工作中，有必要考虑不同地域、不同学科、不同层级教育工作者的个性化需求，丰富传统文化课题的多样性，拓展教师的选择空间，引导和激发教师投身其中的兴趣和乐趣，让教师准确找到自身定位，找到"志同道合"的良师益友。

三要加强教师培训中对传统文化教育的重视。建议教师都能够参加传统文化学习，增强传统文化在教育工作中的权重和"话语权"，从而提升教师主动融入它、了解它、领悟它、传递它的主动意识和主观愿望。通过长时间的积累和熏陶，通过正面引导和侧面加压，让教师把文化汲取变成师德养成的组成部分和自觉需求。

【参考文献】

[1] 王志忠，梁雅玲. 师德内涵新论 [J]. 山西高等学校社会科学学报，2005（4）.

[2] 叶子，庞丽娟. 师生互动的本质与特征 [J]. 教育研究，2001（4）.

[3] 钟启泉,等.《基础教育课程改革纲要(试行)》解读[M].上海:华东师范大学出版社,2002.

[4] 朱慕菊.走进新课程——与课程实施者对话[M].北京:北京师范大学出版社,2002.

[5] 佐彬.师生互动论课堂师生互动的心理研究[M].武汉:华中师范大学出版社,2002.

[6] 李建平.聚焦新课程[M].北京:首都师范大学出版社,2002.

[7] 张庆林.高效率教学[M].北京:人民教育出版社,2002.

[8] 吴世显.教学论新编[M].北京:教育科学出版社,1991.

[9] 查有梁.大教育论[M].成都:四川教育出版社,1990.

[10] 习近平:在文艺工作座谈会上的讲话[EB/OL].http://www.xinhuanet.com/pditics/2015-10/14/c_1116825558.htm.

基于核心素养探索初级合唱团游戏化教学模式

马 馨

（北京市东城区少年宫）

【摘　要】 按照立德树人，发展学生核心素养的要求，以合唱团初级班6—8岁学生为对象，在实践中研究探讨符合学生需求的育人模式。科学研究证明，游戏是学生重要的学习方式。在游戏的情境中，学生能够更快、更牢固地学习新的知识，能够增加练习地次数和时间，能够更顺利地发展相关的核心素养。

【关键词】 核心素养　合唱团初级班　游戏情景　教育游戏　教学实践

近年来，东城区少年宫阳光少年合唱团在教学中借鉴了国际上先进的练声方法，进行了严格的音乐理论及视唱练耳训练。实施梯队建设培养，初级班学生年龄在6—8岁（幼儿园大班至小学二年级），音乐基础为零。学生通过合唱训练获得感受音乐之美的能力，学会学习，形成良好的自我管理能力，树立集体责任感，逐步形成中华民族文化认同感，等等。传统教学方法体系成熟，但学生主动性参与度低，学生容易出现兴趣不足、秩序混乱、状态懒散、进步较慢的情况。其主观强调学生以听讲为主，被动练习的教学活动，与客观通过积极实践获得合唱知识和技能的要求形成了矛盾。

探索生动、有效的育人模式，改变教育方式势在必行。探索将合唱教学活动融入培养全面发展的人的教育理念的有效途径；研究怎样将讲授的知识变得像真实体验那样鲜活;如何把有难度的技能和掌握技能必要的练习变得像游戏般轻松愉快且有成就感,从而发展学生的核心素养,显得尤为重要。

科学实践证明,游戏能够促进认知、情感和心理的发展。因此,探究基于发展学生核心素养的,以游戏为情境的合唱团初级班活动的育人模式就显现出了其价值。

一、游戏情境构建育人模式的理论基础

(一)游戏是人的本质特征

玩游戏贯穿人的一生。皮亚杰在儿童游戏、学习和发展的观点中提出学习的同化理论:同化包括将新信息纳入现有的认知结构中,并可以包括想象的过程。他认为儿童的游戏促进了同化的产生,因此是巩固了新的学习行为。游戏可以通过让儿童经历新的事物,并提供新的可能性来促进儿童的学习。

(二)游戏是儿童学习的重要方式

游戏有其学习的内涵。人类自发的每一项游戏都是某些重要生存技能的训练:身体格斗、肉体力量、速度、耐力、战略性思考、思维敏捷、团队协作行为、认知模式等等。游戏被视为一种直接的教学和指导,以及"保持共同思考"的方式。杜威认为,只有个体亲身的经历和体验,才称得上是学习。大脑的结构让我们通过体验去学习,尤其是强烈的体验。在其中我们会被高度吸引,自动投入并持续不断。记忆重拾是体验过后一个自发产生的结果。

合唱教育活动从本质上说是一种经验,让孩子们体验各种歌唱的、音乐的、文化的经历。并由此将音乐知识、歌唱方法、声部合作、乐学善学、自我管理、音乐审美、国家认同、文化理解等转化为自身的经验,让学生的个体发生"细微变化",实现身心成长。

(三)"教育游戏"的优势

教育游戏的手段深化了教学的目的和学习成果，同时丰富了教学活动的细节。如手指谱明确表明了每个音在五线谱中的位置，可以作为教授音高的方式。同时，可以将已学过的音按照老师给出的唱名或乐谱，反复在手指谱中指出来，起到随时反复练习的作用。通过生动的学习，反复的练习，让孩子们把音高位置谙熟于心，从而解决识谱问题。教学游戏淡化了学习、练习过程中的挫败感，有助于提升学生学习与练习的意愿与兴趣。

二、基于核心素养的育人实践

发展学生的核心素养就是要培养全面发展的人。"全面发展的人"是具有责任意识、担当意识、会学习、会合作、有创新精神和实践能力的人。

(一)发展"乐学善学"素养，以全过程游戏化模式激发学生参加合唱教学活动的内驱力

为了激发学生参与合唱教学活动的内驱力，设计实施了合唱活动全过程"游戏化模式"，将合唱活动的整体置于游戏的语境下，在孩子的潜意识中建立"合唱学习"与"快乐"的连接。游戏语境的构建由逻辑性游戏群的创建和游戏氛围营造两方面组成。

逻辑性游戏群的创建，是把从见到学生那一刻起，直至将他们交到家长手中这一过程，看成一个完整的教育教学过程，而这个过程的始终都是在游戏的语境下进行的，针对每个活动阶段及其对应的教育教学目标创建游戏，并将这些游戏按活动环节进行的逻辑次序结合在一起形成游戏群，完成教学活动。培养学生的秩序感；全员参与新知识学习实践；知识技能的强化性练习；培养自理能力；与家长沟通将课堂内容延伸至家庭教育等目标与环节，设计有效的教学游戏群。进入教室时的秩序感，是保障接下

来教学顺利进行的心理基础和环境要素；教学中的认知性游戏有效调动学生的专注力，提升学生学习效率；操作性游戏延长练习的有效时间，增加练习的有效次数；将课上游戏作为家庭游戏，让孩子教会家长，提高了家庭作业的完成率和练习效果。

营造游戏氛围是教师本人进入游戏语境，在教学活动中使用儿童化的语言（学术术语除外）、夸张的表情和大幅度的动作。这种方式可以迅速地将初级班学生带入游戏的氛围中。

这样的教育活动全过程游戏化模式，让学生感受到少年宫的合唱团活动就是一个大型的音乐游戏，将合唱学习与快乐感进行连接，切实激发了学生参加合唱团活动的内驱力。在长期的学习过程中，这种快乐情绪带来的较好的学习效果逐步发展了学生"乐学善学"的素养，并有利于他们把这种感受和能力迁移到其他学科的学习中。

（二）发展"自我管理"素养的游戏化手段

初级班学生的自我管理主要体现在遵守秩序和自理能力的发展上。"珍珠项链休止符"的游戏，目的在于促进学生形成秩序感，养成在校园中的良好行为规范。如安静有秩序地排队，右行礼让，上下电梯迅速有序等。虽然看上去是在严格的约束学生的行为，但在游戏的情景下，在教师也作为游戏成员时，学生是以一种积极主动的状态参与其中的，并在游戏结束得到教师肯定的评价时，明显表现出愉快的情绪。

教师用来源于合唱指挥的手势，对学生提出"安静""站成一队""站成两队""靠右行""跟我走""停"等指令，学生迅速做出反应，教师及时给予"点赞"手势。由于这个游戏处于教学活动开始之前，预示着接下来的教学活动都以游戏模式呈现，学生在整个学期的配合中都表现出积极兴奋的状态。

"书包也排队"是以培养学生自我管理中物品管理层次能力为目标，设计的角色扮演游戏，帮助低龄学生逐步形成良好的自理能力和自我管理意识。游戏中书包被拟人化，学生帮助"小书包"在教室窗台下列队，水杯在窗台上列队。让书包、水杯承担因缺乏规则意识造成教室脏乱的责任,从而使学生从帮助小书包排好队的心理出发,易于接受改正的建议,调整自己的行为,避免逆反心理的产生,逐步养成有序管理物品的行为习惯。为学生进入接下来的学习打开良性入口。

(三) 发展"社会责任"素养的游戏化手段

合唱活动彰显着"各美其美,美美与共"的教育理念。群体意识、合作精神,个性与共性的完美融合,是其发展学生社会责任素养的学科优势价值所在。为获得和谐的和声效果,正确表达音乐作品的思想与意境,学生要明确自己所处的声部地位,不断调整恰当的力度、音色,把握好各自的分寸,寻求最好的合作方式。

"优美曲线"游戏,生动地让学生感受到集体和个人的关系,理解集体意识与合作精神在合唱艺术中的必要性,折射公民在社会中的社会责任。所有学生与老师手拉手连成一条线,以一端带领移动,在集体移动中要保证线的连续,不能中断。游戏中只要没有与集体保持统一的步伐速度或步伐大小,这条线很容易被扯断。学生能够切身感受到集体是由个体组成的,个人的行为对集体有影响的道理。

"小组闯关"游戏,强调合作能力的培养,教会学生思考、协商、想象、解决问题、与朋友合作、创造出天然的"亲和团体"。在活动中围绕一个和弦的构成,一段乐段的背唱,一组多声部节奏声势的表演等环节都可以运用团体合作游戏的方式进行。教学游戏设定为"闯关任务";把学生按照人数分组,为增进学生间的接触,发展合作模式,在分组时有时按学生意愿组队,有时老师给予人员组合的建议;教师设定完成任务的时间;学生分组按时完成任务;分组展示任务完成情况;完成任务的组闯关胜利,得到虚拟的升级奖励。

(四) 发展"国家认同""文化理解"素养的游戏化手段

我国幅员辽阔,民族众多,各民族的优秀音乐文化是音乐教育的无限沃土与珍贵宝藏。"国家认同"的文化层面至关重要。我为什么是中国人,因为我的躯体中涌动着中华民族的文化基因。初级班学生学习我国各地区、各民族的儿歌，发挥了音乐文化传承的学科价值。儿歌中有大量的游戏歌，如《鸭罗罗》《金锁银锁》《打掌掌》《天螺螺》等等。这些歌曲都可以加入声势动作，一边做游戏，一边演唱。

"儿歌地图"制作游戏。学生依据学习儿歌的地区，为我国的地图涂色，标注省份名称和歌曲名称。经过一个学年的积累，这幅地图变得五彩斑斓，既显示出我国的民歌资源，又是学生学习、成长的记录。

（五）发展社会交往素养的游戏手段

角色扮演游戏"小观察员"这个游戏的对象指向情感、意义、想法、角色、规则和人际关系等方面，显著地完成认知上的跳跃和转换。游戏规则设定为"小观察员"注意观察同学的优点，点评中要体现这些优点和在哪些方面能够取得更大的进步等。学生按照规则积极观察同学们歌唱中的优点，从发声状态、歌唱方法，到音准、节奏等学习的内容。在点评中，主动模仿老师，注意语言表达的完整性，使用积极鼓励的语言。游戏发挥了教学环节中评价的作用，又发挥了促进学生间情感和社会化发展的作用。

三、基于学科价值的教学实践

学习经常是艰难的任务。通过正确的思维方式去开展学习，伴随着某种积极正面的反馈，学习任务就可以变成艰难的乐趣。游戏营造沉浸式的环境，让孩子沉浸在现学知识的情境中，充分体验知识。

（一）针对音准的游戏化练习手段

准确的音准是合唱的首要要素。在音高、音准的教学中，柯达伊教学法中的科尔文手势有着明显的教学效果优势，它将无形的音高变为有形的手势。而每个手势的创设和整体手势组合，都把调式音级间的音程关系清晰、严谨地展现出来。在手势的辅助之下，唱准变得非常容易。

以科尔文手势为内容的"请你像我这样做"游戏,让学生展现出高度的自主学习性。老师做出与歌唱唱名相同的科尔文手势,学生模仿并按照手势歌唱,准确音高带来的美妙旋律反馈给孩子,产生第一层满足感。同时学生快速模仿达到了"请你像我这样做"的规则,赢得了第二层满足感。在游戏中愉快地解决了音准问题。

(二) 针对节奏的游戏化练习手段

依据当次活动的歌曲,摘取其中的节奏型或难点节奏为内容。采用"请你跟我这样做"的游戏方式,带领学生做节奏声势游戏。以拍手、拍腿、跺脚、捻指等能带出声响的人体动作,叫作声势。用声势的方式表达节奏的游戏对学生有很强的吸引力。以歌曲节奏原型为起点,通过加速、减速、强奏、弱奏、变换声势动作,节奏变奏等环节,最终回归并多次强调歌曲节奏原型完成游戏。这个游戏在从节奏角度铺垫了本次活动的歌曲主题的同时,还使学生进入兴奋状态,有效提高学生学习的专注度。

(三) 多声部意识的游戏化建立手段

多声部意识的建立是初级班学生学习的重要方面。"声势"游戏。基于学生的能力范围,选择从多声部声势的角度培养学生的多声部意识。拍击身体不同部位或跺脚等发出各种音色,用这些声音构成两个或三个声部,将这些声部组合在一起形成多声部声势。在这个游戏中学生感受如何稳定本声部,并积极与他声部进行配合的方式,逐步建立多声部配合的基本能力。

二声部旋律的"回声"游戏。多声部合唱是一个进阶性很强的能力培养过程。"卡农"是最为基础的二声部旋律合唱模式。完全的"卡农"是两个相同的旋律,一前一后进入,形成两个声部的合唱作品。这种音乐效果与回声相似,引导学生模仿回声效果进行歌唱游戏。后一个声部从音高、音色、强弱等各种角度模仿前一个声部。

四、实践中初步确立合唱团初级班的游戏化育人模式

一个愿意花费时间去玩的游戏是有难度的，但同时又是刚好能够上手玩起来的。运用已掌握的知识作为游戏的基础内容，在游戏过程中逐步加入新知识，总量控制在30%左右。学生能感受到容易上手，又有挑战，可以有效激发学生学习的兴趣与热情。

游戏越愉快，知识技能掌握越扎实。正确的游戏操作赢得的成功能够直接刺激神经释放多巴胺，从而使人进入高效学习的亢奋状态。涉及社交影响的游戏能够进一步激发学生的操作欲望，从而增加练习次数，强化学习效果。例如初始阶段的练习环节，孩子们自主地在与伙伴的游戏中相互学习，讨论成功经验，加快知识技能的掌握。结合评价机制的小组对抗赛，有效调动学生的专注力，提升练习效率。

教学游戏的设计以教育教学的短、中、长期目标为出发点，设计结果指向性清晰。长期目标对应核心素养的相关方面，中期目标着眼于合唱团初级班阶段所要达到的识谱、视唱（包括音准、节奏的准确把握）、多声部意识、歌唱状态、歌曲表达等能力的获得。短期目标在于帮助学生学会当下的歌曲，及其包含的乐理知识、歌唱方法与声部配合技巧。

在学生参与教学游戏的过程中，反应更加积极，表现更加自然，能够更充分地反映出教学效果。游戏中个别、分组、集体等组织形式，能帮助我们更清晰地观察学生个体的反应。这种观察能够为评估教学活动的有效性提供直接的依据，同时还有利于理解学生的学习模式、兴趣、心智倾向，以便为下一步循环计划提供反馈，从而为研究更适合的教育教学手段提供基础。

【参考文献】

[1] 张慧群. 学科核心素养与学科课程群 [M]. 上海：华东师范大学出版社，2019.

[2] 姜明彦, 顾炜. 玩是学之始 学乃玩之成 [M]. 上海: 复旦大学出版社, 2018.

[3] 格雷格·托波. 游戏改变教育 [M]. 何威, 褚萌萌, 译. 上海: 华东师范大学出版社, 2017.

[4] 伊丽莎白·伍德. 游戏、学习与早期教育课程 [M]. 李敏谊, 杨智君, 译. 北京: 教育科学出版社, 2018.

论中学校外教育资源的开发与利用

何 江

(北京市第一零九中学)

【摘 要】 资源对于启发、支持、保障中学校外教育,提升中学教育的质量和实效,促进中学生的核心素养培养有着重要的意义。基于此,笔者对"中学校外教育资源的开发与利用"展开了研究。文中,笔者首先对核心概念进行了界定,然后以北京市为研究地域范围,结合文献、调查、实例,理论联系实际,依次阐述了中学校外教育资源开发与利用的研究意义与研究基础、资源特征、校外教育资源与学科课程资源的整合(含资源调查、资源库建构)、校外教育资源开发与利用的基本程序(含资源开发与利用的基本途径、组织形式、基本条件、实施细节、评价反馈)等问题。希望此文能对"中学校外教育资源的开发与利用"的整体认识有所帮助。

【关键词】 中学　校外教育资源　开发　利用

教育资源(重点是课程资源)是 20 世纪 90 年代末、21 世纪初随着课程改革才进入国内研究视野的概念。按照教育部基础教育课程教材发展中心主编的《基础教育课程资源开发与利用》对课程资源的界定,教育资源是指教师和学生在学校教育中教学内容的来源,它主要分三部分:一是校内教育资源;二是校外的教育资源;三是信息化教育资源。校外教育资源主要包括校外课程资源、校外活动资源等。

本文将以北京市为研究地域范围，针对"中学校外教育资源的开发与利用"这一主题，逐一从研究意义与研究基础、资源特征、资源整合、基本程序等方面进行阐述。其中，资源开发侧重于课程或活动的建构，资源利用侧重于课程或活动的实施，两者先后相接。

一、研究的意义与研究基础

校外教育资源是教育资源的重要组成部分。《基础教育课程改革纲要（试行）》明确指出："积极开发并合理利用校内外各种课程资源，广泛利用校外的图书馆、博物馆、展览馆、科技馆、工厂、农村、部队和科研院所等各种社会资源以及丰富的自然资源。"教育部发布的《中小学综合实践活动课程指导纲要》指出："学校要积极争取校外活动场所支持，建立课程资源的协调与共享机制。"

新时期，以资源的科学分配和高效聚合为外显的课程改革突出了资源的重要地位和作用。为了应对新的基础教育改革的需要，应对特色办学、学科素养培养、核心素养培养等热点问题，开发、利用校外教育资源的研究越来越被教育界关注和重视。

自2000年以来，国内产出了大量与校外教育资源开发、利用相关的研究和文献。例如，福建省中青年教师教育科研项目"基于校企合作视野下的校外教育资源的挖掘与整合探讨"。吴遵民编写的《现代校外教育论：校外素质教育的路径与机制研究》、黄建民编写的《校外活动与实践创新》、教育部基础教育司和教育部师范教育司组织编写的《课程资源的开发与利用》、段兆兵等著的《课程资源开发与利用——原理与策略》、杨静娟著的《综合实践活动课程中的资源统整》等等。

二、校外教育资源的基本特征

（一）校外教育资源的综合性

校外教育资源既包含学科元素，也包含社会元素。例如，北京的香山，自然资源和人文资源非常丰富，可以作为语文、生物、地理、历史、体育、美术等学科的综合资源加以开发。一些学科特征不明显的文化资源、企业资源、科研资源、社区资源，也常常用于校外教育的课程或活动。

（二）校外教育资源的地域性

地域性是资源差异的重要外显。比如北京各区县的博物馆、展览馆，其展品的内容就必然会带上地域的标签和印记。地域性也是造就课程特色的因素之一。例如，北京门头沟某中学利用门头沟多山、永定河贯穿全境的地域特征开设了"山谷课程"。

（三）校外教育资源的时代性和现实性

校外教育致力于密切学生与社会的联系，必然会有时代和现实的烙印，并为特色办学、特色课程或活动提供了思路。例如，北京某中学借助中国传媒大学、北大方正集团、苹果（Apple）数字体验中心等校外资源，构建了传媒特色的通识性课程（媒介素养教育课程、媒介素养教育与学科融合课程）、专业化课程（广播电视编导类课程、播音主持类课程）和个性化课程等。

（四）校外教育资源的探究性和实践性

校外教育资源有利于学生开展探究学习，使学生通过情景体验和亲身实践，锻炼能力，提高学识，丰富思想认识。

三、建立教育资源库，打通校内外资源，实现校外教育资源与学科课程资源的整合

校外教育资源按空间分布分类：家庭教育资源；社区教育资源；地区教育资源，包括地区性的自然环境、乡土资源、人力、机构、经济、文化、教育、科研、工业、农业、第三产业等；国家教育资源，包括全国性的自然环境、政治、经济、文化、科研、工业、农业、军事、外交等；国际教育资源，包括国外的、全球性的或区域性的自然环境、政治、经济、军事、外交等。

在建立健全校外教育资源档案的基础上，可尝试建立教育资源库，实现校内外资源的整合，如专家（师资）资源库、地域（社区）资源库、案例资源库、研究主题资源库等。库的建构，应以便于充实更新、便于共享共用、便于管理调取、便于服务提效为前提。可尝试打造电子资源平台，实现校外教育资源的网络化、电子化管理。

为了更好地挖掘北京市校外教育资源，笔者实地调研了以下资源单位。

语文：茅盾故居、曹雪芹故里、老舍故居、鲁迅故居、郭沫若故居；数学：中科院数学与系统科学研究院（数学研究所、应用数学研究所、系统科学研究所、计算数学与科学工程计算研究所）、北京国际数学研究中心；外语：北京外国语学院、北京语言大学、北京外交学院、北京第二外国语学院、塞万提斯学院；思想政治：天安门、人民大会堂、人民英雄纪念碑、毛主席纪念堂、北京市规划展览馆、中国法院博物馆、海关博物馆、警察博物馆、北京政法大学、北京青年政治学院；历史：国家博物馆、故宫博物院、首都博物馆、科举匾额博物馆、古陶文明博物馆、保利艺术博物馆、天坛、颐和园、圆明园、长城、明十三陵、国子监、太庙、社稷坛、历代帝王庙、钟鼓楼、正阳门、大栅栏、德胜门、北京古观象台、明城墙遗址、大葆台汉墓、燕都遗址博物馆、雍和宫、潭柘寺、戒台寺、卢沟桥、中国人民抗日战争纪念馆、军事博物馆、新文化运动纪念馆

（北大红楼）、焦庄户地道战遗址博物馆、詹天佑纪念馆、宋庆龄故居；地理：中国地质大学、中国石油大学、中国矿业大学（北京）、中科院地理科学与资源研究所、中科院对地观测与数字地球科学中心、中科院遥感应用研究所、国家天文台、北京天文馆、国家气象台、中国地质博物馆、第四纪冰川遗址馆、首云矿业、铁矿博物馆、地热博物馆；物理：北京航空航天大学、北京理工大学、北京科技大学、北京邮电大学、华北电力大学（北京）、首钢工学院、中科院高能物理所、中国航空博物馆、中国民航博物馆、中国铁道博物馆、首钢工业遗址、北京现代汽车厂、北京汽车博物馆；化学：北京化工大学、北京石油化工学院、中科院化学研究所、中科院过程工程研究所、化工博物馆、燕山石化；生物：北京大学医学部、首都医科大学、北京林业大学、中国农业大学、北京中医药大学、北京农学院、中科院生物物理研究所、中科院动物研究所、中国预防医科院、北京农林科学院、中国中医科学院、北京中医研究所、中关村生命科学园、北京动物园、北京野生动物园、八达岭野生动物园、自然博物馆、中国古动物博物馆、国家动物博物馆、农业博物馆、西瓜博物馆、北京植物园、中科院香山植物园、鹫峰北京林业大学实践基地、朝来农艺园、南瓜观光园、呀路古热带植物园、北京燕京啤酒厂；通用技术：中国印刷博物馆、古建筑博物馆；信息技术：中国传媒大学、北京信息科技大学、北京电子科技学院、中科院计算技术研究所、中科院计算机网络信息中心、电信博物馆；体育与健康：奥体中心、工人体育馆、工人体育场、首都体育馆、顺义奥林匹克水上公园；美术：中国美术馆、北京画院美术馆、中央美术学院；音乐：中央音乐学院、国家大剧院、北京音乐厅、中山音乐堂；艺术：民族博物馆、北京服装学院博物馆、紫檀博物馆、798艺术区、北京舞蹈学院、北京电影学院、北京戏剧学院、梅兰芳大剧院、北京人民艺术剧院、梅兰芳纪念馆。

　　北京市还分布有大量的企业、单位、机构、团体、社区等社会资源，拥有众多的综合高校、科研机构、文化机构，例如清华大学、北京大学、北京人民大学、北京师范大学、中国社科院、北京交通大学、中央财经大学、对外经贸大学、首都经贸大学、首都师范大学、中国人民公安大学、北京教科院、北京教育学院、国家图书馆、首都图书馆、中国科技馆、市区县少年宫、科技馆等。

通过北京市中学校外教育资源的调查和分析，可以发现：学校性质、办学目标、办学理念、办学重点、办学特色、办学水平、学校位置、社会关系、交通、领导或教师的偏好等因素影响着学校对校外教育资源的选择。

以笔者所在学校为例，开发、利用了以下校外教育资源：北京语言大学、首都师范大学外语学院、塞万提斯学院（基于小语种特色办学）；中国美术馆、中央美术学院、北京珐琅厂（基于美术特色办学）；中科院微生物研究所、中科院遗传所、中科院基因组研究所、中科院植物研究所、北京食品科学研究院、中医药博物馆、同仁堂博物馆、广誉远中医药博物馆、北京野生动物园、北京植物园、中科院香山植物园、世界花卉大观园、三元牛奶厂、高碑店污水处理厂（基于"翱翔计划"化学与生命科学课程基地校）等。

四、校外教育资源开发与利用的基本程序

（一）恰当的选用校外教育资源开发的途径

一是在市、区县教育行政部门的支持下，统筹开发校外教育资源。构建优势突出、均衡共享的校外教育资源系统，从而大大提高校外教育资源利用的效能。二是在校级层面上推动校外教育资源的开发，既发挥学校的牵头、策划、组织作用，又发挥学校教师的能动作用。

（二）组建校外教育资源开发与利用的团队

人是校外教育资源开发、利用的第一要素，校外教育资源的开发与利用首先要做好相关人员的选用，主要包括学校、协作单位机构、市区级主管单位的管理人员和师资队伍。其中，师资队伍主要包括校内师资、外校师资、校外专家团队、外籍师资等。要恰当地进行任务分解，明确团队的

分工。例如，某校初中二年级在香山开展关于"环境和可持续发展"的校外教育（含前期授课和活动当天授课）。学生依次完成以下内容：在体育老师指导下完成登山越野；在摄影老师的指导下对生物、岩石、地学剖面进行抓拍、摄影；在年级组、班主任的指导下完成可持续发展观的德育教育内容；在地理老师指导下完成总结与评价。中国林业大学、中国地质大学学生作为志愿者参与讲授和辅导。

（三）做好校外教育程资源的前期调研、规划，制订校外教育资源开发与利用的方案，明晰组织形式、开发条件、实施细节，并付诸实践

要在调研的基础上进行决策，明确校外教育资源开发、利用的目标和内容，研究校外教育资源开发、利用过程中遇到的困惑、困难、问题，形成相应的对策、措施。校外教育资源开发与利用的方案应包括名称、意义、目标、内容、建构（思路与方法、预计的问题解决和突破、进度）、管理、运用、保障、评价、预算、说明、预案等。依据文件、规定，一些重要事项还需经相关部门批准或备案。确保资源开发与利用的科学、规范。

利用校外教育资源的组织形式主要有实验、参观、考察、游学、调查、主题活动等。应该根据校内外资源的各自优势，安排课时、时长（可以尝试长短课、大小课）、内容。例如，在国家博物馆、首都博物馆、周口店猿人遗址，开展专题呈现或时序呈现的课程或活动。学校可以与高校、科研机构及其他相关社会资源单位联手，把高水平的人力、技术、展览、设备、设施等资源转化为高质的教育资源，开展授课、指导、师资培训、高端备课、项目研究等。

从宏观层面来看，校外教育资源的开发、利用要关注时代要求、教育方针、政策、导向、国家地方教育改革的重大举措等；从微观层面来看，除了组织保障、管理、师资，还要关注教育资源开发、利用的计划保障、制度保障、物质保障、经费保障等基本条件。

例如，组织学生去燕山石化、金陵开展化学、生物、地理、历史、人文的综合教育活动，需要关注活动的整体设计和相关的细节。如时间、交通、线路设计、主要活动地点、饮食、体力预估、防雨、防自然灾害、拍摄设备、应急物品、特殊的行程装备等。要合理安排活动时间，充分考虑师生具备的条件、个体特征和群体特征，以确保活动的质量和实效。

（四）做好相应的评价、反馈、调整、完善

校外教育资源开发、利用的评估类型主要有：自我评估与他人评估；单项评估与综合评估；诊断性评估、形成性评估与总结性评估；定性评估与定量评估等。可运用调查问卷、访谈提纲、调查表、档案袋评价、观察表等评价方法与工具，对校外教育资源开发与利用进行评价。应将学生的课程或活动评价与综合素质评价相结合，肯定学生的成果，激励学生的参与。

总之，学校可以通过校外教育资源的开发与利用，贯彻基于资源的教育导向，提升教育效能，促进学校的整体办学。

【参考文献】

[1] 吴遵民. 现代校外教育论：校外素质教育的路径与机制研究[M]. 上海：上海社会科学院出版社，2014：21-33.

[2] 黄建民. 校外活动与实践创新[M]. 杭州：浙江大学出版社，2013：56-75.

[3] 吴刚平，李茂森，闫艳. 课程资源论[M]. 北京：北京师范大学出版社，2014：41-44.

[4] 段兆兵，等. 课程资源开发与利用——原理与策略[M]. 芜湖：安徽师范大学出版社，2011：33-36.

[5] 杨静娟. 综合实践活动课程中的资源统整[M]. 北京：光明日报出版社，2016：26，178-188.

[6] 林崇德. 21世纪学生发展核心素养研究[M]. 北京：北京师范大学出版社，2016：243-266.

[7] 教育部基础教育司、教育部师范教育司组织编写. 课程资源的开发与利用 [M]. 北京：高等教育出版社，2004.

[8] 朱雪莲. 如何开发和利用综合实践活动的课程资源 [J]. 教育界：基础教育研究，2015（5）.

关于校外教育机构传统文化课程设置的几点构想

孙 浩

(北京市西城区少年宫)

【摘 要】 今日中国社会的文化、价值、道德需要在"再中国化"的过程中,从"中国传统文化"走向"中华文化"。校外教育机构创设"传统文化课程"时应该明确这一指导思想。首先,笔者觉得不能教条地认为只有"四书五经"才是国学经典,习近平总书记在他的讲话中经常运用古代典故,这些用典出处极其丰富。其次,形式可以创新,创新并不是老师学生都穿上一身"国学服",教师的"威严"充分体现,这绝不是创新。这恰恰是被历史已经证明的封建糟粕,是应该扬弃的部分。最后,尝试建立一种轻松式的、体验式的、亲子式的传统文化体验营。让传统文化在生活中,在家庭中有一个可以"碰撞"的空间环境,让学生懂得学以致用,让"传统文化"这条精美的"鱼",有可以自由游弋的天地。

【关键词】 校外教育 传统文化 时代特色 因地制宜 创新思维

随着时代的变化,国家的迅猛发展,习近平总书记提出了要努力实现中华民族的伟大复兴。实现这个"中国梦",是要付出很多年甚或是几代人的努力才有可能实现。在新的时代,就会有新的思想意识,新的价值观念,新的评价标准。中华民族的祖先留下了巨大的精神财富供后人挑选和使用,这些古人智慧的结晶,能够给现在的人们以源源不断的启示和巨大动力。习近平总书记对继承发扬中华优秀传统文化发表了一系列重要讲话，不仅反映了中央对文化建设的高度重视，而且彰显了其以文化复兴助推民族复兴的坚定决心。无论从中国梦的实现动力还是从中国梦的重要目标而言，它都离不开中国优秀传统文化。

传统文化有精华也有糟粕，教育者要深刻挖掘传统文化中精华的部分，让它在新时期新环境当中发挥新的作用和价值。而对传统文化中落后的、糟粕的东西教师应该能够辨识并坚决抵制和扬弃。在对待中华传统文化道德价值观方面，我们不能有"懒汉思维"。

为了响应习近平总书记的号召，很多少年宫和校外教育机构都开设了国学班、国学堂等形式的传统文化课程。有的给学生制作统一的服装，既不是某个历史时期的服饰，也不是一般意义上的"唐装"，而是经过"改良"过的"国学服"先不说这服装的含义如何，因为古代的衣服都有讲究，衣长代表什么，袖宽多少寸，有几个纽扣，纽扣的位置在左在右都有严格的规定。就拿色彩和外形来说，很多"国学服"总给人一种不是僧袍就是道袍的感觉，而穿着这些服装的学生手里握着一本书，在那里之乎者也，摇头晃脑地吟诵着。有的学习电视上面诗词大会的效果，只是以谁背的古诗多谁就是优胜者而自居。很多情况下，不是寻找更好的学法指导来引领学生进行深入学习和探究式学习，只是教给孩子用阴阳怪气的方法朗诵古文，并美其名曰"吟诵"。

今日中国社会的文化、价值、道德需要从"中国传统文化"走向"中华文化"。校外教育机构在创设"传统文化"这一课程时应该明确这一指导思想。

笔者就多年来从事校外教育的经验体会，结合时代的发展需要对传统文化（又称"国学"）这一备受关注的学科做一些探讨式的创建构想。首先，不能教条地认为只有"四书五经"才是国学经典，习近平总书记在他的讲话中经常运用古代典故，这些用典出处极其丰富。其次，形式可以创新。最后，就是尝试建立一种轻松式、体验式、亲子式的传统文化体验营。让传统文化在生活中有一个可以交流"碰撞"的空间环境，让学生懂得学以致用，让传统文化这条精美的"鱼"，有可以自由游弋的天地。

传统文化课程设置的现状与创新构想进行比较分析，主要有三个方面可以进行创建，分别是教材学材的选择范围、学科组合形式改变、授课场地与形式的创新，如图1所示。下面一一作出分析：

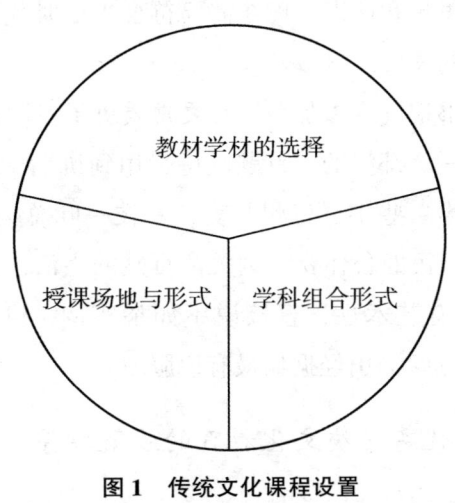

图1 传统文化课程设置

一、"山锐则不高，水径则不深"——拓宽教材学材的选择面

（一）领袖作出的活学活用的典范

首先，传统文化的说法很笼统，它所涵盖的面很宽，有些老师在选择传统文化的教材时只选取"三、百、千"（《三字经》《百家姓》《千字文》）和"四书五经"作为学习的范本，这就太局限了学生们学习的视野。人民日报社编著的《习近平用典》，收录了习近平主席在各种讲话中用典135则，涉及政治、文化、历史、经济、军事等方方面面，涉及历史典籍极其丰富，上起春秋时期的《诗经》，下至清末和民国初期的思想家著作，信手拈来，灵活运用。尤其是对这些用典的现实意义和作用，进行新的阐释，赋予历史新的作用，这就是古为今用，学以致用的最好典范。

所以，传统文化教师在选取教材和学材的时候，一定要宽泛，著名经典要传授，不著名而有社会价值、时代意义的著作也可教授。最重要的一点是，教师一定要做一次再创造的工作，这些经典都有前人的注释和评价了，但都是过去的思想和认识。现在需要符合当今时代的注解和分析，尤其要符合现实生活的需要。

比如习近平总书记《在参加兰考县委常委班子专题民主生活会时的讲话》把扬州八怪之一，郑燮的一首题画诗引用到讲话中："衙斋卧听萧萧竹，疑是民间疾苦声。些小吾曹州县吏，一枝一叶总关情。"借助这首诗告诫县领导，作为人民的公仆要时刻关注百姓的生活，要急民之所急，想民之所想。讲话要有艺术性，直接说不如举实例，讲道理不如打比方，"言之无文，行之不远"，引经据典最有说服力。

（二）国家对优秀传统文化教育的政策指导

《完善中华优秀传统文化教育指导纲要》指出，加强中华优秀传统文化教育，要坚持与培育和践行社会主义核心价值观相结合，坚持与时代精神教育和革命传统教育相结合，坚持课堂教育与实践教育相结合，坚持学校教育、家庭教育、社会教育相结合。

老师可以从对学生的现实意义出发进行设计，比如袁枚的一首小诗《苔》，"白日不到处，青春恰自来。苔花如米小，也学牡丹开"，就有现实教育意义，学生还都是孩子，就像小小的苔花，虽然他们还没有大的成就，但是也应该像牡丹花一样，尽情地绽放自己的青春活力。在将来的生活中如果遇到了困难，也要乐观地看待，积极地对待，不能因为一时的"阴晴雨雪"就萎靡气馁。

所以教师要提高认识，开阔眼界，古人讲"山锐则不高，水径则不深"就是警示人们不能心胸狭隘，只是顾我。原创的注解还能体现教师的水平和能力，贴近生活的内容更能引起学生的共鸣。

对比情况见表1：

表 1　情况对比一

	传统文化课程现状	传统文化课程构想
教材学材的选择	"三、百、千" "四书五经" 原文原典	优秀传统文化中经典著作，诗、词、曲、赋，笔记、小说、非遗传承等内容。 有现实意义的，自主研发的注释评点，突出原创性
效果分析	单一	丰富

二、"道在日新，艺亦须日新"——创建融通式教学模式

（一）传统文化教育不能照搬"传统"形式

国画大师徐悲鸿先生有一段著名的话："道在日新，艺亦须日新，新者生机也；不新则死。"话说得很是沉重，把创新说成是生死存亡的关键，笔者觉得作为艺术家，对艺术的最高追求就应该是这样。对于教育者更应该把这句话时刻记在心间，新中国成立之后，国家从各个方面尝试教育改革，古代的教育方式不能完全适用于现在社会，外国的教育方式又不能生搬硬套，新的教育还不完全成熟，所以需要教育工作者时刻提醒自己，要为祖国的教育事业贡献自己的微薄之力，使国家的教育越来越成熟丰满。

对于传统文化班课程的设置，不能是一身行头，不今不古，不中不洋。更希望传统文化的学习是一种融合式的学习，多学科、多专业的融通学习。因为我国历史上的大家都是通才，校外教育系统都是有很多专业的，为什么不能让老师们通过传统文化这一课程进行综合教学尝试呢？

（二）传统文化教育可以实现多学科融合

比如可以在传统文化班开设"玩转四大名著"这一主题项目，从名称就能看出来，是要在《红楼梦》《三国演义》《西游记》《水浒传》这四本国学经典上"打主意"。

教师可以把国学经典讲授与书法、绘画、插花、茶艺、武术等专业进行融合式教学。比如国学经典课堂了解了《三国演义》的精彩文学内容之后，对于曹操、钟繇的书法就可以由书法老师带着学生们进行更加深入的研讨学习。对曹操最有名的隶书题字"衮雪"，学生们就可以在书法教师的指导下进行临摹和书写，通过分析同一时期曹操的隶书和钟繇的楷书作品差异可以了解古文字的发展变化，使学生对三国时期的文化有更全面的了解。比如传统文化老师讲完《水浒传》的内容之后，让学生在美术老师的指导下了解宋代绘画，尤其是书中提道的道君皇帝赵佶统治的北宋宫廷画、院体画的发展，可以临摹一幅宋代的工笔花鸟小品。北宋时期是我国冷兵器时代发展的最高峰，武术的流派、武种的形成在这一时期百花齐放。武术老师就可以带着同学们了解宋代武术史，还可以进行简单套路的学习，体会一下梁山好汉们仗剑行侠，打抱不平的内在感受。文学经典老师讲完了《红楼梦》的精彩人物形象，插花和茶艺老师就可以联袂为学生组织一场诗词赏析茶会，就像大观园里的姐妹那样品茗赋诗，赏花对句，真真切切地体会一把文人雅士的"风雅"情趣。《西游记》的人物情节最受小朋友喜欢，大家喜欢孙悟空的刚毅果敢，喜欢唐僧的坚持自己，也喜欢猪八戒的憨态可掬和沙师弟的忠厚老实。这些人物形象在文学经典老师那里了解之后，可以在手工老师的协助下制作一个活灵活现的孙悟空布偶，或是手捧西瓜的猪八戒面塑，这对于孩子的兴趣可能更有吸引力。这种多学科的融合促使学生认识自己专业以外的艺术，使学生在学术上有所融通，是指导学生了解自己接受他人的良好契机。并培养了学生在专业上融会贯通，在思想上兼容并包的广阔胸怀。

对比情况见表2：

表 2　情况对比二

	传统文化课程现状	传统文化课程构想
学科组合形式	经典著述学习、琴、棋、书、画等学科单独授课	经典著述与琴、棋、书、画各学科打破学科界限，实现多学科融合教学
效果分析	"各自为政"	开阔眼界，培养通学之才

三、"创新是科学房屋的生命力"——创新教育教学理念

（一）打破教室的局限，创设场景体验

美国小说家阿西莫夫曾说过："创新是科学房屋的生命力。"如果想在教育上有所建树，必须有改革过去、创新思想的勇气，在教室里面上课是很多年来的定式，对于大部分学科是适用的，但对于校外教育来说就不太适用。校外教育是学校内教育的补充，应该从形式到内容有所突破，才有校外教育的存在价值。老师习惯了在教室里面"讲经论道"，我们习惯于原来的，不愿意打破惯性思维，这完全是因为人们思想上的懒惰情绪造成的。高尔基曾经指出"保守是舒服的产物"，有识的教师应该自觉打破一些教育上的壁垒，开创性地进行体验式教学活动。

教师可以因地制宜地进行传统文化课程的开发和尝试，打破小小教室的局限，打破一名教师一个学科的界限，更要打破少年宫、少年之家等校外机构围墙的限制。探索区域内的社会资源，开发新的领域和环境，整合各种资源，把传统文化课程开展得有声有色。比如北京的孩子可以到大观园里面，边走边看，挑选《红楼梦》当中的某一情节，随着主人公的脚步进行探访式学习。戏剧老师可以指导学生分角色进行表演，同学们可以作为观众，也可以是其中一个角色。插花老师、茶艺老师可以在某一适合的

环境给大家营造一个体验区域，自然而然地就可以把《红楼梦》的茶文化、花文化渗透给学生。诗词老师再带领同学们进行对联的学习和创作，更可以开展一个灯谜雅会，这样的学习既轻松又有切身的体会，学生一定会乐于其中的。当然在水泊梁山附近的学生也可以到梁山上的"聚义厅"实地进行体验式学习。在三国城影视基地附近的学生也不能错失"走进"三国的好机会。

（二）走出教室小课堂，进入社会大舞台

当然不同地域都会有不同的可利用的各种资源，目的就是给学生创设一种走出教室，开阔思路，轻松体验的学习方式。有人会说我们这里没有大观园，没有水泊梁山怎么办？那教师可以带着学生走进茶馆，听一听评书艺人是怎样说三国人物的，英雄好汉武二郎如何的盖世无双。甚至可以让学生把自己对经典作品的问题和认识与评书表演者进行交流，这不也很有意思吗？我们国粹当中的京剧、评剧、秦腔，乃至人们认为高雅至极的昆曲，这些艺术的舞台下面，剧场里面不应该有孩子们的身影吗？如果没有学生的参与，祖国的优秀传统文化又怎么传承下去呢。笔者相信教师一定会用他的聪明才智为学生学习传统文化创设更加新奇而贴切的学习环境和氛围。这些活动都可以设计成亲子活动，让学生和家长一同感受传统文化的魅力，创设共同探讨国学的空间，和孩子一起成长也是每个家长最大的幸福体验呀！

表3 情况对比三

	传统文化课程现状	传统文化课程构想
授课场地与形式	校外教育场地内，教室内授课	利用地域资源，创设传统文化体验营，走出教室小空间，走进社会大舞台，投入体验活动
效果分析	枯燥，只是概念性理解	活跃，有亲身的感性体验

传统文化的体验活动不是为了组织活动而组织活动，而是通过精心策划主题，细致挑选突出主题的内容，严密设计活动的流程与环节，让参与者得到高雅的体验与感受，有心向往之的心理变化，达到寓教于乐的目的。

这些都是我对校外教育机构开设传统文化课程的一些构想。

【参考文献】

[1] 国家教育部. 完善中华优秀传统文化教育指导纲要（教社科[2014]3号）[Z].2014-03-26.

[2] 微信公众号"尚校外". 理念/营地教育，一个全世界家长都在关注的教育模式[EB/OL].（2018-12-29）https://mp.weixin.qq.com/s/VPQE5josxfdMg3ArUy2RSg.

"趣味鸟科学"课程的开发经验与思考

李 雪

(北京市西城区青少年科学技术馆)

【摘　要】"趣味鸟科学"课程的开发是教育情势、项目更新、目标革新的需求；课程开发坚持以项目专业化、体验化、趣味化、内涵化为基调，总结了本项目课程形成的一定范式，课程开发过程中的团队协作意义重大；课程开发中引发了自身专业梳理、突出课程特色、课程理论指导等方面的思考。开发课程对教师课程设计改革能力提升很有意义，能使教师尽快成长为专家型全面手的教师。

【关键词】趣味鸟科学　课程开发　经验与思考

一、设计初衷

(一) 教育情势向新

课外校外教育是指在课程计划和学科课程标准以外，利用课余时间，对学生实施的各种有目的、有计划、有组织的教育活动，是使学生将知识转化为觉悟的好方法，是由封闭型教学转化为开放型教学的重要途径，是培养和训练良好道德行为的有效手段，它在学生教育中起着不可估量的作用。

校外生物科技教育与校内生物、科学教育密切关联，校内生物学要求学生"领会生物体结构多样性，结构与功能统一、生物体适应环境"；"提高学生科学素养、倡导探究性学习"等能力；培养"热爱自然、珍爱生命，理解人与自然和谐发展，环境保护意识"的情感。我们开发梳理的"趣味鸟科学"课程与之紧密契合，补充、深化、延展了校内生物教学，满足学生的兴趣发展需求，成就学生的职业选择发展需求，很好地完成了校外科技教育的功能。

北京的教育综合改革已进入关键时期，北京市教委以供给侧结构改革为基础，加强教育资源优化，将普及型教育与精品教育相结合，要求各学科校外教学积淀梳理形成一批拥有校外教学特色的创新、特色、精品活动课程，尽可能让更多学生的兴趣得以延展。

"趣味鸟科学"项目应形势要求，深化梳理，以鸟类学为主线，遵循学生的认知规律，从趣味生命现象出发，观察自然，了解自然，系统性地进行生命科学的学习，引导学生认识鸟类的特点和行为，进而引发对鸟类的研究和保护，解决学生在当前阶段面临的生命科学学习的间断性问题，养成敬畏生命的素养，学做有生态道德和公共道德的社会人。

(二) 传统项目更新

鸟类是自由的象征，是大自然中可爱的小精灵。人类很早就开始关注鸟类，希望像鸟类一样自由的翱翔；鸟类是自然生态系统中重要的组成部分，也是维护自然生态平衡不可缺少的一环；鸟类是自然界中最明显的环境指标，它的种类数量的变化直接表明了这一地区的环境情况。因而鸟类对人类对自然都极其重要，对人类科学、经济、艺术的发展有着重要的意义与贡献。人们对鸟儿有着特殊的情结。

生物兴趣小组抓住鸟类这个基点，对青少年开展鸟类系列科普活动，力求在"趣味、新颖、生态情怀"的原则下，带领学生亲近鸟类，亲近自然，从而提升学生对鸟类的关心、爱护，对环境的关注、保护，达到生态道德培养、实践能力、创新能力等综合能力的提升，使学生在"趣味鸟科学"课程的学习中从学以致用、学以致坚达到学以致创、学以致仁。

项目自 1988 年起开始在西城科技馆初步建立，课程起始更倾向于大学鸟类学的设置，严谨而系统化，经过长期实践，不断地摸索，结合学科发展更新的专业知识，结合新时代学生的新需求，至今形成的新课程已持续 30 年，深受学生喜爱，学生在课程基础上开展研究活动，获得多项奖项。

（三）培养目标革新

教育目的是解决把受教育者培养成什么样的人的问题。按照《教育法》的规定，我国现阶段的教育目的是"培养学生的创新精神和实践能力，造就'有理想，有道德，有文化，有纪律'的德、智、体、美等方面全面发展的社会主义事业的建设者和接班人"。

依据教育的总目标，课程紧密围绕着践行社会主义核心价值观，强调生态文明与自然和谐发展的重要思想，引领学生进行科学的学习与探究；紧密围绕立德树人，人与自然和谐共处的教学理念。

课程从多方面培养学生科学思考，不仅仅强调知识、实践、能力等方面的培养，更注重人性的向善、性格养成、习惯形成、生命理念诸多层面的锻炼，向全人培养发展；课程以鸟类学领域为基础，结合生活实际开展科普活动，使学生所学与生活经验紧密联系，通过所学解释自然生活中的生命现象（见图 1）。

```
以鸟识境——环境变迁
以鸟观史——历史演变
以鸟会友——人鸟和谐
以鸟养性——性情陶冶
以鸟问道——未来发展
```

图 1　多方面培养学生科学思考

二、开发经验

(一) 课程专业化坚持

社会的进步和科学的发展给科普事业带来新的契机,怎样才能让科普事业助推国人科学素养的提升,科普人任重道远。现阶段在多方的努力下科普项目进入了大发展时期,开发的科普项目多样而丰富,综合交叉的新项目也层出不穷。

笔者入行校外科技教育32年,同时期的生物学科的校外教育者有的转行做普及活动,有的转向制作活动或其他方向,真正在一线延续生物学课外活动的教师寥寥无几,能真正坚持才有机会沉淀梳理出新。

随着鸟类科学的不断发展,传统的鸟类学基础课程严谨、系统化,对于活跃的青少年来说已不适应他们的发展需求,如何将传统、基础的专业项目传承,使项目更贴合学生、更接地气,课程体系需要不断改革与创新,我们在总结现今学生特点并结合学科发展方向的基础上,使课程趣味化、实践化、研究化,探索出适合中小学生的鸟类学课程,我馆的鸟类兴趣小组也获得全国优秀兴趣小组的称号。

课程举例(见表1):

表1 课程举例

趣味化	实践化	研究化
"会穿婚纱的"朱鹮	我为鸟儿安新"家"	探究朱鹮婚纱的秘密
"会跳水中芭蕾"的凤头䴙䴘	观鸟观心观自然	探秘蓝点颏智力
"自造牢房"的犀鸟	考察区域鸟类组成	羽毛——金刚鹦鹉性别鉴定的标签
鸟儿建筑师	创建鸟巢珍爱生命	探秘乌鸦冬季夜宿

(二) 课程体验化实施

体验教育是一种基于学习者自身的活动,逐步获得感性认识的教育过程和学习过程。从 21 世纪初德国的劳动教育运动开始,体验教育作为一种有效的学习方式,在教育中越来越受到重视。体验教育的特点主要通过以下几个方面表现出来:对某种具体事物情境的体验;体验不是仅仅停留在活动的过程中,它必然伴随着某种活动的结果;在体验的背后,往往有某种模仿榜样。从某种意义上说,体验教育是对社会生活中各种活动的模拟,但它不限于教室,而更多的是在教室以外的空间开展活动。

体验学习的种类多种多样,体验大致可以分为直接体验和模拟体验两类。体验学习的重要价值不在于通过活动学会某种操作方式,获得某种技能,而在于每一个人在活动中获得对于现实的真实感受,这种内心体验是形成认识、转化成行为的原动力。

项目综合考虑学生的年龄特点、兴趣需求,以鸟类学知识为主线,创设与生活关联的任务导向,让学生在真实的情景中,学会发现身边的鸟类问题,解决身边的鸟类问题;课程带领学生从看鸟、找鸟、寻鸟、画鸟、识鸟、探鸟、亲鸟、护鸟到懂鸟,课程层层展开,逐步深入,带给学生不同的体验(见图 2)。

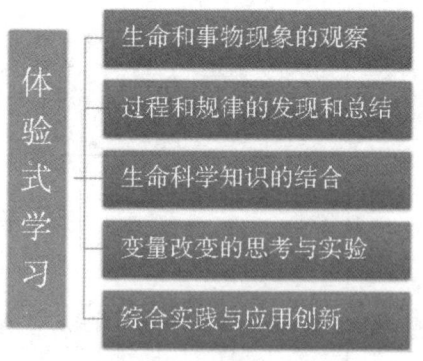

图 2　体验式学习模式

（三）课程趣味化主线

趣味是学习的原动力，趣味也是校外科技教育的灵魂。义务教育阶段的学生，学校学习生活本就负担较重，到科技馆参加科技活动就需要以兴趣吸引他们，通过有趣的故事、有趣的语言、有趣的实验、有趣的探究活动、有趣的实践体验让孩子们感受所学内容之重要，体验所学内容之美，感受所学过程之趣。以朱鹮为例（见图3）：

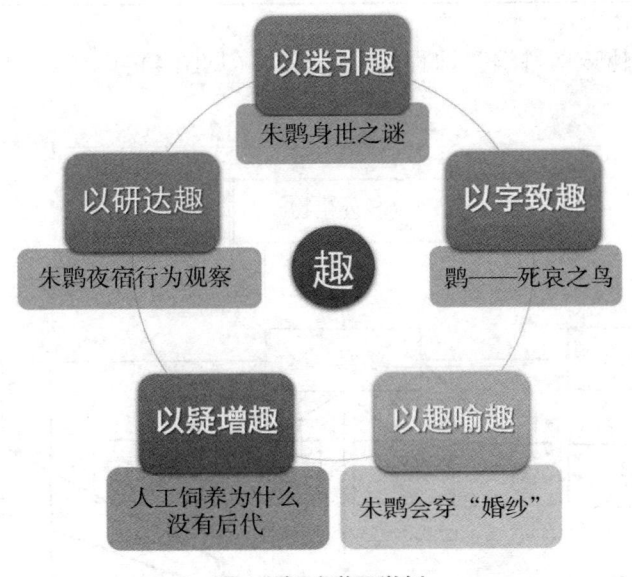

图3 趣味学习举例

（四）课程范式化开发

课程就是让受教育者体验各种各样的经历，在这样的过程中，将学习对象——知识、方法、技能等转化为自身的经验，并且实现自身的变化发展。课外鸟类课程的开发应站在大学鸟类学教育与中学生物学教育的结合点上。

基于泰勒（R.W.Tyler）行为主义模式开发课程范式化，见表2：

表2 课程范式化开发

外部影响： 法律规章 研究数据 专业单位	形成课程目标，设计课程
	课程特点：内容、组织形式、适合学习者的需求
内部压力： 社会因素 学习者	课程实施：教学指导、教学经验
	课程评价：教师教学效果、课程的有效性

形成"趣味鸟科学"课程的开发范式（见图4）：

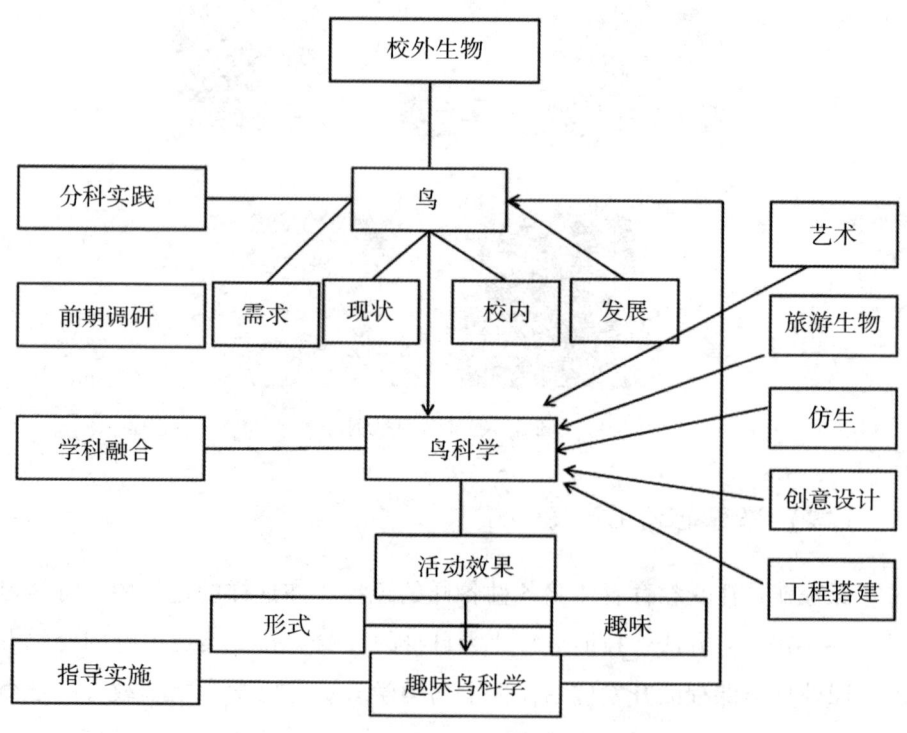

图4 "趣味鸟科学"课程开发范式

（五）课程内涵化铸造

笔者的父亲是从事鸟类学饲养的研究者，是朱鹮的人工饲养、繁殖、育雏等研究的第一人，曾获得"国家科学技术进步奖"，为朱鹮保护事业做出过重要贡献，被誉为"朱鹮爸爸"。作为女儿受父亲影响，毅然报考生物系，坚守生物专业的学习，作为科普者追随父辈，将鸟类科普作为一生的事业追逐，继续鸟类学的科学普及工作，获得了"郑作新鸟类科学青年奖"。其他学科教师加入鸟类学科普工作，为我国鸟类学事业的发展培养后备力量，传承铸造了"趣味鸟科学"课程的内涵。

（六）课程协作化助力

任何教育项目的实施都有赖于教师，教师队伍的实力关乎项目的发展。项目组教师有着得天独厚的专业依托，和很多鸟界的精英熟络，可很好的传承鸟类的科学普及工作。随着项目不断地发展，吸引了优秀的、有志向的、不同学科的年轻教师加入进来，延续着鸟类的科普活动已达30年之久。

团结协作是走向成功的通途，尤其现今所处的时代，对团结协作的渴求比任何时候更加迫切；随着科技的发展，为全面培养学生综合素质，课程需要逐步融入工程、艺术等元素。学科融合、秉性相近、观念趋同、诚信美德就成为本项目教师团体的合作精髓，每位成员把个人愿望与团队目标结合起来，超越个体的局限，抛弃个体的得失，协同完成项目的梳理并完成实施。

三、实践思考

（一）自身专业梳理

多年不间断的教学工作，教师没有精力沉下心来静静地梳理自己的教学工作，专业梳理可以让教师把原有教学经验从零散走向系统、从肤浅走向深刻、从常规走向科学、从科学走向艺术，从而唤醒教学智慧，促进教师专业化快速成长。用专业梳理唤醒教师的教学智慧，专业梳理会使教师成长得更快。

借助北京市校外教育"三个一"项目建设的契机，教师可以从教学内容、教学思想、教学方法、教学风格等方面进行梳理，形成自己的特色课程。"趣味鸟科学"课程就是在西城区青少年科学技术馆生物组开展了近30年的学生活动项目——鸟类兴趣小组基础上，结合鸟类学当今发展动态，以鸟类学为主要线索，在趣味知识、实验技能、设计制作、观鸟赏鸟、摄影绘画、工程搭建、基因技术等多类别活动中使学生懂得关注鸟类、关爱生命，理解鸟类多样性并自发参与保护生物多样性的行列，也为开展鸟类学活动的教师提供参考。思想走多远，活动才能走多远，突破自己，超越自己，才能成长为研究型教师。

（二）突出课程特色

课程体系是开展教学活动的基础，具有决定课程整体发展水平和影响特色创建进程的重要作用。项目基于本馆、本学科的特点，既能体现本馆的办学宗旨，又能集本馆资源优势和兼顾学生需求，契合国家核心素养培养目标，与校内课程紧密结合，形成校外生物全人培养的特色。

项目组将教学内容和进程汇总，围绕鸟类学要素开展课程，将培养目标具体化：以鸟识境、以鸟观史、以鸟会友、以鸟养性、以鸟问道，根据学生认知水平和实践能力分成不同模块，设置不同学段的课程适应学生需求，将课程的各个构成要素——内容、目标、评价等在动态过程中统一指向课程体系目标实现的系统。课程系统分为趣味化课程、实践化课程和研究化课程。在课程体系的基础上形成不同的模块内容（见图5）。

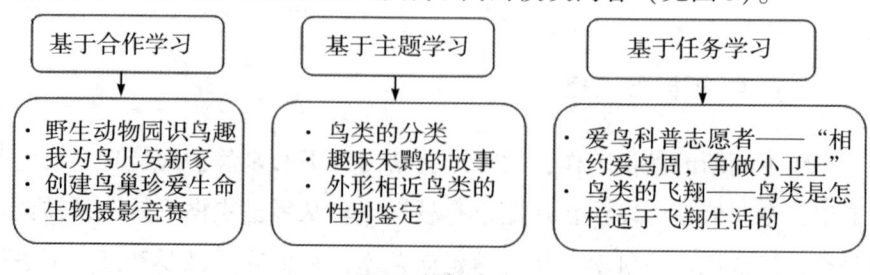

图5　模块内容

（三）课程理论指导

一线实施科技活动的教师有着丰富的活动教学经验，专业知识基础也很扎实，但教学研究理论尤其是课程论水平不足，校外科技教师有自己开发课程的必要，而且课程还要随着学生水平、需求、学科发展、教育趋势等方面的变化而不断修整或者调整方向，这就亟须一批既了解校外活动规律，又有深厚的课程论理论的专家指导教师，避免课程开发的盲目性和随意性，加强课程开发的精准性，让课程开发走向科学、规范、完善、发展的正轨。

四、结语

开发课程是迎接新世纪教育形势的挑战，是贯彻落实中共中央实施素质教育对校外教育提出的必然要求，是校外教育发展的办学优势和特色。以鸟类做线索、趣味做主线、活动为根本、目标融情感、传承铸内涵的"趣味鸟科学"课程，对培养学生学科素养、创新能力、健全人格、道德养成起着积极的作用。经过近30年的实践、摸索与积淀，形成了校外生物科技课程的理念"生活之源、兴趣之引、学科之融、分享之趣、需求之本、职业之导"，培养了一批又一批喜欢鸟类科学的师生，也有不少学生终身从事鸟类学的研究工作，他们将爱鸟护鸟的精神和思想沉于心中，并影响着周边的家人、同学和朋友！

【参考文献】

[1] 郑光美. 鸟类学（第2版）[M]. 北京：北京师范大学出版社，2017.

[2] 李雪. 拯救朱鹮：鸟类学家带我去探索 [M]. 北京：人民教育出版社，2011.

校外科技教师开展小课题研究的实践探究

——以北京市宣武青少年科学技术馆为例

赵 洁

(北京市宣武青少年科学技术馆)

【摘 要】本文尝试对校外科技教育领域的小课题研究释义进行研究和解读。从小课题研究基础理论学习、选题策略引导、大课题带动小课题、制度和政策保障四方面，探讨了如何引导校外科技教师开展小课题研究的策略及效果，分析阐述了小课题研究对校外科技教师综合能力提升的促进作用。

【关键词】校外科技教师 小课题研究 综合能力提升

习近平总书记在中国科学院第十七次院士大会、中国工程院第十二次院士大会开幕会上的讲话中提道要"注重培养一线创新人才和青年科技人才"。多年来校外科技教师为青少年科学素质的普及、创新能力的提高做了大量的基础性工作，并为国家培养了一大批热爱科学知识，勇于创新实践的科技后备人才。"十三五"以来，《全民科学素质行动计划纲要实施方案（2016—2020年）》《北京市校外教育优质项目建设标准》、"中国学生发展核心素养"等指导性文件的相继发布、落实和推进，促使校外科技教育在学生创新能力培养、课程建设等方面进一步加强探索研究。

如何使校外科技教师的教学、科研等综合能力不断提升，紧跟新时代需求呢？笔者在实践探索中发现，开展小课题研究，是促进校外科技教师综合能力提升的一种有效途径。

一、关于小课题研究

笔者在查阅文献资料的过程中发现,对于什么是小课题研究,国外资料中鲜有明确具体的描述,而国内的学者和教学一线科研工作者从不同角度,进行了诸多不同的释义。

华南师范大学教育科学学院吴全华教授认为,"小课题研究是从教情、学情、校情出发,由教师个人或科组教师共同确立、研究的直接服务于教育教学实践的应用性课题研究,它属于校本教研的范畴"。

广州市海珠区教育局科研负责人费伦猛老师认为,"所谓小课题研究,是一个相对的概念,主要是指中小学一线教师在短时期内以解决自身教育教学实际问题为中心,采用适宜的方法积极主动进行的一种课题研究方式"。

汇总多方面的研究释义,结合校外科技教育实际。笔者认为,对于校外科技教师而言,小课题研究就是教师立足校外科技教育,围绕科学知识普及主题教育活动、科学技术研究成果展示和竞赛、小组培训等教学实践活动,运用教育科研方法,针对教育实践活动中遇到的具体问题,以教师为主体自主确定研究内容,在短时期内独立或合作开展的相关研究,研究结果直接应用于校外科技教育实践。同时,具有以下特点:(1)校外科技教育特色突出;(2)研究内容广泛;(3)研究周期短(1—3年);(4)校内外融合;(5)学科融合;(6)针对性和可操作性强。

二、校外科技教师如何做小课题研究

与校内教师相比,校外科技教师参与或开展课题研究起步较晚。以宣武科技馆为例:在2016年的调查中发现,"十二五"期间,正式参与过课题研究的教师5人,占比约为1/4。这个数据表明,本馆大部分教师缺乏课题研究的理论基础和实践经验,对于"什么是小课题研究?如何开展小课题研究?"知之甚少。由此,本馆以"十三五"课题申报为起点和契机,开始了以小课题研究引领校外科技教师教学、科研等综合能力提升的实践探究。

（一）小课题研究基础理论学习

开展小课题研究不是一蹴而就的，需要一个循序渐进的过程。对于教师提出的"什么是小课题研究？如何开展小课题研究？"的疑问，学习是找到答案的最佳途径。

针对本馆多数教师没有参与过课题研究的实际情况，我们采用自主学习与讲座培训相结合的方式，帮助教师学习和掌握小课题研究的基础理论和基本研究方法。

1. 自主学习

这里所说的自主学习，也可以理解为对小课题研究基础理论和研究方法的预习。本馆科研室向全体教师推荐关于小课题研究的书籍、文章或相关成果，并提供知网查询等辅助手段，帮助教师自主了解、学习。在自主学习和讨论的过程中，有的老师说："小课题研究比写论文麻烦，需要写研究方案，还要开题和结题……"有的老师说："小课题研究是为解决实际教学问题的研究和探索。"还有的老师说："小课题研究是一线教师开展教育科研的一种重要形式，可以提升我们的科研能力和水平。"

2. 讲座培训

工欲善其事，必先利其器。学习和掌握小课题研究的基本过程和方法，是教师顺利开展小课题研究的前提。我馆聘请相关专家进行了系列讲座和培训，主要从以下几方面入手：

（1）小课题研究的基本过程：选题—学习与查阅资料—课题申报与课题评审立项—开题论证—开展研究—中期评估检查—完成研究报告—申请结题—评奖推广；

（2）小课题研究常常涉及的研究方法：调查研究法、文献分析法、内容分析法、叙事研究法、案例研究法、课堂观察法和行动研究法等；

(3) 实操练习：分专题指导教师尝试进行小课题选题、研究方案撰写、研究计划制订、研究资料收集等实操练习，并对练习作业进行点评和调整。

通过自主学习和讨论，教师们初步理解了开展小课题研究的意义和价值。讲练结合的讲座培训，逐层递进的帮助教师学习和掌握基本的研究方法，解答了如何开展小课题研究的疑问，为老师们树立了开展小课题研究的信心。

（二）选题策略引导

爱因斯坦说："提出一个问题往往比解决一个问题更重要，因为解决一个问题也许仅仅是一个数学上或实验上的技能而已。而提出新的问题、新的可能性，从新的角度去看旧的问题，都需要创造性的想象力，而且标志着科学的真正进步。"由此，我们不仅可以看出提出问题的重要性，还能感受到，提出一个新的问题绝非易事。

选题，是开展小课题研究的第一步。如何发现问题、选出研究题目呢？我馆尝试从科学知识普及主题教育活动、科学技术研究成果展示和竞赛、小组培训等教学实践活动中的不同方面和角度（见图1）引导老师共同思考、寻找、讨论并发现问题，进而选取研究课题。

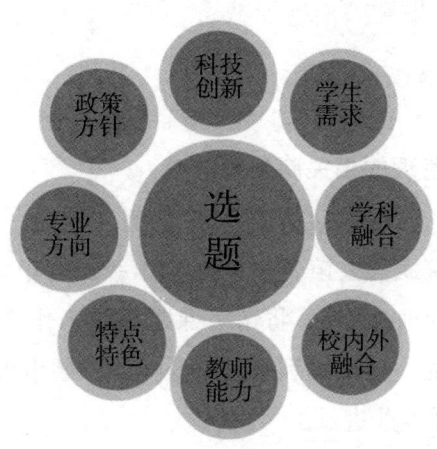

图1 选题的方向和角度

例如："西城区'馆校结合'在小学校内开展科技小组活动成效的调查与研究"的课题负责人张雅楠老师，根据我馆作为"城宫计划"的资源输出单位，每周在西城区三十余所中小学，开设七十余个科技培训小组的实际教学情况，开展了在"馆校结合"的普及与培养模式中科技小组活动成效、如何定位的实践研究。

（三）大课题带动小课题

《以创客教育理念和"互联网+"技术为基础的集聚式校外科技教育活动的实践研究》是北京市课外、校外教育"十三五"科研规划重点课题。这个课题既契合我馆的整体发展规划，又涉及每位宣武科技馆人的发展，是在行动研究中探索规律和方法的具有现实意义的实践探究。

我们以大课题带动小课题，引导教师依据自身专业、学科特点，申报子课题或专题。子课题逐步做成熟，可以单独申报小课题。在课题核心组的整体带动和推动下，给没有课题研究经验的老师搭梯子、扶一把、减压力、疏解畏难情绪，逐级而上。教师们积极响应，申报了13个子课题。

杨海燕老师开展的小课题"校外科技活动中家长有效参与方式的实践研究"就是与子课题"'小小营养师'家校互动课程的设计与开发"相互关联，逐步研究形成的。

（四）制度和政策保障

1. 制定小课题管理的相关制度和政策

"十三五"伊始，本馆教科研室陆续为教师设计了《宣武科技馆课题申报初选表》和《宣武科技馆"十三五"馆级课题申报表（样表）》，并制定了《馆级课题管理办法》，将馆级课题研究工作细分为"馆级立项课题"和"馆级小课题"两个级别，目的是降低课题申报门槛、简化课题申报程序，帮助教师梯度前进。

2. 帮、扶、督，持续推进小课题研究

为使小课题研究能够真正发挥作用，促进教师运用教育科研的方法，研究并解决校外科技教育教学实践中发现的问题，形成有价值的科研成果应用到实际教学工作中，切实提高校外科技教育教学质量，达到引领校外科技教师综合能力提升的目标。我们采用了如下措施，帮、扶、督教师持续推进小课题研究工作。

（1）一对一指导

在小课题研究实施过程中，专家指导由常规的讲座，转换成接地气的，根据具体题目一对一的当面沟通和辅导，增强了针对性和实效性。

（2）科研室成员进入课题核心组

科研室成员分别在小课题中承担核心组成员职责。帮助第一次主持小课题研究的负责教师，按计划推进研究，召集课题组成员会，监督课题组成员履行研究任务，遇到问题及时与馆内和专家沟通等。

（3）研究工作推进会

根据研究方案和实际研究情况，科研室不定期召开小课题负责人会。教师们分享各自课题组研究的情况和取得的阶段性成果，交流研究中遇到的问题和解决办法，相互鼓励按计划推进研究。

三、小课题研究促进校外科技教师综合能力提升

（一）促进校外科技教师科研能力提升

教育科研能力是一种高级的、来源于教育实践而又有所超越和升华的创新能力。在近三年的实践探索、分析和总结中，笔者认为，小课题研究是帮助校外科技教师锻炼和提升科研能力的有效途径。

我馆在全员参与小课题研究的过程中，教师主动发现问题、研究问题、解决问题的意识不断增强，约 3/4 的教师迈出了开展小课题研究的第

一步。他们按照学习和掌握的方法，围绕科学知识普及主题教育活动、科学技术研究成果展示和竞赛、小组培训等教学实践活动，个人或与他人合作选出题目、查阅收集资料、向专家请教、尝试撰写开题报告、在学生和家长中开展调查、与校内外科技教师研讨等。得益于有效的管理制度和保障督促，每个小课题都在按照研究计划有步骤地实施。

"十三五"北京市课外、校外课题申报评审工作中，我馆有四个小课题被批准为市、区立项课题。这是对教师研究能力和规范开展科研工作能力提升的肯定，激励教师们继续深入探究，逐步成为校外科技教育实践的研究者。

（二）促进校外科技教师资源整合能力提升

校外科技教育的发展和创新，离不开各级各类科技教育资源的支撑。如果能够合理地对各类资源进行整合并利用，将会很好地促进校外科技教育活动的开展，为培养学生的科技创新能力助力。小课题研究帮助教师拓宽了资源整合的思路和范围，使教师的眼界不再仅局限于校内或博物馆等，提升了教师寻找、发现校外科技教育资源，主动合作、整合利用的能力。

例如：李晓丹老师主持的小课题"青少年校外海洋科普教育活动校本课程的研究与开发"，在课题立项和研究推进过程中，课题组成员主动与国家海洋局、海洋环境预报中心、中船重工集团等多家涉及海洋科普领域的单位联系、沟通；充分整合、利用上述单位场地、专家、活动等资源，组织、带领学生，运用行动研究等教育科研方法，边开展海洋科普教育活动，边进行课题研究；把现有校外海洋科普活动、竞赛细化分类整理，把符合青少年开展的内容进行丰富与提炼，形成系列化海洋科普活动并进行校外海洋校本课程的开发。

四、结语

自开展"小课题研究引领教师教学、科研等综合能力提升的实践探究"以来,我馆教师对教育科研工作的态度发生了很大的转变:由过去的"不会,不知道,真麻烦,别找我……"变成了"可以试试,这是个好问题,应该研究一下,用什么方法合适,请哪位专家指导……"

由以上论述可以看出,这样的转变来自于教师教学、科研等综合能力的逐步提升。小课题研究把教育科研与校外科技教育实践紧密相连,把科学的理论和方法转化成校外科技教育领域研究的"宝剑",再把研究的成果回馈应用于校外科技教育实践中,最终使学生受益。通过引领校外科技教师综合能力的提升,实现青少年科技创新能力的提升。这是国家对科技创新后备人才培养的需求,也是新时代校外科技教师能力发展的需求。

【参考文献】

[1] 吴全华. 教师小课题研究的特点与基本条件 [J]. 广东教育, 2007 (7).

[2] 费伦猛. 如何做小课题研究 [M]. 广州:中山大学出版社, 2018.

[3] 徐世贵,刘恒贺. 教师怎样做小课题研究——高效助力教师专业化成长 [M]. 重庆:西南师范大学出版社, 2018.

[4] 薛正斌. 关于小课题研究的几个问题 [J]. 教育科学研究, 2015 (6):72-77.

[5] 胡永红. 小课题研究与教师专业发展的实践与思考 [J]. 当代教育理论与实践, 2014, 6 (8):4-5.

[6] 欧阳明. 校本教师专业发展的策略 [M]. 北京:北京师范大学出版社, 2014.

图 2　海洋科普成果

（三）促进校外科技教师项目建设能力提升

"三个一"优质项目建设活动是 2016 年北京市教委组织的一场影响深远的校外教育供给侧结构性改革行动。依据《北京市校外教育优质项目建设标准》要求，我馆很多教师将小课题研究与项目建设相结合，把前期学习和掌握的小课题研究方法，运用到项目梳理和建设的过程中：边进行课题研究边进行项目梳理、建设，理论研究与教学实践创新紧密结合，相互促进；实现了运用教育科研方法，针对校外科技教育实践活动中遇到的具体问题进行研究，研究结果直接应用于校外科技教育实践的小课题研究目标。

我馆被评为市级优质项目的三位项目负责人同时也是小课题市级立项课题的负责人。这充分说明了小课题研究对校外科技教师进行优质项目策划、梳理、建设能力的促进作用。

浅谈校外教育机构新入职教师的培养方式

黄 涛

(北京市宣武青少年科学技术馆)

【摘 要】 校外教育机构作为基础教育的一分子,其新入职教师与中小学校新入职教师一样,必须完成上岗培训。但是各级主管部门所组织的培训主要针对校内新教师,真正帮助校外新教师站稳讲台的是校外教育机构自身对新教师的培养。本文分析了校外新教师培养所面临的主要问题,介绍了宣武科技馆对新教师培养方式的尝试过程,列举了部分新教师的成长历程。同时,文中认为校外教育机构对新教师的培养不仅要考虑机构需要,也要考虑教师今后的发展,从新教师上岗培训开始就帮助新教师打下今后发展的基础,最终达到校外教育可持续发展的目的。

【关键词】 校外教育机构 新入职教师 培养方式

一、问题的发现与分析

校外教育机构系指教育行政部门主办的、以未成年人为主要服务对象的校外教育单位。过去,在相当多的中小学校领导和老师的认知里,校外教育机构是一个"养老的地方";而在许多"老校外"的眼中,校外教育机构则是一个"既培养人又毁人的地方"。这两种看法实际上说的都是要如何培养校外教师这样一个问题:如果培养不到位,校外教师自身又不去主动提升业务能力,那么校外教育机构就是一个"养老的地方";反之,在校外教育机构中成长起来的教师往往都是"多面手",其综合能力要强于学校教师。

产生以上两种不同看法的根源在于:在过去很长的一段时间里,校外教育由于活动内容形式的特殊性,缺乏规范,绝大多数校外教育活动处于无教材、无大纲、无讲义的"三无"状态,使得校外教育工作自身对教师业务能力提升的推动力不足,校外活动的发展和教师个人的成长主要是由教师自身对发展的需要来推动,加上校外教师来源渠道广泛,教师个人需求不同,从而导致人们对校外教育机构产生了不同的认知。要扭转这种认知差异,不仅要规范校外教育、加强校外教师队伍建设工作,更要从新入职教师(以下简称"新教师")的培养工作着手:不仅要帮助新教师尽快适应校外教育环境,更要培养新教师适合校外教育工作。

二、校外新教师培养的现状

(一)新教师培训是对新教师的基本要求

新教师指的是"应届大学毕业参加工作的教师和从其他行业新转入教师岗位的教师"。《北京市"十三五"时期中小学教师培训学分管理办法》(京教人〔2017〕20号)要求"新入职教师必须完成120学时的上岗培训。转正后参加其他类型的教师培训",这是新教师转正定级的重要依据。但是,新教师转正定级并不意味着其已经能够胜任教师岗位的工作,还需要学校继续培养,并且学校对新教师的培养工作直接关系到新教师今后的成长情况。

校外教育机构是公益性教育机构,属基础教育范畴,纳入市、区(县)教育行政管理体系。因此其新教师也与中小学校新教师一样必须完成上岗培训。《北京市校外教育机构办学条件标准》(京教体美〔2010〕18号)明确写道:"教师及工作人员的继续教育和岗前培训按市、区(县)

有关规定要求执行。"同样，校外教育机构对新教师的培养工作也直接关系到新教师今后的成长情况。

(二) 校外新教师培训所面临的问题

1. 各级主管部门所组织的培训不适合校外新教师

因为校外教育机构教师群体规模远远小于中小学校教师群体规模，所以各级主管部门所组织的新教师上岗培训内容针对的都是校内新教师，加之校外教育活动内容和形式与校内教育存在较大的区别，由各级主管部门所组织的岗前培训并不能使校外新教师彻底完成身份的转换与能力的提升。校外新教师的成长，更依赖于校外教育机构根据自身需要来进行的有针对性的培养。

2. 校外教师继教培训不能有效解决新教师培训的问题

校外教育机构历来有"因人成项"的说法，也就是"有什么教师开设什么活动项目"。这种说法充分体现了校外教育的特点：活动项目受教师影响大，对同样的项目不同教师会上出完全不同的感觉，无论是内容还是形式都有着教师各自的鲜明特色，在帮助学生个性成长方面有着先天的优势，无论什么样的学生，在校外教育机构中都能找到自己喜欢的活动项目和辅导教师。但是，这种说法同时也反映出了校外教育的现状：活动项目众多，但是除了一些比较传统的或是需求较大的项目外，大多数项目的教师群体规模非常小。

在2009年由北京市校外教育机构办学标准课题组撰写的《2009年北京市校外教育机构现状基本情况调研报告》中，记录全市校外教育机构共有在编专职教师1166人，共开设各种兴趣小组7287个，涉及122个项目类别。在2010年北京市校外教育研究室组织的"北京市校外教育机构现状调查"中再次对全市校外教育机构中开展的各种学生活动项目进行了统计，并将这些活动项目梳理归纳为5个门类（科技、艺术、体育、文学及其他），8个大类（科技、美术、音乐、舞蹈、综合艺术、体育、文学及其他），39个专业，119个项目。而2010年的《北京市校外教育机构办学条件标准》及《〈北京市校外教育机构办学条件标准〉实施细则》，则根据校外教育活动类型和活动设备的不同，将校外教育活动分成了3个类型、6个类别、39个专业（见表1），但没有进一步细分出具体的活动项目。

表1 2010年《〈北京市校外教育机构办学条件标准〉实施细则》中对校外教育活动的分类

类型	类别	专业
兴趣小组活动	科技类（10项）	科技模型、机器人、计算机（含单片机）、无线电（含电子技术）、定向运动、业余电台、发明与制作、生物、环保、地球空间科学
	文艺类（16项）	造型艺术（含素描、色彩、国画、油画、版画、雕塑、儿童美术等）、工艺美术、书法、篆刻、摄影摄像、西乐、民乐、声乐、数码音乐、舞蹈、戏曲、曲艺、戏剧表演、杂技、魔术、文学（含写作、文学赏析、国学等）
	体育类（15项）	轮滑、艺术体操健美操、武术、跆拳道、摔跤柔道、散打、空手道、棋类、台球、篮球、排球、足球、羽毛球、乒乓球、网球
	其他类（4项）	茶艺、思维训练、集邮、口才训练
群众活动	群众活动	
游戏娱乐活动（3项）	体力游戏、智力游戏、生活技能模拟游戏	

在2010年，北京市共有49家校外教育机构，专职教师1247人。到2018年，全市校外教育机构增加到63家，在编在岗教师人数增长到1925人。通过与活动项目数的对比就可以直观地看到校外教育所面临的"项目类别众多，单一项目教师少"的现状，具体表现为：在一个校外教育机构中，一个项目可能只有1—2个教师，同一个专业的教师人数可能会多些，但也不会太多。

鉴于这种情况，面向校外教师开展的继教培训工作就陷入了两难境地：因为同项目、同专业教师群体规模小，所以开展专业性强的培训不仅人均培训成本高，而且为了培训到所有专业项目，培训组织工作也会非常烦琐；如果扩大培训规模、降低培训成本和组织工作难度，则势必要降低培训内容的专业性，培训对教师专业发展的促进、提升效果将难以保证。因此，校外教师继教培训工作不能解决新教师培训的问题。

3. 校外新教师群体规模增大，需要更高效的新教师培训

在 2018 年 11 月由北京市校外教育研究室组织的"北京市校外教师基础信息调研"中，全市校外教育机构入职三年以内的新教师共有 208 人，占校外教师总数的 10.8%，可见对校外新教师的培养工作迫在眉睫。在北京市教育委员会委托北京市校外教育研究室组织的"十三五"北京市校外教师培训工作中，也将新教师培训单独列出，并创建了"校外新教师培训基地"。

中小学校的新教师除了要接受教育主管部门组织的统一培训外，在学校要观摩教学并接受听课指导，同时还要参加区级学科研修活动。而对校外新教师而言，其所在机构中很可能没有与新教师同项目，甚至是同专业的教师，出现这种情况时往往会由其他项目教师来指导新教师，这就造成专业指导性不强，从而影响新教师的成长。此外，目前北京市校外业研组建设还不全面，有些项目没有业研组，不能开展业研活动，而跨项目、跨专业参加业研活动对教师专业发展的帮助又相当有限。

因此，如何更高效地培养新教师、促进新教师成长是当前校外教育机构教师队伍发展所面临的一个重要问题。

三、宣武科技馆对新教师培养方式的尝试

2004 年至 2018 年，北京市宣武青少年科学技术馆（以下简称"宣武科技馆"）共有 14 位应届毕业的新教师加入工作。在这十余年间，宣武科技馆对新教师的培养除了采用传统的"师徒结对"的方式外，还经历了从"先定位再适应"到"先适应再定位"的培养理念的转变。

(一)"先定位再适应"的培养方式

1. 培养方式的特点

2013年以前，宣武科技馆是根据"先定位再适应"的理念对新教师进行培养的。也就是说，在招聘时已经确定了新教师的岗位和任教项目，新教师入职后的成长与发展以招聘时的要求为主。这种培养理念符合校外教育机构自身发展预期，目标明确，针对性强，可以让新教师尽快进入工作岗位开展工作，也是大多数校外教育机构采取的新教师培养方式。但是，这种培养理念没有充分考虑新教师自身对校外教育的适应能力，有可能会出现新教师"水土不服"的情况，从而导致新教师偏离预期或成长缓慢。

2. 在此期间入职的三位新教师的成长历程

新教师A自幼就在校外教育机构参加活动，并且科技馆招聘时的任教项目与其大学所学专业比较接近，入职后与"师徒结对"的师父的任教项目也相近。所以这位教师就比较适应校外教育的环境，并且在自幼跟随学习的校外老师和"师徒结对"中师父的帮助指导下，成长速度非常快。十年时间就从一名新教师成长为区骨干教师，荣获多项荣誉，并且所辅导的学生每年都在市、区多项科技竞赛活动中获奖。

新教师B没有在校外教育机构参加过活动，科技馆招聘时的任教项目与其大学所学专业比较接近，入职后与"师徒结对"的师父虽然项目相似但却分属不同的专业。因此在教师成长过程中就出现了瓶颈，原因既在于教师B并没有及时适应校外教育环境，也在于师父在专业上给予的帮助有限。后来，这位教师自己通过主动与其他教师合作开展活动，并结合实际情况开设了更符合自身特点与学生需求的项目，慢慢站稳了讲台。随后多次在各项教学评比中获奖，在2018年获得高级职称。

新教师C既没有参加过校外教育机构的活动，招聘时的任教项目也与其大学所学专业相差较远，并且要马上接手刚刚离职的教师的项目开展活动，单位也没有与之相关专业的教师，其入职后的师父也是其他专业的。这就使得教师 C 成长虽然有方向却缺乏有效指导，其成长主要依靠自己摸索，从而导致自身发展偏离了招聘时的预期，虽然教师 C 也在不断成长，但速度较慢。

3. 新教师培养效果

通过上面三位教师的成长历程可以看到，"先定位再适应"的新教师培养理念对新教师自身适应能力有一定的要求，如果新教师不能及时主动地适应校外教育环境，那就容易导致新教师成长缓慢或偏离机构预期。宣武科技馆在 2013 年以前招聘的 12 位新教师，除了 2 人调离外，教师自身发展与单位招聘岗位相一致的只有 6 人，但其中也有教师偏离了机构最初预期的岗位培养目标。

（二）"先适应再定位"的培养方式

1. 培养方式的特点

2013 年以后宣武科技馆采取了另外一种新教师培养方式，即"先适应再定位"。虽然招聘时依旧有预期的岗位和任教项目，但是在教师入职后，并不是让教师直接进入岗位，而是考虑到校内外教育之间的不同，留给教师一定的缓冲时间，采取了"进入科普部熟悉科技馆工作，师徒结对熟悉教学"的新教师培养方式。

这种新教师培养方式不是让新教师直接走上讲台，而是先将其放到科普部协助其他教师开展活动，以此来了解和熟悉科技馆的工作；同时通过师徒结对和听评课的形式，帮助新教师熟悉校外教育教学活动，思考今后的发展方向并拟出课程活动计划和方案，为其成功站稳讲台提供保障。等到缓冲时间结束后，教师已经熟悉了校外教育的特点，并且积累了一定数量的活动方案，从而能够很快适应岗位工作，开展教育教学活动。

2. 新教师培养效果

这种新教师培养方式降低了对教师自身适应能力的要求，虽然新教师在刚入职时的成长速度会相对缓慢，但在缓冲期结束后，却能快速进入发展期，并且更能适应校外教育工作。2014年，宣武科技馆对一名新教师就采用了这种培养方式，在缓冲期结束后，这位教师很快适应了工作岗位，并在2018年全国青少年科技创新大赛科技辅导员项目中获得了一等奖。2017年，宣武科技馆对另一名新教师也采用了这种培养方式，同样取得了较好的效果。

四、帮助新教师做好长期职业规划

让新教师站稳讲台，找到发展方向，只是培养新教师的短期目标。校外教育机构对新教师的培养，还要从长远考虑，帮助新教师及早制订适合自身发展的、长远的、连续的长期规划。

笔者在一次教师培训中听到了杭州市青少年活动中心黄建明主任对新教师职业规划长期路线的看法，他提道：新教师刚入职工作后，要先搞定职称，学会教学；之后，要多出成果，以最快的速度成为中级教师；然后，二十八九岁的时候去生儿育女，并继续积累教学与工作经验；到35岁左右，家庭稳定，事业有成，这时，上可提管理干部，下可继续教学。

黄建明主任提出的这种观点基本涵盖了新教师工作前十年的职业规划，虽然笼统，仔细思考却又很有道理。新入职的教师，基本上不会在职称评定方面出现问题，转正即可定职，因此关键是学会教学，站稳讲台。而且年轻教师有精力、有冲劲，所以只要有良好的引导就可以促使年轻教师在教学、教科研等方面多出成绩，这是校外教育机构对新教师培养的短期目标，也是最容易达到、效果最明显的一个阶段。如果顺利，教师在30岁之前就可以成为中级教师，这时生儿育女，即不耽误职称评定，又有足够的精力照顾子女。等到子女懂事（上小学后），教师35岁左右，也具有了参评高级职称的资格，这时的教师依旧有足够的精力用在工作上，可以为事业去奋斗，而且对今后如何发展也更加明确。

总之，校外教育机构对新入职教师的培养不仅要考虑机构需要，让新教师尽快站稳讲台，也要从长远考虑，帮助教师协调好机构与个人之间、阶段目标与长期规划之间的关系，为教师今后发展打下良好的基础，最终达到校外教育可持续发展的目的。

国学校本课程开发中的课程内容组织逻辑研究

马 劢

(北京市西城区西长安街少年宫)

【摘 要】 校本课程、特色课程的开发与建设是校外教育学校提升办学口碑、打造自身品牌、实现可持续发展的重要途径之一。本论文基于教师自身的国学校本课程开发实践,探究了国学校本课程开发中的课程内容组织逻辑,总结了国学校本课程开发中的内容组织原则和分列式、同心圆式、递进式、万花筒和螺旋上升式五种内容组织逻辑,为相关类型课程开发提供了借鉴。

【关键词】 国学校本课程 课程内容组织 原则 逻辑

校本课程、特色课程的开发与建设是校外教育学校提升办学口碑、打造自身品牌、实现可持续发展的重要途径之一。笔者为打造学校的国学特色课程,着手开始了国学系列课程开发。在课程开发过程中,笔者发现国学课程的内容性资源非常丰富,这些内容性资源的排列和整合直接影响到课程建设与实施效果。为此,笔者着重探究国学校本课程开发中的课程内容组织的方法,归纳出了五种课程内容组织逻辑。

一、概念界定

（一）国学校本课程

课程是一个完整的有机的体系，它包含教育教学计划、目标、内容、资源、过程、方法、效果及评价几个要素。那么，国学课程即以国学内容为主要教学内容的一系列有计划、有目标、有配套资源、有教学过程和效果评价的课程。国学校本课程则是与国学课程、地方课程相对的，以学校为本位、由学校自己开发建设的国学课程。

（二）课程内容组织

课程内容组织是在课程目标的统领下，遴选课程的资料和课程要素，并将所选出的各种课程资料及要素妥善组织为课程结构，促使课程内容内化为认知经验，最终实现课程目标的过程。它包括课程内容的选择和对已选定的课程内容的排列组合。

二、国学校本课程的课程内容组织逻辑

（一）国学校本课程内容的选择逻辑

1. 课程内容的选择原则

在选择国学校本课程的内容时，要本着"近"与"活"的原则。所谓"近"指的是与学生的生活切近的内容；所谓"活"是指其倡导的理念在当代仍然有价值、能继承、可内化。

在概念界定时已谈到，国学课程即以国学内容为主要教学内容的一系列有计划、有目标、有配套资源、有教学过程和效果评价的课程。这决定了我们在选择内容时，必须要从国学的范畴内选择内容。然而，国学蕴含

的内容广阔，要选择怎样的内容呢？笔者经过研究后认为，国学体系中所包含的传统文化最根本的价值在于促进学习者知行合一，彻底发挥传统文化的德育、美育等功能，促使学习者在学习过程中自主发现传统文化的价值，使外在的知识实现内化，浸润于学习者内心。正如21世纪教育研究院副院长熊丙奇明确指出的："传统文化可以分为几个层面，最核心的东西是价值观。"

正因如此，在课程内容的选择上，应尽量选择贴近学生的内容，让他们知道国学并不遥远，物理距离近了，心理距离才能近，心理距离近了，学生才能更愉快地接受，接受过程愉快了，学生才容易相信，相信了，才能内化，内化于心、外化于行，国学才能真正地焕发活力，其本质的价值才能得以发挥作用。

为此，笔者在进行国学校本课程的建设过程中，坚持"近"与"活"的原则，精选学生身边可见的国学元素，通过科学合理的教学设计和活动设计促使学生愉快学习优质传统文化知识，深刻领会传统文化内涵，深切感知传统文化之美，亲身践行传统文化倡导的价值观，最终实现价值观的内化。

在这个原则下，笔者几经遴选，确定了文字、节气、古诗词、古建筑和国学小项目几个板块的内容。然而，即便是这几个板块的内容，距离学生生活的远近也不同，以什么样的逻辑去选择，才能快速择取符合原则的又适合学生的课程内容呢？

2. 课程内容的选择逻辑

笔者经过校本课程建设实践发现，以"触摸"为逻辑线进行课程内容的精细化遴选是最恰当的。所谓"触摸"指的是该项内容是从学生对生活视角出发，是学生生活中能见到、会用到、可体验的内容，这样既确保所选的内容符合"近"与"活"的原则，又便于快速地从丰富繁杂的国学知识中去粗取精，准确取舍。

基于这一逻辑，笔者进一步将确定的内容为两大模块——"触摸"文化与"触摸"诗词（见表1）。

表 1　课程内容两大模块

逻辑	主题	探究内容	知识内容	体验内容
"触摸"文化	四季中的国学	节气	物候知识 节气代表性文字 节气代表性诗词	我的专属节气 我是节气小专家
	趣话汉字	汉字	汉字的演变 汉字的组合 汉字的应用	我是"小字典" 观匾识汉字
	国学密码	扇 茶 画 棋 琴 古建	历史探源 元素知识 心灵碰撞	"引风障日话便面" "画里春秋" "棋里乾坤" "琴魂曲韵" "赏花、览亭、吟诗" ——解密华夏名亭 故宫密码 探秘长廊彩画　乐赏颐和风情
"触摸"诗词	跟着诗人去旅行	经典诗词	诗人的足迹 诗词中的胜地 吟诵诗词，探究诗词之义，感受诗词之美	诗词之旅
	吟诵诗词别样情	经典诗词吟诵	吟诵知识 吟诵能力 诗词素养	吟诵四季系列

（二）国学校本课程内容的组织逻辑

1. 课程内容的组织原则

课程的整体内容初步确立后，教师要进行课程内容的进一步选择与组织。在选择并组织课程内容时首先应本着基于学习者特点的目标指向性原则。

在课程开发实践的过程中笔者发现，教师选择、筛选、改变课程内容的两个基本前提就是课程目标和学习者的特点，只有基于学习者的特点，并根据课程目标的需求进行内容的选择与组织，才能使得开发出的课程是实用的、适用的、科学的。

应当说，基于学习者特点的目标指向性原则是教师在追求课程合理性与科学性、教学有效性与高效性过程中自然确立起来的。教师在课程开发过程中不断地修订课程内容，发现最终留下的都是符合学习者特点并能有效实现课程目标的内容。于是，笔者确定，在进行课程内容的选择与组织时，以基于学习者特点的目标指向性原则为指导，能够帮助我们科学确定课程内容并对课程内容进行组织安排。

2. 课程内容组织的基本逻辑形式

笔者经过实践，发现国学校本课程开发过程中，其课程内容组织有分列式、同心圆式、递进式、螺旋上升式及万花筒式几种基本逻辑形式。几种基本逻辑形式模型如下（见图1）：

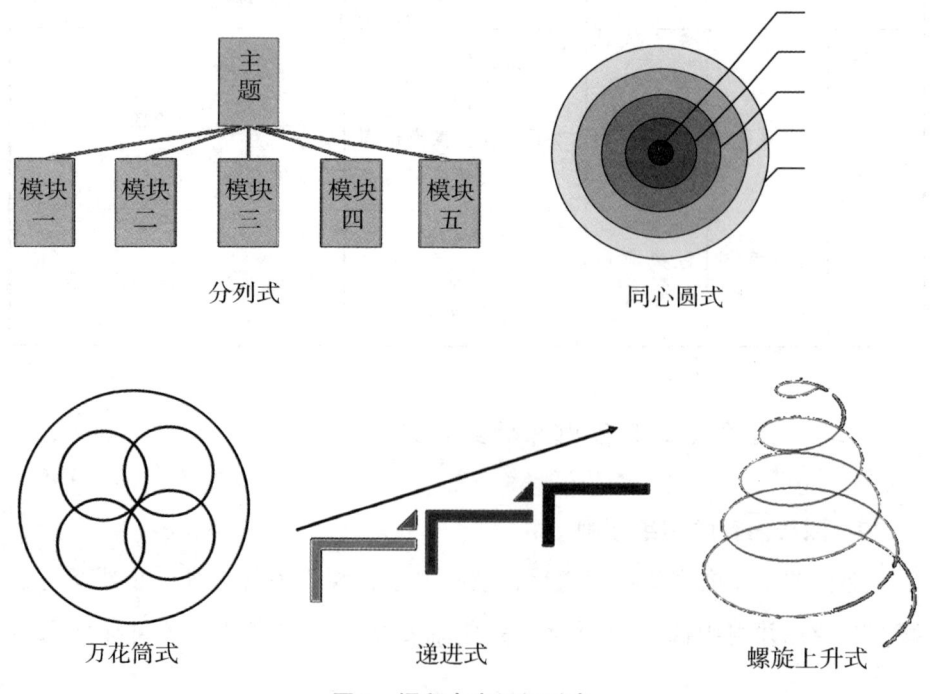

图1 课程内容组织形式

(1) 分列式

分列式指的是课程的内容纵向上由一个主题统领，横向上以板块的形式按照彼此平行的方式进行排列组合。各板块都隶属于课程主题，但彼此间可单独成章，无迁延、承续、递进等制约关系。

如笔者开发的"趣话汉字"课程，这个课程融合了节气、书法、历史等多学科知识，形成了不同的板块，这些板块在"汉字"这个主题的统领下，分列而排。课程内容组织结构见图2：

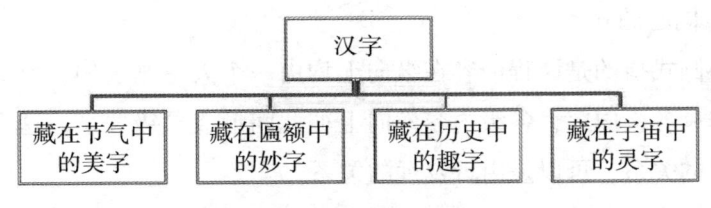

图2 趣话汉字课程内容结构图

再如笔者开发的"跟着诗人去旅行"课程，以"旅行"为主题，以诗人为大板块，每个板块又以诗人的足迹为小板块，大板块间无接续、迁延关系，小板块间也可独立成章。课程组织结构见图3：

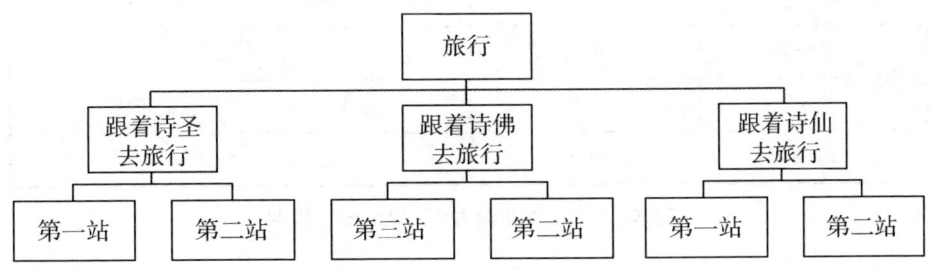

图3 跟着诗人去旅行课程内容结构图

由以上两个结构图可以看出，这门课程的各个板块之间并无逻辑上的联系，它们都可以独立成章，甚至独立成课，教师可以根据情况任意选择某一个板块开展教学，学生也可以根据兴趣任意选择某一个板块进行学习。漏掉某一个板块，并不影响其他板块的教学与学习。

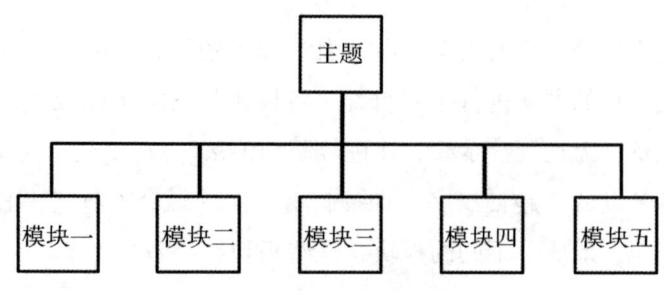

图 4　分列式课程内容组织逻辑形式模型

（2）同心圆式

同心圆式指的是课程内容在纵向上均由一个大主题统领，以这个主题为圆心统领各级内容，各级内容横向上彼此间形成层级关系，这个层级可以是包含的关系，可以是由近及远的关系。

例如笔者开发的"传统文化魔方"课程，以传统文化元素为圆心，本着由近及远的方式进行课程组织。课程组织结构图如图5：

家庭中的 传统文化元素	街巷中的 传统文化元素	历史中的 传统文化元素	世界中的 传统文化元素
服饰	住宅	艺术	
饮食	装饰	建筑	国粹
器具	游戏	文学	

图 5　"传统文化魔方"课程内容结构图

由此课程内容结构图可以看出，各级内容以"传统文化元素"为圆心，从家中到世界、由现实向历史进行由近及远的扩展。而每级内容中又都包含音乐、书法、绘画、茶艺、诗词，乃至扇子、笔、算盘、棋等多种元素，由音乐、文学、书法、美术等多学科融合在一起开展课程。

同心圆式的课程内容组织逻辑（见图6），各项内容都指向圆心，围绕圆心进行课程内容的布局安排，逻辑性强又不失灵活，适合不同年龄、不同能力的学生，在分层教学中能够起到很大的推动作用。

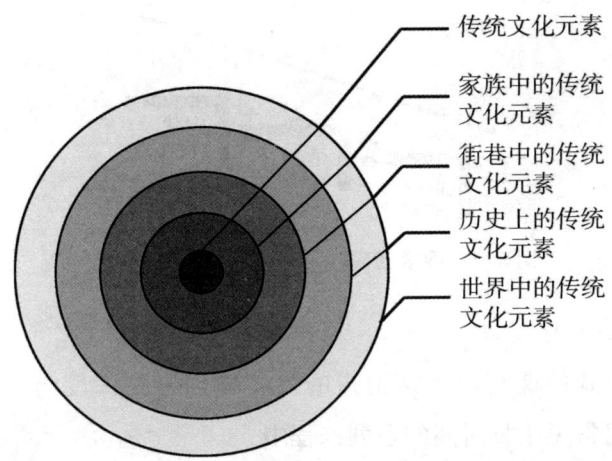

图6 "传统文化魔方"课程内容组织逻辑模型

(3) 递进式

递进式指的是课程各个内容以由易到难、由浅到深等层层递进的关系进行组织，最终指向课程目标。

例如笔者开发的"国学密码"这门课程，便采取的是递进式关系。课程组织结构图如图7：

课程	内容	对应目标
国学密码	历史探源	宏观了解相关文化元素的历史
	相关知识	细致了解相关文化元素的历史
	心灵碰撞	深入体会相关文化元素的历史

图7 "国学密码"课程内容结构图

层层递进式的课程内容组织逻辑（见图8），根据知识的难易程度和认知的发展过程组织内容，更符合学习者的学习路径，在教学的过程中更利于教师依据教学目标进行教学环节的设计与组织，是比较常见的课程内容组织逻辑形式。

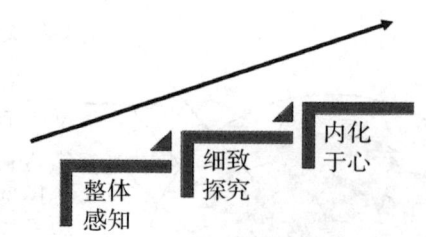

图8 "国学密码"课程内容组织逻辑模型

(4) 螺旋上升式

螺旋上升式的课程组织结构指的是各级内容在深度与广度上逐渐拓展，这种方式常见于长时间的系列课程中。

例如笔者开发的"吟诵诗词别样情"课程，这个课程贯穿在初级、中级和高级三个层次的班级中。课程组织结构图如图9：

内容	初级班	中级班	高级班
吟诵知识	格律诗吟诵符号的识认与标注；挑韵词，分析韵部特点	古体诗与唐宋词吟诵符号的识认与标注；模进与对称的方法	古文吟诵符号的识认与标注；根据文体选择吟诵方式
吟诵能力	格律诗的吟诵，能根据吟诵符号进行诵读，准确把握音律的长短、高低变化	古体诗与唐宋词的吟诵，能根据吟诵符号自主诵读，准确进行依字行腔	各种古汉语文学作品的吟诵，依字行腔、依义行调
诗词素养	通过吟诵初步理解格律诗的意象、感受意境	通过吟诵准确理解古体诗与唐宋词的意境，深入感知诗词的情感	利用吟诵知识准确把握作品的情感层次，理解作品内在含义

图9 "吟诵诗词别样情"课程内容结构图

由图10可以清晰地看出这门课程的内容组织呈现螺旋上升结构，吟诵的知识、吟诵能力和诗词素养三方面的内容贯穿在各级别的班级中，内容在难度上逐级升高。在长时间的系列课程中，这种课程内容组织逻辑能够帮助教师面向不同的年级和水平的学习者开展有针对性的教学。同时，这种逻辑形式，也使得教师能够持续地对学习者进行教育与训练，使学习者各方面的能力持续提升。

（5）万花筒式

万花筒式指的是课程内容之间围绕同一主题，彼此之间既独立又有联系，呈现出万花筒的折射图案。

例如国学教师将节气、物候和诗词融合开发的"四季中的国学"课程，课程以季节为章，分

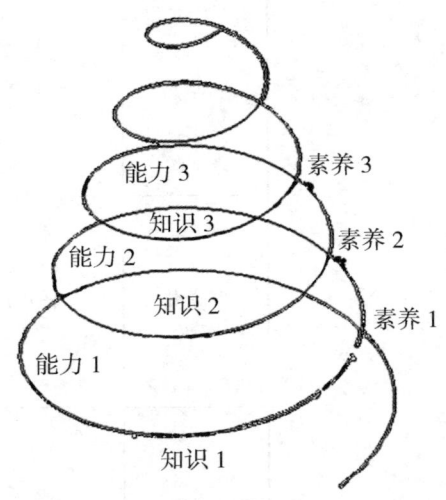

图10 "吟诵诗词别样情"课程内容组织逻辑形式

为春华、夏盛、秋收、冬静四大章，每章以节气为节，每章下属六个节气，每节又分奇妙的节气、神奇的汉字、美妙的诗词、小小拓展（见图11）。

由图11、图12两图可以看到，这门课程中的各内容要素统整在"四季中的国学"这个主题下，它们彼此能够独立成章，又能合而为一。每个章节又有六个节气统整而成，而每个节气又由该节气的节气知识与节气相关的文字、诗词以及相应的拓展训练板块统整，节气中的这四个板块又是既可以独立又有联系，部分内容可相交，这样就形成了多彩的万花筒式结构。

这种课程内容组织逻辑形式新颖，课程内容之间既有逻辑关系，又不相互制约。教师可以针对学习者的情况临时调整课程板块之间的顺序，教学上灵活性强，针对性也强，更有利于教师针对学习者的实际情况再嵌入或删减教学内容，特别适合校外教学的特点。

春华篇	六个节气	奇妙的节气
		神奇的汉字
		美妙的诗词
		小小拓展
夏盛篇	六个节气	奇妙的节气
		神奇的汉字
		美妙的诗词
		小小拓展
秋收篇	六个节气	奇妙的节气
		神奇的汉字
		美妙的诗词
		小小拓展
冬静篇	六个节气	奇妙的节气
		神奇的汉字
		美妙的诗词
		小小拓展

图11 "四季中的国学"课程内容结构图

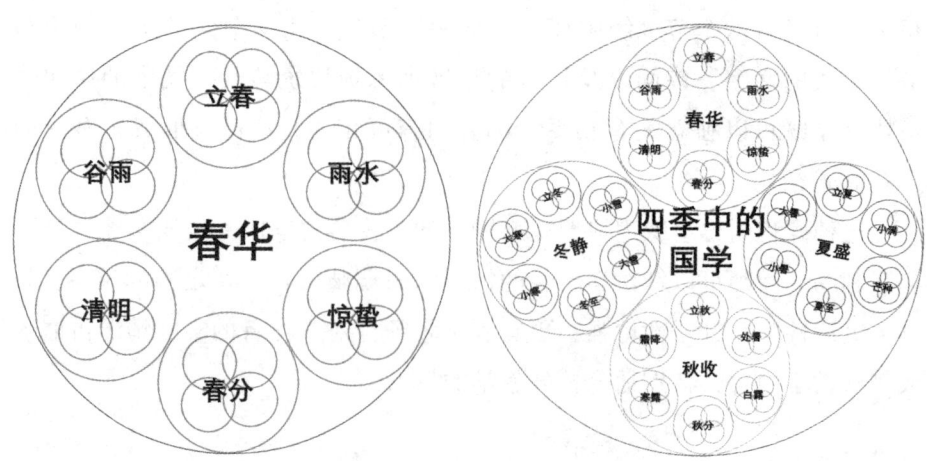

图12 "四季中的国学"课程内容组织逻辑模型

三、总结

在近三年的国学校本课程开发过程中，笔者已经开发出"触摸文化"和"触摸诗词"两大系列课程，"触摸文化"系列又包含"四季中的国学""趣话汉字"和"国学密码"三个子系列；"触摸诗词"系列又包含"跟着诗人去旅行"和"吟诵诗词别样情"两个子系列。形成了《四季中的国学》及《跟着诗人去旅行》两套教材。《吟诵诗词别样情》和《国学密码》两本教材也在编制中。

通过对校本课程建设实践和分析研究，笔者初步总结了国学校本课程开发中的课程内容组织方法与逻辑，提炼了有借鉴意义的物质逻辑形式模型，为后续的国学校本课程开发打下了基础。在今后的课程开发和研究过程中，笔者还应当在学习效果评价方式及实施与教学活动间的组织逻辑方面深入研究，不断提升校本课程的完整性和专业性，使学生切实受益。

【参考文献】

[1] 纪程，卢丽华. 小学国学校本课程实施策略探析 [J]. 教学与管理，2018（14）：20-21.

[2] 魏珂. 国学校本课程建设价值及策略 [J]. 语文建设，2018（6）：75-78.

[3] 田立君，陈旭远. 小学国学校本课程组织与实施 [J]. 教育科学，2012，28（3）：28-32.

校内外深度融合，共话"生命之美"
——以中学生生物模型设计与制作评展活动为例

王 芳

（北京市朝阳区学生活动管理中心、青少年活动中心）

【摘 要】对于中小学生科技教育工作来说，校内校外是一体两翼，互为支撑，各有优势，不可或缺，资源融通共享。在融合育人的过程中，应始终以学生为主体，促进学生全面发展，个体生命的潜能得到自由、充分、全面、和谐、持续发展。本文将以一线校外教育工作者的角度，解析校内外深度融合的案例，即朝阳区中学生生物模型设计与制作评展活动，从教育理念、发展模式、实施策略、影响效果四个角度层层剖析，详细阐述校内校外如何以学科为基础，以综合素质提升为目标，实现共融共促，以期实现经验分享。

【关键词】 校内外融合 生物模型 中学生 设计与制作

朝阳区中学生生物模型设计与制作评展活动是朝阳区的公益性科普活动项目，是校内外生物学科融合的典型案例，也是2019年度北京市教委开展的校外教育"三个一"优质项目评选中的精品项目。它的长期主题是"生命之美"。

用简单的语言概括这个活动，即一项面向全区初一至高三阶段的中学生，以生物学科为基础，以设计与制作生物模型为基本内容，以全面育人为目标，校内外融合的科技实践活动。

活动的兴起有着深厚的历史积淀。2012年，第一届区级生物模型设计与制作评比展示活动开启,标志着这个项目正式上线。活动每年有200—300件生物模型作品呈现,参展的生物模型作品种类繁多、创意层出不穷。学生们应用陶泥、布艺、丝网、泡沫、衍纸等废旧或环保材料制作生物模型,除此之外,3D打印、激光切割机等现代信息技术也不断受到学生们的青睐。模型作品展现的生物学内容十分丰富,从微观层面的分子、细胞,逐步扩大到组织、器官,再至系统、个体水平,进而延伸到宏观的生态系统;一些重难点知识如生物学过程、生物多样性等,也通过学生的精妙设计与灵巧的双手转换为简单易懂的动态或静态模型。

截至目前,活动已经成功举办七届,惠及学校三百余校次,三万余名学生。接下来,笔者将从教育理念、发展模式、实施策略、影响效果四个方面为大家展开分享。

一、遵循"一体两翼,融合育人的全人教育"理念,明晰项目发展方向

活动秉持"一体两翼,融合育人的全人教育理念",携手校内教育,促进学生全面发展。以中学生物学科为校内外融合共通的基石,以项目设计思维训练、动手能力提升、团队合作意识形成、语言表达水平锻炼为育人目标,形成"班级—年级—校级—区级"活动绿色通道,逐步构建校内外融合的联动发展机制,成果显著(见图1)。

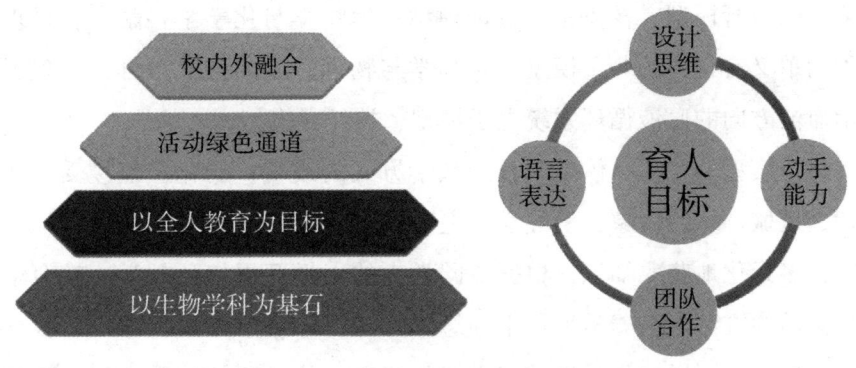

图1 校内外融合联动发展机制

二、明确项目发展特色，促进校内外深度融合

校外教育活动项目，以服务学生全面发展为目标，本项目的特色有两个，即坚持从学生兴趣出发，促进学习方式的变革，实现创造性的发挥；坚持校内外教师共研共创，强调校内外融合的内在系统性。

（一）坚持从学生兴趣出发，促进学习方式的变革，实现创造性的发挥

举个活动的真实例子。来自陈经纶帝景分校的陈同学和大多数男孩子一样，从小酷爱机器人，动手能力很强，升入初中成为机器人社团的骨干成员。而生物学科的谷老师是最早参与生物模型教研活动的成员之一，因为她喜欢观鸟，在我们的思维碰撞中，她辅导的作品，有很多鸟类的模型，比如陶泥的鸟喙、鸟爪系列模型等。有不同的兴趣和特长的陈同学和谷老师，因为生物模型项目成为了好伙伴。在生物课上课下，一起探究，交流改进，设计制作鸟喙多样性机器人模型，实现了生物模型"活起来"。谷老师用心发现了陈同学的优势，促使他将生物学知识和自己的设计思维、动手实践紧密连锁，做到了跨学科的交叉融合，成为活动评展中一颗亮眼的科技新星，学生的创造性得到最大的实现。

在活动中，这样的例子数不胜数，生物学与艺术学科融合，呈现了多种多样的石膏模型、橡皮章、首饰模型；生物学与化学学科融合，呈现了各种简单又有特色的分子模型；生物学与物理、通用技术融合，呈现了可显示血流方向的血液循环系统电子模型、神经元模型。

每个模型的背后，体现了教师教学方式的改变，弱化全盘接受、死记硬背、机械训练的现象，引导学生主动参与、亲身实践、独立思考、合作探究，多元化地获取知识，根据不同学生的兴趣开展特色教学，教会学生观察生活的方法，培养学生科学的思维方法，体现学生的主体性、教学生成性。这背后同样也是学生学习方式的变革，从一味的接受知识，到自主

学习，探究学习，研究性学习，利用现代信息技术获取知识，小小的生物模型也促进了跨学科的深度融合，最终促进学生创新思维和动手能力的提升。

（二）坚持校内外教师共研共创，强调校内外融合的内在系统性

然而，学生学习方式和教师教学方式的变革并非一朝一夕就可达成，如何实现变革，也成为我们项目的另一大特色。即校内外教师共研共创。最终的目的是促进学生的全面发展，真正体现素质教育的内核。

为达到这个目标，活动联合朝阳区教育研究中心、北京教育学院朝阳分院，组织生物教师开展业研培训，校内外教师共同研究，实现实践活动体系的从无到有，积少成多，聚沙成塔。

1. 加强常规培训，提升教师辅导能力

活动每年都会设立教师培训专题，从生物模型设计、材料工具选择，制作实操训练等角度，提升教师辅导学生制作模型的能力。这几年我们开展的多样化教师培训，无所不能的黏土与陶泥材料应用培训，衍纸与插花技能技巧培训，生物模型与首饰创意结合专题培训，教师在培训中，知识和技能实操得到锻炼，并通过精彩的经验分享反思提升。

2. 研讨活动课程体系，突出校内外教育深度融合

经过多年的活动积累，活动联合校内生物学科、综合实践学科、德育等多学科教师，建立学生研学活动指南、教师教学活动指南，实现校内外的学科融合、课程融合。

三、以师生为主体，以活动为客体，梳理项目实施策略

（一）学生的成长策略

生物模型设计与制作活动一直致力于为学生全面发展服务，对于学生

的成长，项目的三大活动体系成为学生知识、能力、价值观培养的重要载体。

学生设计与制作生物模型的过程，是自主学习、合作学习、探究学习、跨学科学习的综合过程，是学习方式的变革。丰富多彩的生物模型作品，图文并茂的作品说明书，介绍作品的科学语言等都是核心素养文化基础的重要体现。

同时，活动为学生自主发展提供空间。学生通过创造性思维、动手能力实操的训练；通过有趣的限时体验交流模式，学生能够在自我学习、自我管理、自我监督的自主发展过程中，开阔视野，发挥主观能动性；多元角色体验也是每年必备的活动，学生担任小记者，实时播报活动进展，随机采访师生与公众，担任学生评委，完成评价单，锻炼批判性思维，学会客观公正地评价他人，不盲从，不嫉妒，培养健全人格。比如"走进自然博物馆，社会公益实践"主题活动，学生将精心设计的生物模型作品带出校园，走进自然博物馆，边活动边实践，向社会公众做科普宣传，耐心细致地讲解生物模型，践行社会责任，勇于担当。

综上，以知识和能力提升为导向的基础活动体系，以兴趣和体验为导向的特色活动体系，以社会责任培养为导向的主题活动体系，为学生的全面成长保驾护航。

（二）教师的成长策略

几年的活动，辅导教师们呕心沥血，辅助学生完成一件又一件创意模型作品，学生的成长同样体现了他们的成长。可以归纳为三大实施策略。

第一，形成校内外教师学习共同体。通过加大培训业研的力度，提升教师的辅导能力，促进教学方式的变革；很多老师自己也尝试制作生物模型作为课堂教具使用，真正实现教学相长。

第二，开设教师评比项目。联合教研中心、教育学院，在基础活动体系中加入教师项目评比，使得活动添加教师评比成为可能，并逐渐发展为常态。如北京民族学校的史老师是微生物专业毕业，鼓励她自制病毒模型教具，完成"抗原抗体"主题微课录制。除了微课评比，还会有论文案例评比、科技实践活动报告评比,使教师在辅导学生的同时收获自己的成长。

第三,构建生物模型教育教学指南。联合校内辅导教师的骨干力量,形成生物模型优秀项目集锦,编撰书籍资料、影像资料,向更多的学校和老师推广,成为教师辅导学生设计制作生物模型的指南。

以上即活动的实施策略,从学生成长和教师成长的角度,阐述了项目与学生和教师三者之间的内在联系。

四、梳理教育成效,不断扩大影响力,促进项目可持续发展

活动形成了丰富的物化成果和内化成果,产生广泛而深远的影响力,在校内外深度融合的时代背景下,在保持独特性的基础上,不断创新发展。

(一)促进学生学习方式和教师教学方式变革

关于学习方式和教学方式的变革,前面做了很详细的介绍,因为这是本项目所体现的最重要的价值。校外教育和校内教育作为一体两翼,深度融合,最终促进学生的全面发展,而学习方式和教学方式的改变是一条必经之路,生物模型设计与制作活动成为了一个很好的载体,实现校内外教育深度融合。

(二)形成广泛的影响力,成为校内外热点科技项目

活动开展至今有三百余校次,三万余名学生直接受益,服务千余社会公众;一百余位学科教师直接参与项目建设,辅导学生形成模型作品;近100项微课、案例、论文、实践活动报告生成;四十余个生物模型社团新成立或获得发展;丰富了学校校本课程或330时段活动内容,同时成为校内科技节、综合实践活动备受青睐的选择。

（三）形成丰富的物化成果

学生层面，每年均有 200—300 件生物模型作品在区级活动中脱颖而出，种类繁多、创意层出不穷，体现了学生在教师指导下的深度探究过程。校内外教师一起编辑成果集锦，并于 2019 年编撰《再现与创造——生物模型设计与制作》书籍，希望这本书能够成为校内生物课程及实践活动的一份礼物。

2016 年，在青少年科技领域最高赛事——全国青少年科技创新大赛中，朝阳区中学生生物模型设计与制作评展实践活动被评为全国十佳科技实践活动，教育教学活动成果全国一等奖。活动案例及相关论文，荣获全国一等奖、市级一等奖等多项奖励。

综上，2012 年至今，朝阳区中学生生物模型设计与制作评展实践活动，一直走在校内外深度融合的探索之路上，通过社会资源的共享、校内外教师的共研共促、活动体系的完善发展、经验成果的整理推广，活动内容推进会更扎实。就像活动的长期主题——"生命之美"，希望学生通过生物模型的设计与制作，再现生物学基础知识，实现思维与创意的交锋，认识生命现象，尊重生命更替规律，体会人与自然的和谐。让校内外继续携手，实现"一体两翼，校内外融合的全人教育"理念的深入实践。

【参考文献】

[1] 刘青松. 青少年学生群众活动的发展态势 [M]. 武汉：武汉大学出版社，2013.

[2] 齐健敏，等. 青少年学生群众活动教程：活动导论 [M]. 武汉：武汉大学出版社，2013.

[3] 张继红. 科技馆科普活动与学生科学素质的培养 [J]. 科学大众，2011（2）.

[4] 王胜，汪杰锋. 基于综合实践活动评价的微课资源设计与初步应用 [J]. 阜阳师范学院学报，2014（4）.

[5] 王斌华. 教师评价模式：微格教学评价法 [J]. 全球教育展望，2007（9）.

校外教育优质项目目标框架问题及对策研究

李魏新

(北京市朝阳区望京教育辅助中心)

【摘　要】 本研究收集、整理了朝阳区46份校外"三个一"优质项目的目标框架图。分析项目目标框架建构的特色、问题，并针对每类问题提出改进的对策。在研究的基础上，提出目标框架建构应遵循的依据与原则。

【关键词】 校外教育优质项目　目标框架　特色　问题　对策

一、问题的提出

文中所指的校外教育是隶属于教育系统的公办的少年宫教育。著名教育社会学家谢维和教授说："社会上一般认为的少年宫的活动，包括相关的校外教育的各种活动，在很大程度上更多的只是一种知识、技能或能力的学习，而并不十分关注学生思想道德层面的变化与发展；同时，少年宫的活动包括相关的校外教育的活动更多地具有一种分散和零碎的形式，包括学习的内容、教师、学生和评价等，都表现出一种强烈的间断性的特点，而缺乏内在的系统性和整体性。"多年来，少年宫教育项目的开展多是"以师为本"的，根据教师特长和爱好决定活动内容，大纲都是零散的，缺乏系统性和规范性，多是无教材，自编的零零散散的授课方案。校外教师在知识技能传授上比较重视,而如何全面育人、育全人过去整体考虑的不多。这样的现实显然需要改变。北京市教委因此推出了"三个一"优质项目建设工程,旨在通过优质项目建设,进一步促进校外教育课程与活动的规范发展。丰富校外活动供给内容,创新校外教育供给形式,提高校外教育供给侧质量,切实满足广大中小学生个性化学习需求。

二、校外教育优质项目的内涵介绍

校外教育活动的课程化,是解决眼前问题的一个好办法,使项目有目标、规划、课程、实施,能评价。

(一)清晰的目标框架是优质项目有效实施的关键

1. 校外教育优质项目建设的特点需要课程化

市教委于2017年推出"三个一"优质项目培育方案,即培育一批创新项目,丰富校外活动供给内容,切实满足广大中小学生个性化学习需求;建设一批特色项目,创新校外教育供给形式,充分展示校外教育活动项目改革的丰硕成果;发展一批精品项目,提高校外教育供给侧质量,促进校外教育机构改革、发展。优质项目最终受益于学生,因此核心推动优质项目课程化建设势在必行。其中"创新项目"指校外教育机构设计并组织实施的突破性特征凸显的校外教育教学活动项目。具体来说,创新项目是指本市校外教育机构在"十三五"时期建设的新项目,具有先进的教育理念和强烈的创新意识,项目设计具有新颖性或原创性的特点,本质上有别于原有活动和现有活动,通过实践证明创新点明显,且具有一定的前瞻性和面向未来的特点。项目实施周期至少一年以上。其中"特色项目"指校外教育机构设计并组织的独特性特征凸显的校外教育教学活动项目。具体来说,特色项目具有先进的教育理念和鲜明成熟的风格特点,项目设计科学完整,能够体现与众不同;活动开展具有一定的稳定性和连续性(三年以上),且成效显著,具有较大的知名度并得到社会广泛认同。其中

"精品项目"指校外教育机构设计并组织的高品质特征凸显的校外教育教学活动项目。具体来说，精品项目是校外教育机构实施三年以上，在特色项目、创新项目基础上精心打造的项目，具有先进的教育理念和优质"品牌"意识，具备专业的师资力量，项目的策划与实施能够体现较高的精细化程度，活动的内容和形式与现代教育信息技术有效结合，活动教育效果显著，具有较强的示范性和推广性。

2. 优质项目课程化的建构推动校外课程科学、规范发展

优质校外教育活动是在先进教育理念指导下，关注学生核心素养的全面提升；在设计上活动目标清晰、具体，活动内容和形式贴近学生实际，活动过程设计科学、细致，社会资源利用合理；教育过程体现学生学习的自主性、合作性和探究性，学生的综合能力得以提升，个性化发展需要得到满足；学习效果明显，活动具有广泛持续的影响力。依托和借鉴《国家课程标准》制定优质项目课程标准，是推动校外课程科学、规范发展的有效途径。国家课程标准的框架，包括前言、课程目标、内容标准、实施建议、附录五个部分。其中在"前言"中明确课程性质、课程基本理念、标准设计思路；在"课程目标"中明确知识与技能、过程与方法、情感态度与价值观三个维度的目标；在"内容标准"中明确学习领域、目标及行为目标；在"实施建议"中明确教学建议、评价建议、教材编写建议、课程资源开发与利用建议；在"附录"中明确案例和术语解释。由于历史原因，校外教育课程化比较薄弱，以"三个一"优质项目建设为契机，积极推动校外课程科学、规范发展势在必行。

3. 优质项目推进的关键是目标框架和课程框架要素的明晰

校外教育课程的开发需要思考几个问题。第一，课程的价值引领；第二，课程成就学生何种人生；第三，铺设多元的安全轨道。在优质项目的建设中，项目建设的框架包括立德树人、核心素养、学科素养、单元模块等内容；优质项目建设课程化，课程开发的框架包括课程的基本信息（开发教师、课程类型、授课对象、授课时间、课程简介）、课程目标、课程纲目、设计学习方法、提出课程实施建议、课程评价等要素。

（二）明晰课程目标系统是课程实施的关键

在校外教育的兴趣小组和实践活动中，教学目标是一个多层次的系统，包括国家培养总目标、学科（课程）教学目标、阶段教学目标、单元教学目标和课时教学目标。每节课既是一个相对的整体，同时又是整个课程、每个单元的一个有机组成部分，课时目标是课程目标、模块目标的具体化。

基于以上的考量，本研究收集、整理了朝阳区46个优质项目的目标框架图。观察其中目标体系设定情况，归纳、梳理目标体系设定中存在的问题，并针对问题提出改进的对策，最终提出目标设定应遵循的依据与原则。

三、优质项目目标框架建构的特色

每一份目标框架都从不同角度进行梳理，有的重点围绕立德树人的育人体系梳理，有的围绕活动的内容体系梳理，有的围绕学科素养体系梳理，有的围绕教学方式方法体系梳理，还有的围绕活动途径体系进行梳理。无论从哪个角度梳理，团队都认真思考了项目建设落地的问题，学生全面成长和发展的问题。现举优秀案例如下。

案例一：

课程内容体系、学科素养、活动模式、核心素养、立德树人培养体系完整、统一，课程目标多维度。

案例观察："小设计师"创新项目的活动内容包括服装设计、平面设计、产品设计、环境设计等模块，尝试以美术学习为本体、融合表演、展示等综合、跨界的艺术活动。过程中引导学生了解设计知识、提升审美能力的同时，融合音乐元素欣赏感知音乐与美术设计共通的地方，给学生以启迪；引导学生体验表演、展示自己设计作品的方法，融合表演元素，在展览、舞台展示等平台中大胆表现。项目日常活动以欣赏、创作、展示、思考为活动模式。过程中提升学生学科能力，即通过欣赏发现生活中的美激发设计兴趣,通过创作提高实践动手能力培养创新意识,通过展示提高语言表达能力和表现力,变得更加大胆和自信,通过思考了解物以致用的设计理念,增强环保意识。培育学生艺术审美情趣、创意表达、感知能力、反思能力。培育学生学会学习、审美情趣、实践创新等方面的核心素养,落实立德树人的要求(见图1)。

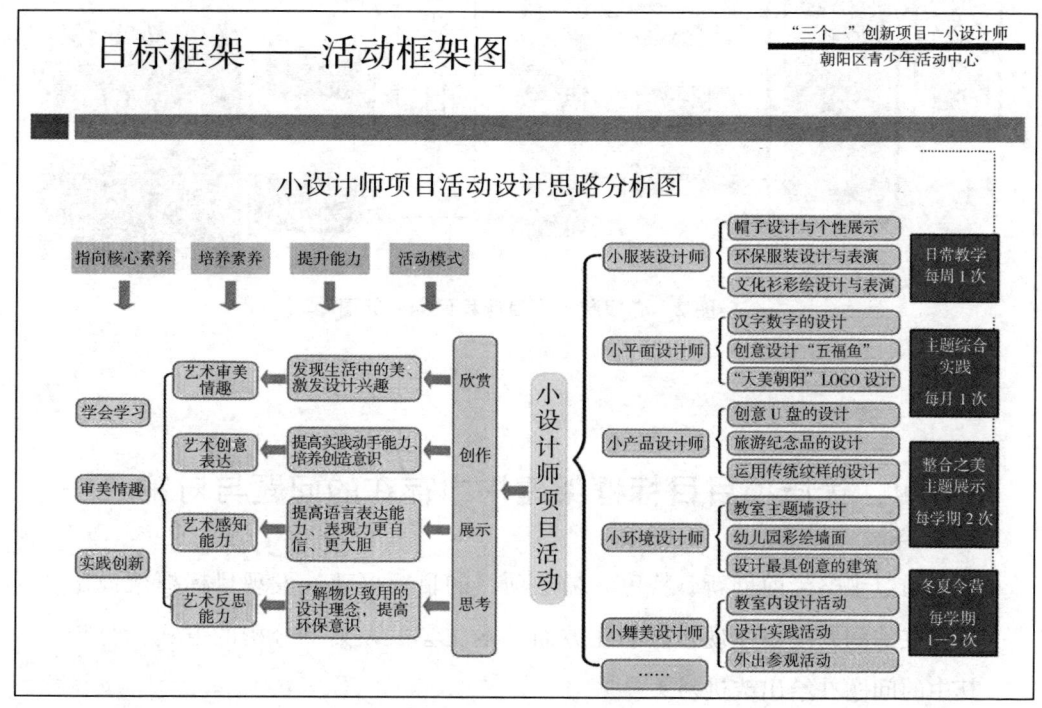

图1 小设计师项目课程目标框架图

案例二:

案例观察:"心理游戏"项目的活动内容包括"我就是我""情绪标尺""友谊之树""能量加油站"等板块,项目日常活动以游戏、戏剧、表演、书写、绘画为活动模式。过程中促进学生自我成长、情绪管理、人际交往、意志品质等方面的能力。培育学生珍爱生命、健全人格、自我管理能力。培育学生健康生活的核心素养,落实立德树人的要求(见图2)。

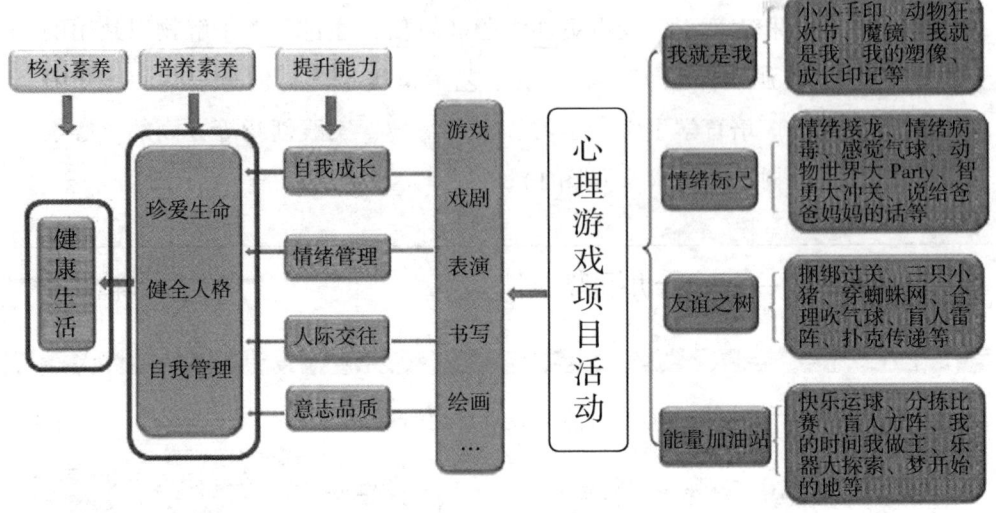

图 2　心理游戏项目课程目标框架图

四、优质项目目标框架建构中存在的问题与对策

通过观察当前创新、特色、精品项目的目标框架，发现目标框架设定中存在的问题主要体现在以下几方面，本文尝试以案例分析的方式，分析其中的问题并给出改进对策：

（一）问题一：仅梳理活动体系，未梳理育人目标体系

项目目标框架需进一步梳理。在框架设计方面，立德树人的思考不足，核心价值观引领和核心素养培育目标不清晰。

案例一：

案例评析："校园微电影教育活动"项目的实施有三个途径，包括作品征集、社团活动、微电影进校园（见图3）。每条途径中有清晰的步骤。但是作为项目建设的框架，只呈现途径是不够的。因为每一个活动的核心都是育人，育人目标的思考与表述要融入项目建设框架。牢记立德树人的

根本任务，把价值观放在首位。我国的教育方针明确将立德树人作为教育的根本任务，中国学生核心素养的发布将这一根本任务具体化，精准回答了"立什么德，树什么人"的问题。（"立"社会主义核心价值观的"德"，"树"全面发展的"人"）。学生发展核心素养落实于课程的前提是确立各学科的学科核心素养。学科核心素养是学生发展核心素养在学科中的具体化，是学科育人价值的集中体现，是学生学习该门学科后的期望成就。

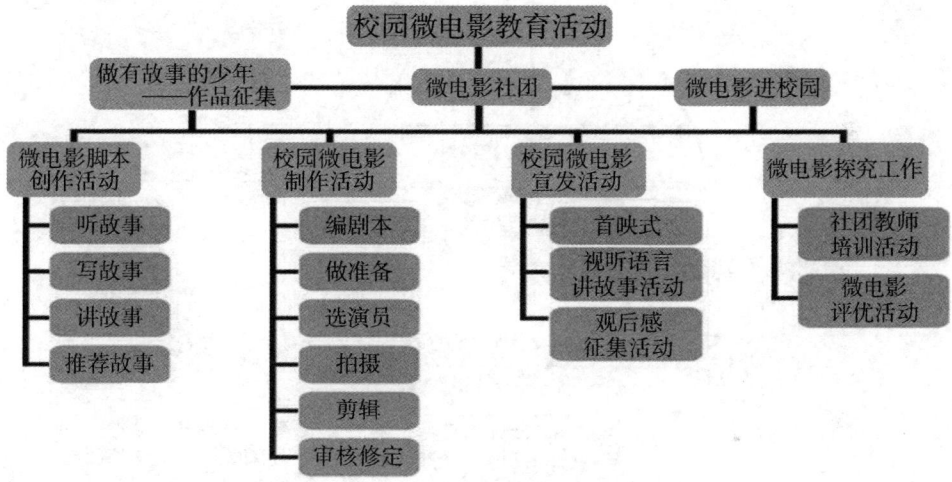

图3　小小微电影育人大课堂项目活动目标框架图

案例二：

案例评析：器乐启蒙课程项目课程辅以观摩、交流竞赛、演出、社会实践等培养学生听、唱、跳、打等专业技能。作为项目建设的框架育人途径清晰，但是缺少对学生核心价值观引领和核心素养培育方面的思考（见图4）。

建议：

（1）结合学科特点和学生年龄、认知、能力、情感特点，梳理本项目学科核心素养培育目标。

（2）结合学科核心素养培育，从情感、态度、价值观等维度，梳理本项目核心素养培育目标，进而梳理立德树人培养目标。

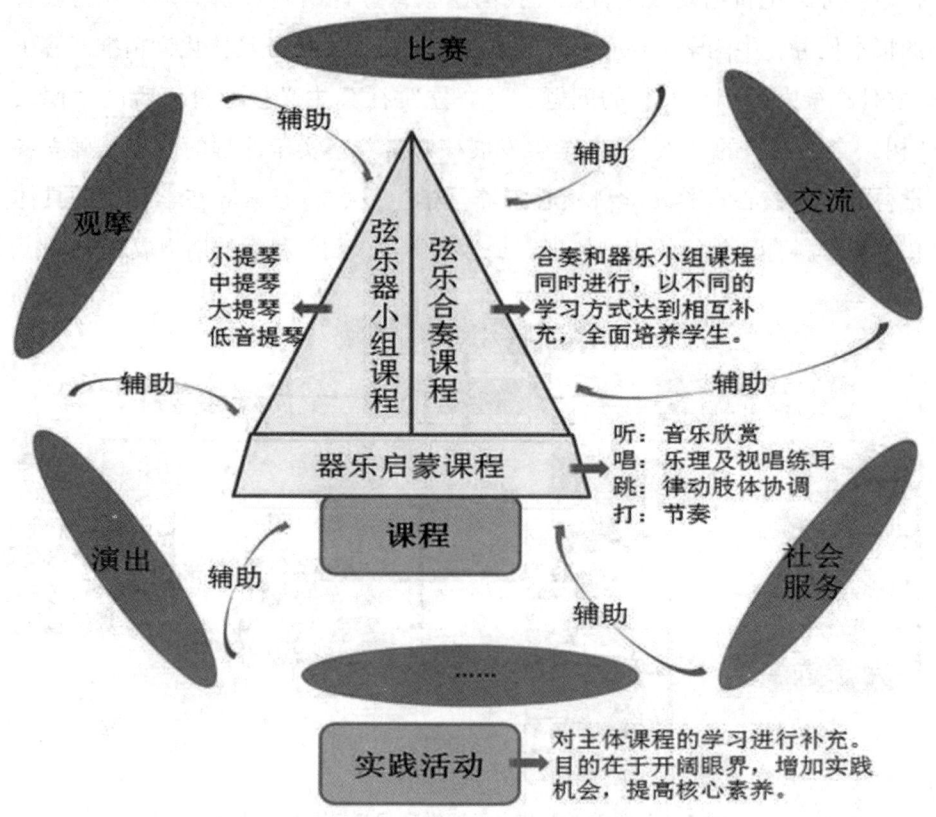

图4 弦乐室内乐核心素养培训项目课程目标框架图

(二) 问题二：仅梳理学科核心素养，未梳理学生发展核心素养

没有准确把握学科核心素养的内涵、表现、水平。

案例一：

案例评析：无论是学科专业课程，还是学科活动，学生发展核心素养落实于课程的前提是确立各学科的学科核心素养（见图5）。学科核心素养是学生发展核心素养在学科中的具体化，是学科育人价值的集中体现，是学生学习该门学科后的期望成就。例如：艺术学科核心素养包括艺术感知、创意表达、审美情趣、文化理解。

（二）定制项目课程框架，明确教学、管理、实践之间的关系

图 5　合唱艺术的"典范之声"——高水平社团建设项目课程目标框架图

案例二：

案例评析：项目旨在通过趣味书法活动的开展，培养学生的书法审美情趣，感受中国传统文化的魅力，有意识落实学科素养，但是表述还不清晰，挖掘不到位（见图6）。

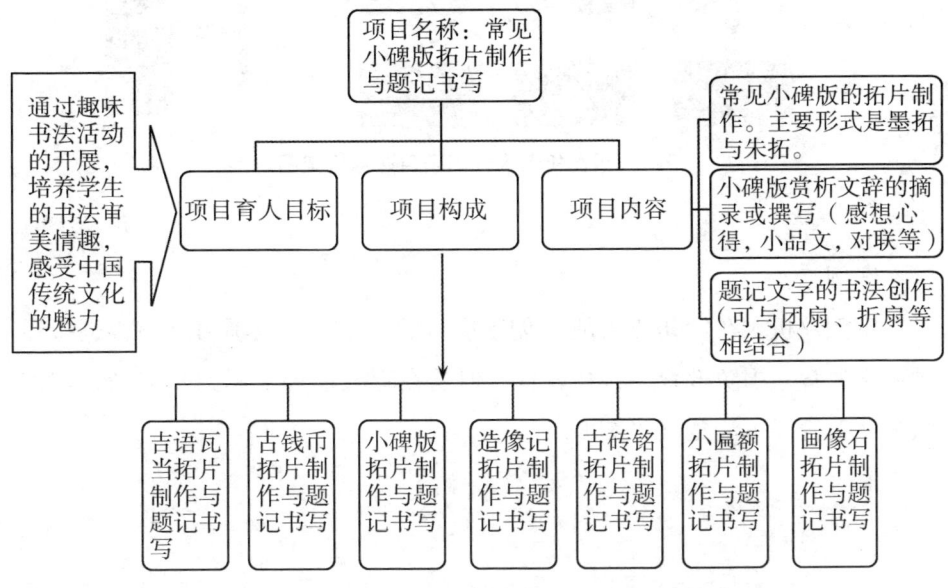

图 6　常见小碑版拓片制作与题记书写项目课程框架图

建议：

（1）挖掘学生通过学科学习而逐步形成的关键能力、必备品格与价值观念。

（2）书法可以结合表现、审美、创意、文化等方面进行思考。

（三）问题三：学生发展核心素养培养与教育教学活动两条线过程育人落实的方法需要进行统整，体现特色。

案例一：

案例评析：在课程教学和活动中教师的角色是组织者、参与者、合作者，而不能是高高在上的指挥者。育人目标的落实方法、途径有很多，对于科技类项目，需要统整具有代表性的方法，清晰步骤（见图7）。

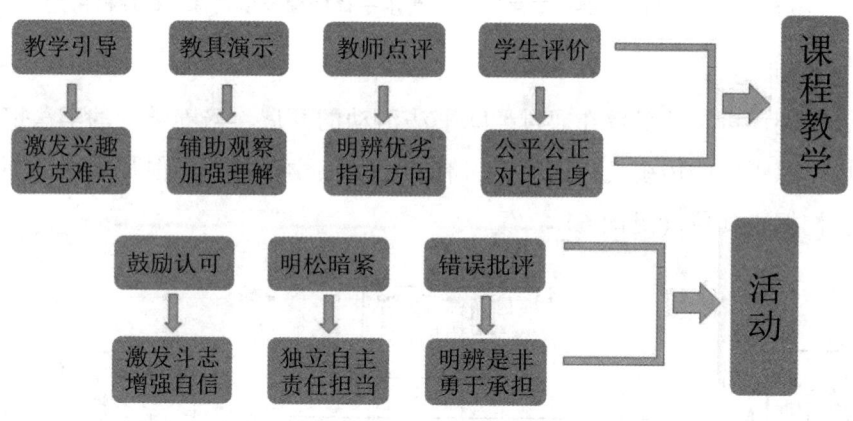

图7 乐高机器人社团项目课程框架图

案例二：

案例评析：在"坦克大战"创新项目的框架中，以项目为核心进行爱国主义教育、国防教育、科技教育，但是在育人途径上思路不清晰，在方法表达上表述不清楚（见图8）。

图 8 "坦克大战"项目课程框架图

建议：

（1）提供条件：建立分层学期计划，梳理方案、教学目标落实核心素养提升。

（2）整合育人模式：针对学科特点，从项目建设的整体出发，根据活动内容提炼育人模式，不能只说一次活动的育人方式。

（四）问题四：梳理学科素养体系，未梳理教学内容体系

不能针对学科特点和项目特色，梳理、提炼培育学生素养的模式和学科教学内容体系。

案例一：

案例评析："幼儿道德情感体系构建"关注了学前儿童的情感、能力、生活、尊重等道德情感体系的构建，但是对于培育学生核心素养的模式缺乏提炼（见图9）。

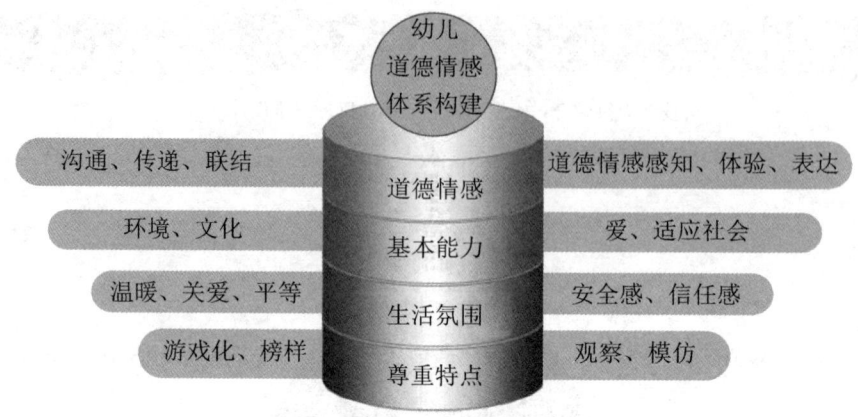

图 9　幼儿道德情感培养项目课程框架图

案例二：

案例评析："中国鱼文化教育"项目的框架在表述中缺少核心素养培养模式的思考，左右两侧图示显示对于核心素养的培育有待进一步清晰（见图10）。

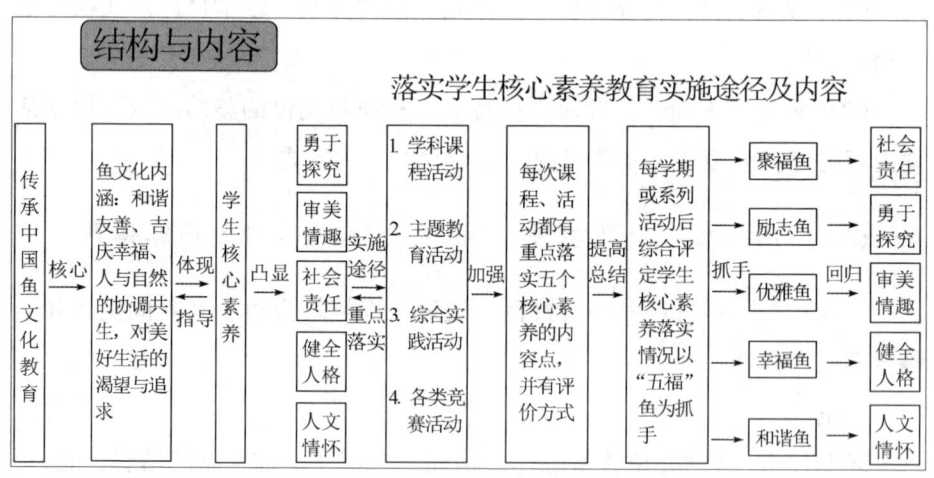

图 10　传承鱼文化教育项目活动框架图

建议：

（1）针对学科和项目特点，梳理具有本学科特点的培育核心素养的模式。例如侧重创意、实践、合作、展演的模式。

（2）始终突出校外活动课程特点。与学科课程不同，强调从学生的兴趣出发，从真实的生活情境出发。相对于学科课程侧重于考虑学科知识的逻辑，活动课程更侧重于考虑学生的心理逻辑。特别强调学生的实践、合作、探究、创造能力培养和成效；强调能梳理出有效育人的方式和方法；强调具有促进学生发展的多元评价方式。

五、研究的结论

综上所述，创新、特色、精品项目的实施框架应该以立德树人为根本出发点，紧紧围绕项目对于学生核心价值观引领和核心素养培育，准确把握学科核心素养的内涵、表现、水平，过程育人落实的方法体现特色，针对学科特点和项目特色，提炼培育学生素养的模式。始终关注学生，研究学生。不仅要关注"成"，还要关注"长"。按照教育规律、人才成长的规律、合理的学科规律，科学施教。

【参考文献】

[1] 索桂芳. 核心素养评价若干问题的探讨 [J]. 课程·教材·教法，2017（1）.

[2] 孙刚成，贺列列. 基于核心素养的国外课程改革研究综述 [J]. 北京教育学院学报，2017（3）.

[3] 喻平. 发展学生学科核心素养的教学目标与策略 [J]. 课程·教材·教法，2017（1）.

实践中研究、挑战中转型、迭代中发展

——成就有特点的校外专业教师

孙 茜

(北京市丰台区少年宫)

【摘 要】北京市"十三五"课外、校外规划课题"丰台区少年宫专业教师梯级发展体系建设实践研究"把本机构的专业教师发展划分为五个不同的梯级,并将教师个体和群体的连续性、动态化专业发展过程作为课题研究内容。本文将从实践中研究、挑战中转型、梯级中发展及反思不足与未来设想四个方面分析、论述课题的研究过程,梳理研究成果,对成就有特点的校外专业教师提出自己的思考,并指出几种切实可行的实施策略。

【关键词】校外专业教师 梯级发展 实践研究 体系资源

2018年5月,在同北大师生座谈时,习近平总书记曾引用韩愈《进学解》中"吐辞为经、举足为法"的语句,来阐述"人才培养,关键在教师"的道理。少年宫要为孩子建构面向未来的校外教育,就需要成就一大批有特点的新时代校外教师。丰台区少年宫特将教师专业发展作为研究内容进行课题研究提出。

一、明确思路,实践中研究

随着教育2.0甚至是3.0时代的到来,教育在面向未来的道路上正大踏步前进,这对校外教育发展提出了新挑战;国家政策文件——《国务院关于印发国家教育事业发展"十三五"规划的通知》（国发〔2017〕4号）明确提出要着力加强教师队伍建设的新要求；面对丰台区少年宫专业教师发展整体水平与教师队伍质量的具体发展实际需求，对校外教师专业发展提出了新任务。基于以上选题缘由，我宫在开展课题研究前，结合国内外文献对相关核心概念进行了分析、总结与自定义。

（一）聚焦核心概念，剖析选题缘由

1. 校外教育

校外教育是基础教育的重要组成部分，是体制内、系统内有别于学校教育的教育形式，是社会主义精神文明建设和未成年人道德建设不可或缺的组成部分。新时代赋予了校外教育新的挑战与内涵：校外教育是课外、校外科技、艺术、体育教育的指导、协调和服务机构，是开展课外、校外活动的重要载体。

2. 校外教师

区别于学校公共课教师，校外教师指在学校外从事专业教育活动的教师。本课题所指的校外专业教师是在校外教育机构从事艺术、科技、体育等学科教学的一线教师。

3. 专业发展

教师专业发展是指教师作为专业人员，在专业思想、专业知识、专业能力等方面不断发展和完善的过程，即从新手型教师到专家型教师的发展过程。

（二）分析研究实际，确立梯级重点

课题通过研究教师群体发展的规律、途径和方法，建立丰台区少年宫专业教师梯级发展体系；为丰台区少年宫开发具有科学性、系统性、实效性特点的有梯次、专业化的宫本课程体系资源；以宫本课程体系的建立为载体，产生丰富的研究成果，为更好地研究校外教师专业发展提供研究模式；在校外教师的队伍建设、业务提升方面，尤其是青年教师和成熟型教师的培养方面产生一定的理论影响与可借鉴的实际意义。

1. **查找文献资料，建构梯级发展思维**

通过查阅大量的文献资料，以及对教师专业发展研究的关键词检索，我们发现国内外对教师专业发展的阶段划分及名称描述并不一样，且大多数是针对学校教育的教师，但从教师发展的目的来看如出一辙。本文所指的梯级发展是针对校外教师的专业化发展提出的，以职业道德和职业能力为依据，根据教师的从业年限、发展特点，结合教师自身发展、评价，将教师发展按照逐级发展的过程划分为入门型教师、新手型教师、胜任型教师、成熟型教师和卓越型教师，关注五个梯次教师个体和群体的连续性的动态专业发展过程。

2. **落地实际调研，找寻研究重点内容**

通过"丰台区少年宫专业教师年龄、教龄饼状图"（见图1）和"丰台区少年宫专业教师学历及毕业院校柱状对比图"（见图2）总结：

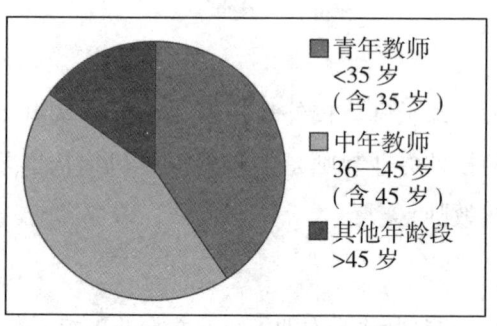

图1

目前，丰台区少年宫专业教师以青年和中年教师为中坚力量。根据多次调研的结果，课题组总结出丰台区少年宫专业教师的发展特点：新手型教师的数量不仅比重较大，且具有学历高、专业能力强，但教育教学能力与教育科研能力较为薄弱的特点。因此如何培养新手型教师向胜任型教师顺利过渡是完成丰台区少年宫专业教师梯级发展的关键问题之一；另外，丰台区少年宫在卓越型教师的培养上是空白，这就确定了课题研究中的又一重点内容。

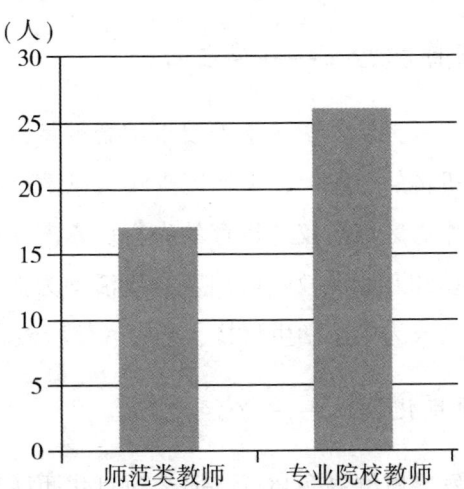

图2　丰台区少年宫专业教师学历及毕业院校柱状对比图

实践中研究：核心概念指方向，实际调研寻重点，为教师专业发展明思路。

二、理念梳理，挑战中转型

面临逐步取消特长生政策，校外培训机构如雨后春笋般迅猛发展，校内科技、艺术、体育课外活动蓬勃开展等现状的今天，核心素养下大教育观、大课程观确实给校外教育机构提出了新的挑战和要求。需要基于素养现状，抓住校外教育转型升级的关键。

"中国学生发展核心素养"的提出，为培养面向未来的青少年儿童提出了更新、更好、更全面的要求，归根结底是要培养学生适应未来生存、生活的关键能力和必备品格，形成正确的价值观念。专业教师只能够简单地教授单一的知识点已经成为过去时，新时代的教师需要具备综合的学科素养思维和对学情更精准的分析能力。新时代下的校外教师则更应该守住"校外教育活动育人"的基本理念，为广大青少年儿童开展大量科学、系统的校外活动，在复杂的学习活动过程中更多地关注、记录、评价学生学会了什么？能够养成哪些好的习惯？能否会自己反思提出解决问题的方法？……才是真正意义上抓住了校外转型升级的关键。

（一）树立项目制思维——势在必行

针对校外教育课程灵活、学科素养要求综合的特点，在建构新时代面向未来的校外教育机构的道路上，丰台区少年宫已清醒地认识到项目制发展思维的必要性。作为区域内校外教育的先行探索者，必须以开展各类艺术、科技、体育活动和专业性教师培训及教研活动为抓手，实现指导、协调和服务功能。真正成为中小学生科技、艺术、体育教育的指导机构。

（二）建设项目化团队——必经之路

如果说项目制发展思维势在必行，那么项目化团队建设则是建构新时代面向未来的校外教育的必经之路。依托学生学科核心素养的培育，教师个体单一专业的单打独斗已经不能满足学生核心素养发展的需求，那么整合相关专业教师资源，形成优势互补、资源共生的项目制师资团队才是校外教育可持续发展的巨大动力。

（三）建构项目化课程——重要载体

项目化课程是教师团队专业发展、项目制理念提升的重要抓手。围绕项目核心内容研发课程、实施各种活动，发展学生兴趣、促进学生个性成长，完善学生社团建设、提升学生核心素养，面向青少年儿童、提供丰富的课程菜单，是发挥区域内校外教育引领作用的集中体现，是项目化团队建设水平的最好检验。

"丰台区少年宫专业教师梯级发展体系建设实践研究"的课题成果就是把树立项目制思维、建设项目化团队与建构项目化课程三方面作为转型、升级的理论依据，并以制定《丰台区少年宫专业教师梯级发展体系汇编》和《丰台区少年宫宫本课程体系资源资料汇编》的课程资源开发作为成果形式进行总结、推广。

三、"三多"模式，迭代中发展

应对校外教育转型、升级的新挑战，围绕"项目制"概念和校外专业教师发展的核心问题，丰台区少年宫在课题实际研究的过程中，提炼出"三多"培养模式，积累了些许培养经验，取得了一定的研究成果。

（一）多角度培养，立体全面发展

当今校外专业教师是多面、立体、综合的全能，是项目的建设者、课程的设计者、教材的开发者、科研课题的研究者、学生素养的培育者……故丰台区少年宫建构"转变教育理念—梳理课程意识—成就专家型教师"的立体发展思路。

1. 转变教育理念，建构学科素养

大教育观下青少年儿童要具备面向未来，能够生存、生活的关键能力、必备品格和正确的价值观念。他们作为实现伟大中国梦的追梦者应当作为自己未来的主人翁，在大量丰富的学习活动中提升素养。倘若校外教师还只是进行单一的知识技能的传授者，那将制约学生的发展，影响校外教育发展的前进力。因此，丰台区少年宫头脑先行，从转变、引领校外专业教师的教育理念出发，以相关学科素养综观融合的模式，以项目制的思维协同教师团队研制、建构各个专业的学科核心素养。

2. 注重教师能力，树立课程意识

课程是专业、科学、系统化的教育活动，是教师实施教育教学活动的重要载体，是教育功能校本化实施的路径，是落实核心素养的重要抓手。新时代教师教育教学能力的培养，同样要在课程意识下架构才可通行。从学生的视角出发清晰课程的目标、内容、实施和评价四个基本要素，引导校外专业教师作学生学习的导游，回答以下几个问题：（1）从课程目标思考到底把学生带到哪里去？（2）课程基本的素材是什么？课程内容如何设定？（3）怎样带学生到达目的地？课程如何具体实施？（4）怎么知道他们已经到达那里？如何评价课程实施的效果？

3. 坚持科研引领，培养专家型教师

教学与科研如同车之两辕、鸟之双翼，是教师专业发展两个不可忽视的方向。校外教师只有在教育教学中不断反思，针对教学的不同侧面进行研究、探索，运用课题、业研活动、论文撰写等方式进行科研引领，如同医生切脉、诊断、抓药一般，才能向研究型、专家型教师方向发展。

（二）多途径培养，整合梯次发展

如果说"多角度"培养为造就有特点的校外专业教师发展建构成功的大门，那么"多途径"培养就是打开多个大门的万能钥匙。

1. 继教平台+区级业研+宫本学习，保驾各梯级教师顺利发展

通过北京市教师学习平台的继教学习，从通识性、必修课的角度为校外教师专业发展提供基本保障；立足丰台区校外教研室下设的四大教科研模块：管理干部沙龙、骨干教师工作室、青年教师联盟及美术、声乐、舞蹈、器乐、群文等几大业研组开展专业选修课的学习，为各梯级专业教师发展提供有效途径；聘请校外教育专家、高校师范教育教授、国内外一流学者从教育理论、专业实践、活动开展等不同途径进行校本课程学习，全面保驾五个梯次教师顺利发展、转型迭代。

2. 借助市级"三个一"优质项目，整合全宫教师团队发展

自2016年北京市开展校外"三个一"优质项目评选活动，是将所有校外开设的教育教学活动以"项目制"的思维建设、发展，旨在将项目建设课程化、育人目标素养化、授课教师团队化、研究教学一体化、教师培养制度化落在实处。因此，丰台区少年宫各梯次教师的专业发展依托"三个一"项目，逐步形成"项目制"教师团队发展的大趋势。

3. 依托校外教师实践活动，提升各梯次教师专业发展

"活动育人"是校外教育的本质特征，在教师专业发展上同理。丰台区少年宫以教师活动为主线，开展丰富的实践活动，如：展示、交流校外专业教师基本功的展评活动；提升校外教师教育教学能力教师听评课活动；检验教师现代教育技术运用能力的微课评比活动；推介活动课程的"三个一"项目成果推广活动；提升教师教科研能力的论文撰写及课题研究申报等。以点带面，拉动整个体系教师的整体发展水平和质量。

（三）多重点培养，优先特色发展

"多重点"培养则是从课题研究内容出发，解决研究重点，这也是此课题研究的特色内容。即针对新手型教师的发展，丰台区少年宫成立首届青年教师素质拓展班（简称"青拓班"），将工作五年内的专业教师与成熟型骨干教师形成"青蓝联盟"，把青年教师和骨干教师形成发展共同体，发挥骨干教师的示范引领作用，帮助青年教师快速成长。另外还把青年教师作为青拓班课程开发的资源，利用班内教师的专业优势，设置朗诵等艺术课程和陶艺等体验课程，规范青年教师教育教学行为，拓展教育视野，提升个人综合素养，取得了不错的效果。

四、反思不足及未来发展设想

（一）激发自主发展，用好网站资源，蓄力课题持续研究

教师专业发展是一项长期的、复杂的工程，需要激发教师积极地进行专业自主发展，用宫本网站资源的方式，将教师课程资源做成线上课程，定期发布在少年宫网站上，并实时跟进，供各梯次教师自主学习。

（二）可持续眼光，适时调整标准，动态监管教师素养

随着少年宫教师专业发展的实际情况，适时调整《丰台区少年宫教师梯级发展专业素质标准》，做好、做实教师素养的动态监管工作，使课题研究的成果最大化。

"三多"模式,保驾护航!建构面向未来的校外教育,成就有特点的校外专业教师,丰台区少年宫牢记使命、势在必行!

【参考文献】

[1] 卢晓明. 新形势下校外教育机构转型发展的实践与探索 [J]. 上海教育, 2018.

[2] 崔允漷, 周文胜, 周文叶. 基于标准的评价研究丛书:基于标准的课程纲要和教案?[M]. 上海:华东师范大学出版社, 2014.

[3] 金红梅, 郝秀辉, 李海丽. 区域教研与教师专业发展 [M]. 北京:中国青年出版社, 2015.

[4] 郑金洲. 校本研究指导 [M]. 北京:教育科学出版社, 2002.

[5] 高耀明, 李萍. 教师行动研究策略 [M]. 上海:学林出版社, 2008.

加强优质项目建设,坚持活动育人

杨 帆

(北京市门头沟区少年宫)

【摘 要】做好优质项目建设,必须深入研究项目建设与活动育人的规律,坚持活动育人,充分发挥校外教育的独特功能。项目与活动的关系,是包含与被包含的关系,活动是项目的主体、项目的重点,项目是活动课程化、系统化实践的结果。在各个项目建设过程中,均应结合本专业将核心素养具体化,精心设计课程,坚持活动育人,坚持兴趣培养,坚持个性化教育,让学生学习成果显著,让学生专业素养和综合素质有明显提高,让学生有沉甸甸的实际获得感。

【关键词】校外教育 优质项目 活动育人

"十三五"时期,北京市开展了"三个一"活动,推动全市校外教育机构供给侧结构性改革,这项改革以校外教育优质项目建设为重点,公布了优质项目评价标准,指导全市校外教育机构项目建设方向。从优质项目的标准及实践中,笔者发现,做好优质项目建设,必须深入研究项目建设与活动育人的规律,坚持活动育人,充分发挥校外教育的独特功能。

一、优质项目的概念与类型

（一）项目与活动的关系剖析

项目对应的是课程，活动对应的是教学。项目与活动的关系，是包含与被包含的关系，活动是项目的主体、项目的重点，项目是活动课程化、系统化实践的结果。

北京市校外教育"三个一"活动的项目是指以教育教学活动为核心，融教研、科研、教师培训、管理、保障、宣传等要素为一体的综合性事物。活动是校外教育机构教育教学活动的总称，主要活动类型有：群众活动、兴趣小组活动等。活动育人是校外教育的本质特征。

（二）优质项目的类型及区别

校外教育优质项目则是指由本市校外教育机构设计并组织实施的、符合北京市校外教育"三个一"优质项目标准的项目。按照北京市教委关于校外教育优质项目分类，优质项目包括创新项目、特色项目、精品项目三种类型。三者既有区别，又有紧密联系。三者既平行，又递进，相辅相成，有机统一。不论是创新项目、特色项目，还是精品项目，它们都有着一个共同的特征，都把优质作为它们建设的首要目标。同时我们也应看到，创新项目、特色项目、精品项目是从不同维度、不同程度、不同深度来说优质项目建设的问题。创新项目强调项目的创新性，特色项目强调项目的独特性，精品项目强调的示范性。换言之，创新项目、特色项目、精品项目既有质的区别，又有量的划分。

二、优质项目标准中的活动育人

一直以来，校外教育没有统一的教学大纲，也没有统一的教材，没有统一的评价，这种情况一度给予校外教育机构发展很大的自主性、灵活性，但也带来活动课程设置随意、规范化欠缺、评价机制不健全等诸多问题。从创新、特色、精品三个维度来制定教育教学活动评价标准，其本身就是评价标准类课题的一大创新。

北京市教委颁布的《北京市校外教育"三个一"优质项目评价标准》（以下简称《标准》），对于坚持活动育人有着明确的描述和细致的要求。在笔者看来，优质项目建设既要坚持校外教育活动育人的本质属性，又要坚持对项目中的活动进行课程化建设，加强校外教育学科建设。

（一）坚持活动育人的理念

在《标准》中，要求优质项目要以践行社会主义核心价值观为导向，紧紧围绕立德树人的根本任务，坚持活动育人、实践育人，坚持兴趣培养和个性化教育，并且要结合项目专业特点，落实"中国学生发展核心素养"要求，目标设置条理清楚，具体可行。

校外教育与学校教育相比较，最大的不同是育人方式的不同。学校教育靠教学来完成规定任务，校外教育靠活动来实现目标。首都师范大学教授康丽颖认为，"在人的发展语境中讨论问题，强调的是校外教育育人的独特性，即以学习者为中心，尊重人的发展的多样性和差异性；摆脱学科知识的束缚，让学生在综合实践活动中学会学习；融多种学习内容于活动之中，让学生完整地了解社会，品味生活，理解人生；集多种学习方式于一体，让学生在参与和体验中成长。"[1]发挥校外教育活动育人优势，在教育教学活动的形式和内容的趣味性上下功夫，激发学生参与热情，激发学生学习主动性、积极性。把坚持活动育人的理念贯穿教育全过程。

（二）倡导活动课程化

"三个一"活动把校外教育项目的活动课程化放在了相当重要的位置。课程化的本质要求各项目要按照课程目标、课程结构、课程内容、实施与评价、管理与保障等课程基本要素和基本要求来建设。

在校外教育机构活动课程化建设问题上，国内著名学者谢维和教授指出，"少年宫课程建设至少要考虑三个因素。首先，在课程内容选择上，尽可能考虑到两个交集，即与其他课程知识的交集……；以及与学生日常生活经验的交集；其次，课程目标的系统性……；最后，少年宫或课程的老师在少年宫各种活动的培养目标和价值取向上能够形成基本的共识，进而自觉地相互配合，达成合力。"[2]

在项目课程化的进程中，激励教师合作研发教材。在多年的教育教学实践中，各校外教育机构积累了一定的教育教学经验，也沉淀出一些比较有质量的教材。如门头沟区少年宫挖掘地域非遗文化开发的"太平鼓初级宫本教材"、挖掘传统文化开发的《二十四节气的笔墨意趣》国画教材、雁翅中小学素质教育基地结合素质拓展课程开发的《雁翅基地综合实践活动教师指导手册》等，都能体现活动项目建设的成果。然而，面对教育综合改革的形势与要求，仅有这些是远远不够的。正是在这个意义上，不论是创新项目、特色项目，还是精品项目都把教材开发、教材改革放在了突出位置。开发教材对于培育校外教育新优势、丰富优质项目内容、发挥校外教育不可替代的功能具有非常重要的现实意义。

（三）引导活动规范化

校外教育科学化发展的进程，一定意义上说，取决于校外教育教学活动规范化的进程。促进活动规范化，也是《标准》另一个倡导的方向。在《标准》中，要求优质项目必须有完整的学期教学计划，有科学合理的活动方案，有学期教学总结，有反映项目教学质量的论文。这些要求目的是解决对校外教育发展中的主观、随意现象，明确校外教育作为教育的一个分支所应该具备的条件。教育应该遵循教育的规律，校外教育虽然具有独特性，但这不是校外教育可以任性发展的理由。

三、在优质项目建设中实现活动育人的策略

在优质项目建设过程中，教育教学活动质量的提升是重中之重。只有活动质量提升了，优质项目建设的效果才能显现出来。具体而言，有以下三个方面。

(一) 提升活动质量，注重学生核心素养培育

实现活动育人，务必要提升活动质量；提升活动质量，务必要贯彻落实学生发展核心素养的具体要求。在各个项目建设过程中，均应结合本专业将核心素养具体化，坚持兴趣培养，坚持个性化教育，让学生学习成果显著，让学生专业素养和综合素质有明显提高。如"二十四节气传承美术体验活动"项目，项目理念中明确提出，要"始终围绕立德树人的根本任务，时刻做到以学生为主体，通过美术教育教学活动，让学生能够更好地、更健康地发展。以培养兴趣为出发，以提高学生核心素养为目标，构建美术课程体系，实现项目课程化。基于美术学科性质和独特的育人功能，通过探究式学习、团队合作等方式，帮助学生发展观察、想象、审美、创造、道德、智力等能力。通过传统文化的渗透，培养学生热爱和传承祖国优秀传统文化的思想感情"。

(二) 研发活动课程，重视活动育人的持续性

教育的延续性要求活动育人必须加强课程化，开发有质量的课程是校外教育优质项目建设的必然要求。根据项目定位，结合本专业活动特点，设计活动课程框架，组织专家研究论证，开发相应教材，是实现活动育人的另一种路径。

琉璃渠劳动教育基地在建设"琉璃烧造技艺——琉璃制作"项目过程中，综合现有的文献资料，结合陶瓷制作技法与琉璃制作的相关性，从官式琉璃制作的工艺流程和烧成技法入手，以官式琉璃背后的历史、文化为基础，取其精华，去其糟粕，开发适合中、小学生们认知和动手实践的课程《文化弘扬与传承——琉璃》。课程体系具有实践性、开放性、生成性、自主性等四个基本特性，为基地综合实践活动的开展搭建了平台、提供了条件。

框架体系结构如表1所示：

表 1 课程框架体系

课次	第一级标题 课程名称	模块和章节	第二级标题 主要内容	环节	第三级标题 内容
第一课	话说琉璃渠	一、琉璃渠村名字的由来	介绍琉璃渠村的地理位置,名称由来,以及盛产的琉璃原料	—	—
		二、琉璃官窑的演变	介绍琉璃官窑的演变历程	—	—
第二课	我身边的琉璃——走近琉璃文化	每节课均含有以下五个模块:			
		学习导航	以琉璃知识导入引起孩子们兴趣		
		参与体验	以参观和动手实践为主的实践活动	第三级标题以及更详细的制作流程出现在每节课的参与体验部分	参观知识点:①琉璃牌楼;②琉璃雕塑园;③三官阁过街楼;④琉璃厂商宅院;⑤关帝庙;⑥万源同善茶棚
		我会评价	引导孩子对自己实践获得进行自我评价		
		我要探究	为孩子搭建拓展延伸的平台,引导孩子进行自主探究		
		作品欣赏	师生优秀作品,建筑琉璃图片欣赏,开阔学生视野		
第三课	有模有样——模印成型				琉璃瓦当制:①制作前的准备;②制作过程
第四课	捏出精彩——手捏成型				琉璃罐制作:①制作前的准备;②制作过程
第五课	编织美好——泥条盘筑				泥条工艺创作:①制作前的准备;②制作过程
第六课	创意软陶——琉璃屋顶上的故事				以屋顶上的脊兽为例进行再创作:①制作前的准备;②制作过程

（三）加强活动研究，加强教师活动组织能力培养

校外教师是活动的策划者，也是活动实施的执行者。加强活动研究，支持教师参加基本功评展、教材评选，组建项目教研组，常态化开展交流培训，提升教师的活动策划与组织能力，是实现活动育人的必由之路。

【参考文献】

[1] 康丽颖. 中国校外教育发展的困惑与挑战[J]. 北京师范大学学报，2011（4）.

[2] 谢维和. 少年宫课程化建设[M]. 上海：华东师范大学出版社，2016.

国学启蒙教育促进儿童品德发展的实践研究

王袁媛

(北京市大兴区少年宫)

【摘　要】 中国自古以来的教育就非常强调道德修养的重要性。党的第十八次全国代表大会明确提出立德树人是教育的根本任务，这意味着道德教育始终是各级各类教育机构的重要任务。校外教育作为基础教育的重要组成部分，正在以其独特的育人形式为促进儿童道德教育发挥着重要的作用。国学凝聚着几千年中华文化的精髓，是传统文化精神与民族智慧的结晶，其中不乏千百年来流传下来的、对今人行为仍具有指导价值的道德观念与行为准则。本文以大兴区少年宫"知行学堂"项目的建设为例，积极探究国学启蒙教育促进儿童发展的途径。

【关键词】 校外教育　国学启蒙　品德发展　课程建设

一、国学启蒙教育促进儿童品德发展的意义与价值

(一) 加强儿童品德教育是校外教育的重要任务

中国自古以来的教育就非常强调道德修养的重要性。《大学》这本书依据孔子"仁"的思想，提出了中国古代的教育路线和方针，这条教育路线是以品德教育为核心的德才并重的教育。

中华人民共和国成立后，我国确立了"教育应使受教育者在德育、智

育、体育几方面都得到发展,成为有社会主义觉悟的、有文化的劳动者"的教育目的,之后在大多数的社会发展时期,无论表述方式如何变化,但这一宗旨的中心思想都没有动摇过。一直到今天,党的第十八次全国代表大会明确提出把立德树人作为教育的根本任务,这意味着道德教育始终是各级各类教育机构的重要任务。

在应试教育的影响下,家长和学校以成绩为本,重分数、轻品德,忽视了中小学生的道德教育。校外教育作为基础教育的重要组成部分,正在以其独特的育人形式为促进儿童道德教育发挥着重要的作用。

(二) 国学启蒙经典中蕴含着丰富的品德教育资源

国学凝聚着几千年中华文化的精髓,是传统文化精神与民族智慧的结晶,其中不乏千百年来流传下来的、对今人行为仍具有指导价值的道德观念与行为准则,如"孝、悌、忠、信、礼、义、廉、耻"等。"文以载道"是古人著作的一个重要特点,使得人们在获取知识的同时,无意识地受到了陶冶,懂得了做人做事的道理,唤醒了道德情感。古时一些蒙学教材便是在教儿童识字的同时,渗透着一定的道德观念。如《三字经》被认为是一种综合性的蒙学教材,集识字、道德教育、历史见闻等于一体。它明确地指出"首孝悌,次见闻",认为人们应该首先学会孝敬父母、尊敬兄长,然后才是学习文化知识。同时,将伦理道德规范贯穿于字里行间,如,"香九龄,能温席,孝于亲,所当执;融四岁,能让梨,悌于长,宜先知",等等。

二、关于本研究视野下的国学启蒙教育

在本研究的视野中,国学不必是中国传统文化与学术的全部。国学启蒙教育对儿童而言,更多是一种兴趣的启发、德行的规范、文化的熏陶、精神的洗礼。在少年宫的教育教学活动中,进入儿童视野的"国学"应该是更加生动鲜活、有趣味的。我们应该清醒地认识到:对国学必须持批判继承的态度,这就需要甄别遴选国学的教育内容,使用得当的教育方法。在本研究中我们以中国传统蒙学教材为基础,结合儒家经典,进行梳理、选择、整合,并辅以国艺等体验内容,组织形式丰富的教育活动,促成学生对民族文化和精神的自信与认同。

三、通过少年宫国学启蒙课程的建设，探索促进儿童品德发展的途径——以大兴少年宫"知行学堂"项目建设为例

（一）项目整体定位以德育为导向

"大兴少年宫知行学堂"项目是一门综合类的小组活动课程，项目主要内容为"国学启蒙"教育。学员年龄6—14岁，项目2016年年初开始筹备，2017年3月正式实施。以大兴少年宫国学动漫馆为每周小组教学固定的活动场所，"知行学堂"打破传统国学教育的单向传授模式，将枯燥的读、写、诵、译转化为学生喜闻乐见的活动，学生在游戏中诵读记忆知识，在实践中理解内化品德。充分利用资源平台组织实践体验活动，丰富教学形式、引发学生兴趣。引导学生通过眼耳鼻口等多维度的感官来修习传统文化。以经典育人，将国学启蒙经典与传统艺术体验融合在一起，将经典诵读与日常力行融合在一起，将学堂教育与家庭教育融合在一起，将传统文化与时代需求融合在一起，在发展中继承精髓，在传承中创新形式。学堂宗旨：知者行之始，行者知之成，圣学只一个功夫，知行不可分作两事。积极引导学生在生活力行中感悟、内化德行。

（二）育人理念以"正心育德"为核心

《彖》曰："蒙以养正圣功也。"意即童蒙时应当培养纯正无邪的品质，保持其天然善性，这是造就圣贤成功之路。童蒙等待君子去启蒙，君子将他们引上正道，所以给童蒙以正心教育，即用最好的思想培育他们的德性，这即是"正心育德"的道理，也是知行学堂的育人理念。

（三）育人目标以品德教育为根本任务

课程育人总目标：通过对中华优秀传统经典的修习、国学艺术的体验、综合实践、日常力行等教育教学活动，引导学生灵活运用国学中的知识、技艺、思想养正心灵，启迪智慧，塑造具有中华民族文化自信与价值观自信的有所作为的青少年（目标见表1）。

表1 "知行学堂"目标体系

		工具性	人文性
总目标	启蒙养正（初级）	认识汉字，喜欢汉字，识字量1500个左右；掌握通读方法，养成良好的诵读习惯；积极参加讨论，主动表达自己的意见。运用国学的思想关照内心，规范行为的意识	热爱祖国，初步树立家国情怀；感知中华文化的丰厚博大，汲取民族文化之美，提高文化品位；发展个性，培养创新精神与合作精神
通过对中华优秀传统经典的修习、国学艺术的体验、综合实践、日常力行等教育活动，引导学生灵活运用国学中的知识、技艺，养正思想，启迪智慧，塑造具有中华民族文化自信与价值观自信的有所作为的青少年	启智明心（中级）	具有独立的识字能力，能用毛笔书写，书写姿势正确，培养良好书写习惯；熟爱诵读，诗文的格律的基本常识，能够通过韵律等感知古诗的情感；乐于参与讨论，积极发表意见；运用国学的思想关照内心，规范行为	博爱众生，能辨别善恶、是非、美丑；干观察周边事物，反思自身，发现问题，积极思辨解决问题，深入体悟，行优秀传统思想，修心安己
	启学明德（高级）	临摹名家书法，体会汉字的审美情趣；掌握文言文的语言环境与结构，掌握部分传统文化艺术中的技艺要领；积极参与公益活动，培养服务大众的意识；运用国学的思想表达自己对自然、社会、生命的感悟	打开心性格局，尊重生命，文化的多样性；修身立德，修己安人

(四) 课程内容围绕育人目标，强调品德内化

课程内容设计以紧扣育人目标凸显品德教育。以国学启蒙经典为蓝本，作为知识体系的基本架构，同时结合时代要求与学生需求，整合资源、丰富课程。现阶段，课程分为三个阶段：启蒙养正（初级）、启智明心（中级）、启学明德（高级）。每个阶段又分成三个模块，即日常小组活动、综合实践活动、辅助课程。三个模块既独立又互相呼应，课程内容既横向覆盖了国学启蒙的各个内容要素，又纵向梯近，巧妙地统一了国学启蒙教育的人文性与工具性。

(五) 课程组织实施支撑课程理念

1. 确立教学原则，发展儿童学习兴趣

"知行学堂"项目，"知行"两字讲究知和行并重，努力践行所学所感，一言一行，一举一动皆是修习。真正将国学的学习、品德的渗透内化、外显于形。基于这个理念，通过教学实践，梳理出教学原则如下：

(1) 教学内容：真实，忌空讲大道理

"说白话，指实事，道俗情"（清·《训蒙辑要》）。"证之以日用常行之事"（陆桴亭《论小学》），要切入孩子的实际生活、学习，引导孩子们明白学习国学经典不是"记问之学"，不仅仅为了增长知识，而是"修身立德，修心安己，修己安人"。

(2) 教学形式：丰富有趣，引发学生自主式、探究式学习

教师以启发者的身份参与到学生的学习中，鼓励学生遇到问题积极思考。在研究问题过程中，学生自主学习，展开交流讨论，发散思维，进而表达自己、解决问题、完成任务。包含观看视频、问题探究、情境引导、表演互动、学生复讲、游戏互动等主要教学形式。

(3) 教学氛围：生动有趣，快乐融洽

知行学堂坚持以大兴少年宫"快乐教育"理念为引领，激发教师与学

生的活力，营造轻松愉悦的课堂氛围，打造快乐课堂。教学语言力求幽默、亲切自然，忌"学究化"，学生易接受。在教学过程中将游戏融入课堂活动中，消除学生的紧张心理和乏味感，调动他们积极性，既能有效促进学生国学经典的学习，又能促进师生、同学间的情感交流。

2. 建构教学模式，尊重儿童身心发展规律、遵循国学育人特点

"知行学堂"启蒙养正（初级）阶段的开设儿童礼仪课程，以《弟子规》为蓝本，开展教学活动，并形成了固定的授课模式：礼拜孔子、师生问好、定静训练、经典诵读、经典释义、分享力行、礼拜孔子、师生道别。具体如下：

教学活动开始要先礼拜孔子，这是希望通过礼拜古圣先贤的仪式树立学生的恭敬、感恩、敬畏之心。定静训练是为了去除浮躁、平静内心、平和气息，这个训练之后学生都会以一种凝心静气的状态进入学习中来。在经典诵读的实践中总结出的"诵读原则""六字要诀"提高了诵读的效率。为了增强诵读的趣味性，教师设计了很多诵读游戏，例如：诵读闯关、诵读接龙、打擂台等。通过评选"诵读王"，督促学生每天睡前诵读，养成诵读的好习惯。经典释义，经典释义不是为了传授知识。经典释义不等于知识讲解，通过实践归纳出三个步骤：解释文义、经史合参、引导力行。在此过程中学生会逐渐明白学习国学经典不是"记问之学"，不仅仅为了增长知识，而是"修身立德，修心安己，修己安人"。

3. 拓展实践活动体现活动育人特色，融德育于活动

充分利用社会资源，挖掘教育点，梳理教育内容，教师设计了丰富的实践活动，其中包括各类国艺体验、国学假日营、国学圣地游学等内容丰富新颖的活动。

在董陶窑制作研究所，组织学生开展了"国风雅聚尚礼明德国学文化假日体验营"活动，既对教学内容《弟子规》进行了巩固复习，又为学生们搭建了体验古琴、诗词、茶道、陶瓷文化的平台，学生在活动设定的情境中亲身体验，自主学习，乐观生活。

结合孩子重要人生阶段，开展"人生礼仪活动"。例如，开笔礼活动，通过"正衣冠、朱砂启智、击鼓明志、感恩奉茶"等环节，以礼动情，引导学生主动反思与家长、与老师的关系；重视自己的学业；树立志向。

结合我国传统节日，带领孩子走进社区开展庆祝活动。例如：组织学生参与"诗韵端午，书香丽园"活动，了解端午节的传统习俗，共同绘制端午长卷，吟诵端午诗歌民谣，弘扬传统文化，同庆端午佳节。组织"情满秋分月团圆"中秋节亲子活动，让学生学习了解传统节日由来及风俗，并进行以"中秋"为主题的诗歌朗诵、才艺展示，寄托中秋节的相思之情。

结合二十四节气"走出去"开展诵读活动，了解节气特点。例如：小满节气，首先了解小满的特点，夏熟作物的籽粒开始灌浆饱满，但还未成熟，只是小满，还未大满。以欧阳修的《小满》为例，帮助孩子们了解诗中的意境，有感情的诵读，并根据小满的特点，制作节气画。

4. 融合家庭教育，增强品德教育的时效性

中华传统文化教育中很多重要的内容是由家庭教育完成的，因此本项目充分思考了这一因素，设立了家庭讲堂、线上亲子诵读会这两个辅助课程。督促同学在生活学习中规范自己的行为，真正地将学习经典与修身融合在一起，增强学习的实效性、全程性、延续性。

（六）学生评价以表现性评价为主，实现对育人目标的评估

在知行学堂教学活动中，始终遵循立德树人，以提高学生国学素养、促进学生人格和谐发展为目标，教师对学生进行了多角度评价，取得了良好成效。

1. 评价方式与内容

评价强调内容多样化，评价内容不仅关注学生的知识和技能的获得情况，教师不仅评价学生行为表现的结果，更重要的是评价学生行为表现的过程。

学堂为每位学生建立了成长档案,记录学生每次上课的表现。每周发放力行表,作为学堂了解孩子在家践行经典情况的重要渠道,每节课由教师与孩子共同分享。这些评价做最为真实、最直观的资料,将学生的学习情况及教学效果呈现出来,不仅知道学生通过学习后"知道什么",还能了解学生"能做什么","感受如何",便于教师及时调整教学方式,提高教学水平。

用游戏代替严肃的标准检测。期末的检测环节,学堂采取趣味游戏评价的方式。由学生与教师一起试题,制作完成"期末转转转"。本次检测的成绩与学生的日常行为表现、国学体验营表现、力行表情况相综合,遴选出"状元""榜眼""探花""秀才"。

在实践活动中,大量的运用表现性评价,不仅评价学生的记忆、认知能力,更关注非知识因素,如与人合作、处理复杂问题、情绪变化等,突出情感、态度、价值观在学生发展中的重要地位。例如:为实践活动制定的"行为表现报告""任务完成报告"等都是为了评价学生综合的、高级的思维能力,以及情感态度。

2. 教、学、评一体化

在国学实践活动中,教师设定了各种评价任务,完成任务就是学生学习的过程,教师提供的各种情景、规则、器具、帮助等就是教。教、学、评相互支撑,在同一过程中交互完成。再比如,日常小组活动后发给学生的"力行表"(见图1),力行表的内容既是教学的目标也是评价的内容,还是学生学习的内容过程。

总之,国学启蒙教育中很多古人修身养性的做法为我们今天开展道德教育提供了重要的素材,因此可将国学启蒙教育作为促进幼儿道德发展的有效途径之一。在实施过程中应注意:挖掘适于儿童道德发展的认知内容,发挥校外教育活动育人的特点,将国学启蒙教育的内容以儿童喜闻乐见的方式呈现出来,以期提升其道德品质。同时,要尊重儿童在活动中的主体地位,将国学启蒙教育的目标定位于道德品质的塑造;教学内容的组织要符合其身心发展规律；教学方法应灵活多样、引发兴趣；评价系统要多元，以表现性评价为主，深入考量对儿童品德行为的评价方法。

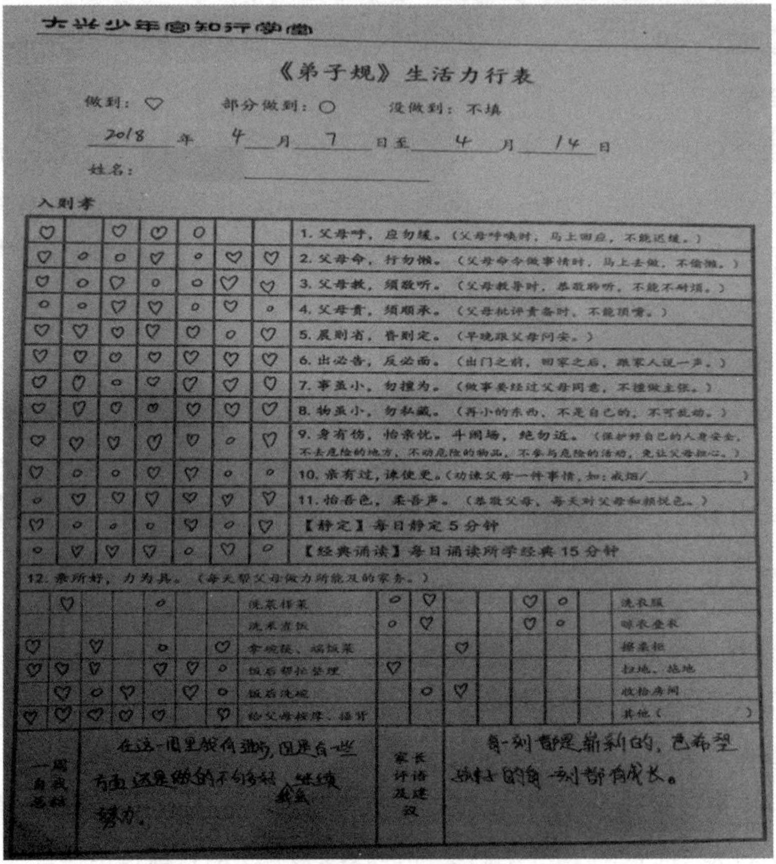
大兴少年宫知行学堂

《弟子规》生活力行表

做到：♡　　部分做到：○　　没做到：不填

2018 年 4 月 7 日至 4 月 14 日

姓名：

入则孝

♡		♡	♡	○			1. 父母呼，应勿缓。（父母呼唤时，马上回应，不能迟缓。）
♡	○	○	♡	○	♡	♡	2. 父母命，行勿懒。（父母命令做事情时，马上去做，不偷懒。）
♡	○	♡	○	○	♡	♡	3. 父母教，须敬听。（父母教导时，恭敬聆听，不能不耐烦。）
○	○	♡	♡	○	♡	○	4. 父母责，须顺承。（父母批评责备时，不能顶嘴。）
♡	♡	♡	♡	♡	○	♡	5. 晨则省，昏则定。（早晚跟父母问安。）
♡	♡	♡	♡	♡	♡	♡	6. 出必告，反必面。（出门之前，回家之后，跟家人说一声。）
♡	♡	○	♡	♡	♡	♡	7. 事虽小，勿擅为。（做事要经过父母同意，不擅做主张。）
♡	♡	♡	♡	♡	♡	♡	8. 物虽小，勿私藏。（再小的东西，不是自己的，不可乱动。）
♡	♡	♡	♡	♡	○	♡	9. 身有伤，贻亲忧。斗闹场，绝勿近。（保护好自己的人身安全，不去危险的地方，不动危险的物品，不参与危险的活动，免让父母担心。）
♡	○	○	♡	♡	○	○	10. 亲有过，谏使更。（劝谏父母一件事情，如：戒烟/＿＿＿＿）
○	♡	♡	♡	♡	♡	♡	11. 怡吾色，柔吾声。（尊敬父母，每天对父母和颜悦色。）
♡	○	○	○	♡	○	♡	【静定】每日静定5分钟
○	♡	♡	♡	○	♡	○	【经典诵读】每日诵读所学经典15分钟

12. 亲所好，力为具。（每天帮父母做力所能及的家务。）

	♡			○			洗菜择菜	○	♡			♡	○		洗衣服
							洗米煮饭	○	♡			♡	○		晾衣叠衣
♡		♡		○		♡	拿碗筷、端饭菜			♡					擦桌椅
♡	♡	♡		♡	♡	○	饭后帮忙整理	♡							扫地、拖地
	♡	○	♡		♡	○	饭后洗碗		○	♡					收拾房间
♡	♡	♡	♡	♡		♡	给父母按摩、捶背								其他（　　）

一周自我总结	在这一周里我有进步，但是有一些方面还是做的不够好，我会继续努力。	家长评语及建议	每一刻都是崭新的，也希望孩子的每一刻都有成长。

图1　力行表

【参考文献】

［1］王道俊，郭文安．教育学［M］．北京：人民教育出版社，2009：100．

［2］罗志田．国学与学术：清末民初关于“国学”的思想争论［M］．北京：生活·读书·新知三联书店，2003：13．

［3］檀传宝. 德育原理［M］. 北京：北京师范大学出版社，2007.

［4］周文叶，崔允漷. 中小学表现性评价的理论与技术［M］. 上海：华东大学出版社，2014.

［5］靳建慧. 余映潮诵读教学艺术研究［D］. 河北师范大学，2013.

［6］杜琳琳. 国学启蒙教育视野下的小学生道德教育［D］. 曲阜师范大学，2011.

［7］李铧. 国学启蒙教育"双向五环节"课堂教学模式［J］. 文学教育（上），2019（4）.

校外儿童美术教育实践活动育人的创新研究

王 雷

(北京市大兴区少年宫)

【摘　要】 校外儿童美术课程的设计与实施遵循着综合实践活动的特点，即综合性、实践性、开放性、生成性与自主性。然而，立德树人是教育的根本任务！要切实把社会主义核心价值观贯穿于社会生活的方方面面；把核心价值观贯穿于国民教育的全过程。因此，校外儿童美术教育既要遵循综合实践活动的专业特征，又要在实践中育人，这才能达到教育的高位。

【关键词】 校外儿童美术教育　综合实践活动　育人　创新

一、依据校外教育与校外儿童美术特征开展设计综合美术实践活动

校外教育是在学校教学计划之外，在课余时间开展的教育活动。是指少年宫、青少年宫、儿童活动中心、青少年科技馆、少年之家等校外教育机构，对学生进行的多种多样的、有目的、有计划、有组织的教育活动；校外教育的对象是少年儿童（有的概念也把青年作为校外教育的对象，但并没有将少年儿童排除在外）；校外教育的内容和形式具有多样化的特征，

具有开放性、综合性与实践性的特点。校外儿童美术教育是依托校外教育场所开展的美术相关学科的教育。校外儿童美术教育应遵循孩子的年龄特点和生理特征,积极开展有利于促进学生美术学科核心素养的教学与活动,成为校内美术教育有利的补充。核心素养最核心的内涵即培养人的关键能力与必备品质,笔者理解的关键能力即解决问题的能力,必备品质指学生的价值取向;而作为教育的实施者,在美术教育的实施过程中利用校外美术教育开放性、综合性、实践性的优势,开展具有创新性的综合美术实践活动;在美术综合实践活动中提高专业,渗透德育,培养具备社会主义核心价值观精神的美术专业团队是笔者的教学目标。

基于以上目标,深入的研究校外儿童美术教育的特征,并遵循校外教育的特征,开展丰富多彩的学科性专业美术综合实践活动,并把社会主义核心价值观精神有效地融入实践当中。

二、以综合美术实践活动定格小动画《小兔学飞翔》为例,阐述如何将育人创新性融入综合美术实践活动当中

(一) 综合性与实践性

综合性强调在活动中学习,通过行动来学习;是知于行、动手与动脑的结合,体现科学、艺术、道德的内在整合。而实践性强调学生通过活动或亲自体验来进行学习。本次活动打破了以往教学中直接给予学生知识的方式,教师作为活动的组织者、参与者、指导者参与其中,并设计了以学生观看动画、分析动画、总结方法,然后进行动画拍摄的实践过程。整个过程是学生通过亲身体验、自主分析、合作探究、总结出来的经验与方法,直接转化为解决实际问题的知识与能力。属于真学习!

本次活动选择的主题是定格小动画《小兔学飞翔》。这个内容与主题不仅融合了科学、艺术、道德三个维度的科目,还在操作层面、技术层面

都提出了新的要求。因此，本次活动从活动主题到活动环节的设计，都体现了综合性、实践性的特征。更突出了"做中学"的真正内涵！

（二）开放性与生成性

开放性指设计没有固定的答案的开放性问题，强调学生自己去探索书本上没有的知识。生成性指围绕某个开放性的主题或问题进行展开。二者都指向问题！本次活动设计了任务问题清单；小组合作完成任务卡上的任务即达成本节课的学习目标。问题的提出是明确的，但解决问题的方法是不受限制的，方法指向开放性！学生们可以通过分析、判断、探究、总结等相关生活与学习经验，找到解决问题的多种方法。而在这个过程中，又会形成新的问题、新的目标。然而所有新问题与新目标的出现，都是基于学生对主题的认识和体验不断加深产生的必然结果。问题引出"思考"，过程体现"悟中学"！

（三）自主性与选择性

自主性是指从学生现有的兴趣与经验出发，强调学生的自主选择！本班的学员组成来自高级班中喜欢创作的学员集合，之前这个班一直在画原创绘本，随着课程的发展，本学期学习并制作了第一部定格小动画《小兔学飞翔》，之后学生们直接表达了希望继续深入学习动画制作的意愿。这种意愿来自学生主动的情感表达。而本节课是对定格动画中拍摄手法的深入学习，内容的设计基于学生已有的学习经验，能够体现知识的连续性与递进性。这部动画一共由十二个镜头组成，而小组可任意选择其中的一个镜头进行任意拍摄手法的再创作，体现学生自主选择性。

校外儿童美术综合实践活动的设计需要基于教育改革大背景，对学科整合需要深入地进行思考，目标需要指向学生核心素养。本次课例是把德育故事与动画技术相结合的一次美术实践活动。

三、依据校外教育活动育人的理念,创新美术绘本教学融入价值观核心内涵

(一) 践行社会主义核心价值观意义重大

习近平总书记指出,人类社会发展的历史表明,对一个民族、一个国家来说,最持久、最深层的力量是全社会共同认可的核心价值观。核心价值观,承载着一个民族、一个国家的精神追求,体现着一个社会评判是非曲直的价值标准。构建具有强大感召力的核心价值观,关系社会和谐稳定,关系国家长治久安。

社会主义核心价值观体现了中国特色社会主义的本质规定,反映了社会主义制度的本质属性和价值取向,是增强民族凝聚力和向心力的纽带,是推进全面深化改革的强大正能量,是社会和谐的价值支撑,是国家文化软实力的内核。文化是民族的血脉,是人民的精神家园。价值观是文化的内核!

做什么人,立什么志,具备什么样的道德素养,拥有什么样的世界观、人生观和价值观,教育起基础性作用,充当着关键角色。要针对不同年龄段的青少年采取不同的引导方式,形成课堂教学、社会教育和家庭教育多位一体的育人平台,将核心价值观教育融入学校教育、家庭教育、社会教育的各个环节和各个方面。

(二) 绘本教学本身的意义及在践行社会主义核心价值观中起到的作用

美术绘本即用绘画语言进行故事性描绘,具有知识的专业性和创作的连续性两个特点。美术教学是多元化的,美术绘本教学作为其中一种形式特别适合融合、解释、开发,以及一切能够跟创作有关的题材和理念的相契合,因为美术绘本教学本身就具备思想性,思想性这一概念在学生成长的每一个阶段都至关重要;对学生情感、思维、行为、活动等都具有引导性。同时美术绘本教学是一个联系的过程,教学具有长期性、统一性和连

续性的特点；这个特点在社会主义核心价值观的指导下对学生的长期素质养成具有很大的促进作用。美术绘本课程可以有效地长期地渗透德育内容；绘本课程有利于家长连续地关注教学，关注学生，更有利于教学评价，直观性更强。不仅教师的主导性可以更好地发挥，学生的自主创意也能更好地体现。

绘本可作为学生的成长档案，记载着学生的进步；绘本可以作为教师与学生之间、学生与学生之间、学生与家长之间有效的沟通桥梁。教师可以有针对性的个性指导，学生与学生之间的创意与合作，家长可以更加地了解自己的孩子，绘本都是很好的媒介。最终学生的技能得到提升，想象力与创作能力得到提高，沟通与合作能力得到锻炼。绘本有着直观鉴赏的作用，对于学生来说最终成果有着最直观的成就感，对于宣传来说，绘本有着最容易传播的功能。

社会主义核心价值观对绘本的教学具有指导性，美术绘本教学围绕核心价值观的理念进行内容的设定，具体、明确、效果可测。美术本身是通过形象、色彩、构图等因素来表现作者意图、目的的艺术形式，它以循序渐进的叙述为主导，综合绘画、设计与视觉表现，用丰富的视觉语言将读者带入连续、生动的图像世界。美术绘本教学是融入教师的理念、学生的思想，主观能动地进行美术创编的过程。学生对此课程兴趣点高且有持久性。前期的美术绘本教学实践经验告诉笔者绘本这个课程不仅适合低年龄组、中年级组，而且同样适合高年组的教学。不同年龄段的学生完全可以利用绘本这种形式把所有的课程串在一起，形成教学体系化。就是说，此课题一旦研究成熟，对教学的整体化教学有举足轻重的作用。

（三）依据价值观内涵设计教学内容的结构

社会主义核心价值观的基本内容是：富强、民主、文明、和谐，自由、平等、公正、法治，爱国、敬业、诚信、友善。24字核心价值观分三个层面：富强、民主、文明、和谐，是国家层面的价值目标；自由、平等、公正、法治，是社会层面的价值取向；爱国、敬业、诚信、友善，是公民个人层面的价值准则。鉴于校外教育的对象为未成年人，就是所谓的中小学生，小学生居多，理解能力与兴趣点都具有局限性，应选择更贴近于生活层面与个人层面的价值准则作为理解与研究的核心。故本次课题研究的重点定为爱国、敬业、诚信、友善这八个字。这八个字是公民个人层面的，也是要求每个公民都需要做到的，更贴近生活，贴近学生，贴近社会，在教学中研究更有实际价值。根据校外美术教育的灵活性、自由性、创意性、多元性等特点，制定研究的顺序为：学生先理解每个词的含义（大量生活事例解释）；绘本初始（我理解的爱国是这样的，学生图文表达自己的理解）；绘本中期（学生如何践行——爱国，作为一名学生我该这样做，作为一名教师应该这样做等）；绘本后期（思想的延展性绘本——如上课时我应该这样做，在家里我应该这样做，坐公交车时我该这样做等）；再次延展（结合校外教育特点以及学科特点专门为其他学科绘制绘本，在校外教育中如何去践行，例如绘本：校外古筝课一日常规，校外武术课家长注意事项，少年宫学员行为规范）；宣传（利用校外教育特点，利用多种形式进行宣传，如：少年宫核心价值观绘本展，少年宫发文中小学生来参观，学生现场结合PPT解说，印书成册，多种的主题宣传活动学生分批，周六、周日分年龄段地开展价值观主题绘画活动，邀请接送孩子家长和孩子参加等）。实施对象：分层次分批，小组活动—社团活动，初中、高三级学员分别参与；按组别分为初级组、中级组、社团组三个组别出书；按主题分；按研究对象分；等等。形成基本模式：合作创作社会主义核心价值观绘本—进行展览宣传—邀请少年宫学员家长一起来践行社会主义核心价值观之绘画行动篇—学生作品在微信上作一个公众号，进行微信宣传。

四、创建校外儿童美术绘本课程,按照项目式发展策略,创新美术活动形式与材料,育人与整体教学体系之中

(一)理念

依据少年宫推行的快乐教育理念,结合校外教育实践性的特点,把践行价值观作为德育建设的方向,开展快乐课堂,综合美术实践活动,在多元化的绘本创作当中逐步发展学生的核心素养。

(二)总的课程发展框架构成

总的课程发展框架为:一般创意绘本→融合的绘本→复杂的绘本(见图1)

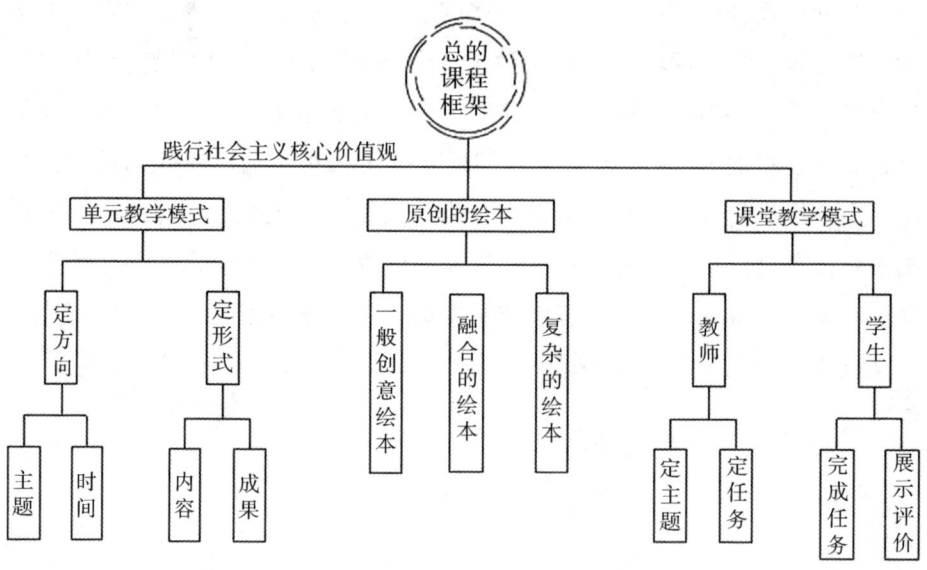

图1 总的课程发展框架

细化课程框架:一般创意绘本(见图2)+融合的绘本(见图3)+复杂的绘本(见图4)

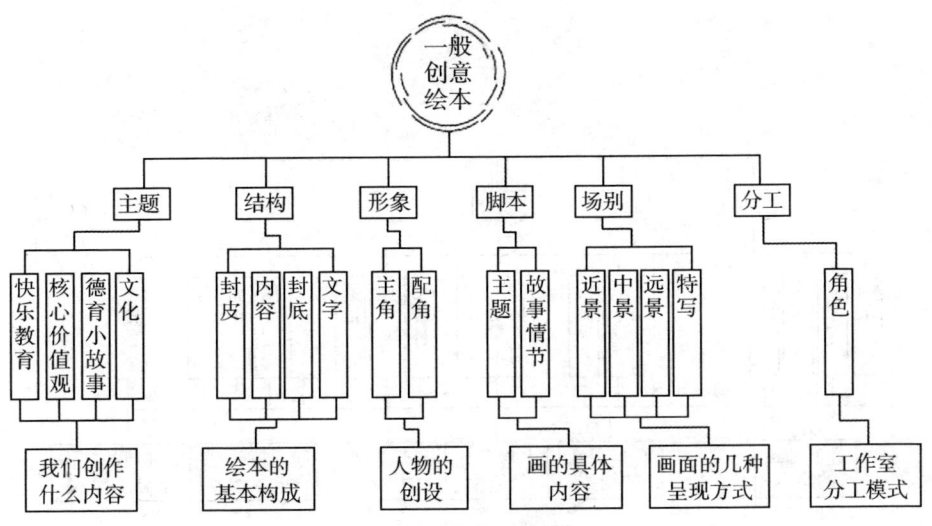

图 2　一般创意绘本

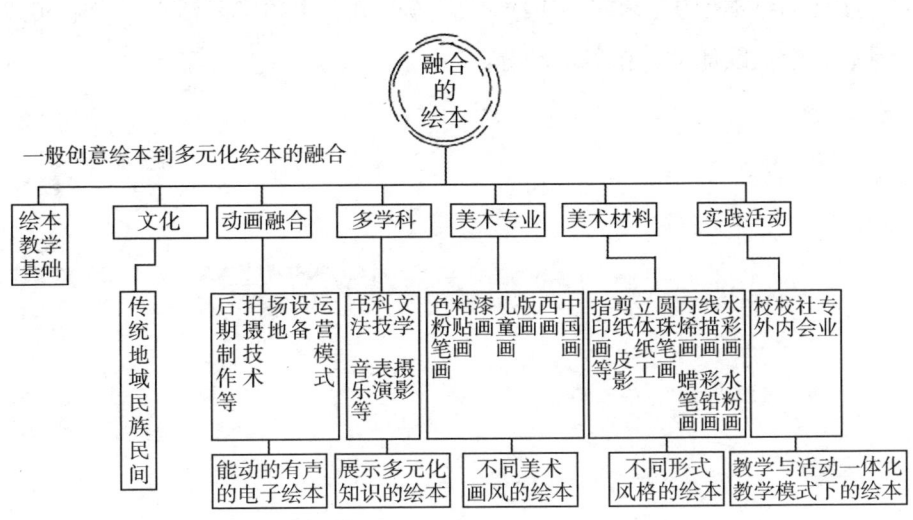

图 3　融合的绘本

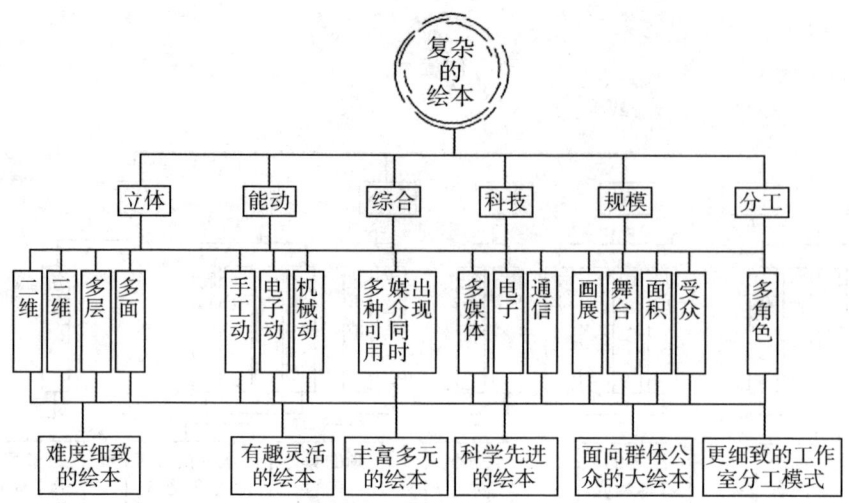

图 4 复杂的绘本

（三）主要的实现方式

多元的绘本创作、参观、展览、布置展览、主题实践活动、专业实践活动、社会实践活动、拓展活动等。

（四）发展思路

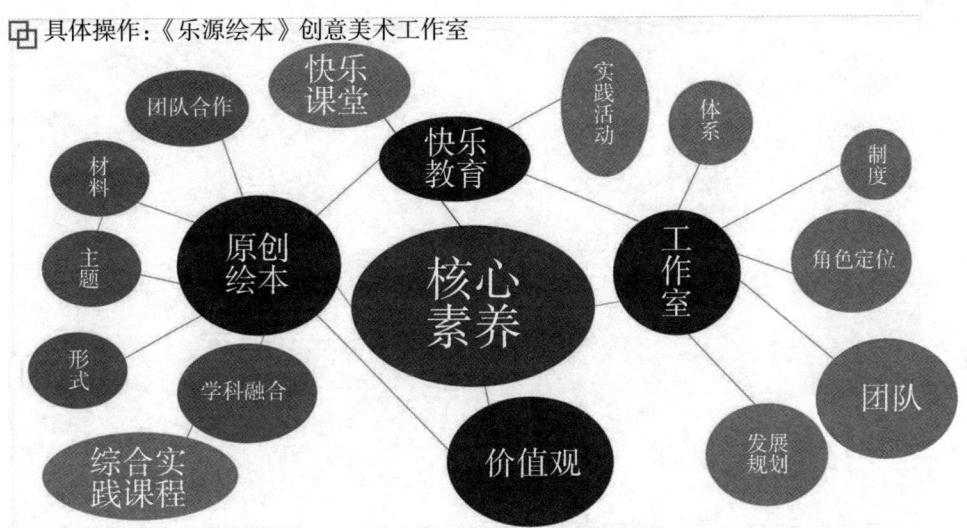

图 5　发展思路

（五）发展评价考核

（1）学生是否达到三年发展小目标，并关注长期目标的方向性；

（2）项目是否形成细致的课程框架、组织结构、运营模式；

（3）项目在北京市具备的影响力如何；

（4）教师在项目建设的过程中有的收获；

（5）项目的实践价值能否对教学起到实际的作用；

（6）项目的实际价值是否让更多的学生受益了；

（7）项目是否具有长远的规划与发展。

综上所述，依据校外教育的特点，积极挖掘资源，创新美术绘本教学，把平面绘本、立体绘本、能动的动画绘本，价值观绘本、德育故事绘本，丰富的美术材料，多元化的展示形式等融入校外儿童美术的整体教学之中，积极开展综合美术实践活动，开创独特的创新性的育人模式。

【参考文献】

［1］郑晓红，单志华. 以绘本为载体，促进幼儿发展的实践研究［J］. 才智，2010（31）.

实践视角谈核心素养在优质项目中具化的思考

崔焕然

(北京市密云区青少年宫)

【摘　要】 在推进北京市校外教育优质项目建设工作进程中，针对青少年核心素养培育如何落地的具体实践，笔者依托机构教研室负责人的优势，在各项目具体实践工作推进中，看到了教师依托"三个一"项目建设真正的成长，也切实感受到了教师们的困惑，从而提出了"从目标体系建设的实践看，核心素养体系框架距校外优质项目有多远？""从课程内容与实施层面的实践看，作为核心素养培育的载体，优质项目建设是否就该对原有校外教育活动全部摒弃？""校外优质项目建设的评价，怎样真正落实到以青少年素养培育效能为中心上？"等三重思考，以期为基层实践者提供借鉴。

【关键词】 核心素养　优质项目　实践　思考

当下，基础教育领域工作者关注的焦点莫过于以学生发展核心素养培育为目标指向、以学生学习方式转变为核心的基础教育课程改革；作为北京市基础教育重要组成部分，全市校外教育领域工作者关注的焦点莫过于上述背景下的以供给侧改革为宗旨，以项目化、课程化为抓手的"三个一"优质项目建设工作。

党的十九大报告中指出，"建设教育强国是中华民族伟大复兴的基础工程，必须把教育事业放在优先位置，加快教育现代化，办好人民满意的教育。要全面贯彻党的教育方针，落实立德树人根本任务，发展素质教育，推进教育公平，培养德智体美全面发展的社会主义建设者和接班人"。作为基层校外教育实践者，党和国家对教育工作的期盼和要求如何落地？"德智体美劳"五育并举如何解读？校外教育实践改革怎样迈出关键一步？中国学生发展核心素养体系框架无疑具有明确的方向性和指导性，回答了我国各级各类教育形式现阶段以及未来需要培养"什么样的人"的问题。

中国学生发展核心素养体系框架于2016年正式发布，这一体系框架以科学性、时代性和民族性为基本原则，以培养"全面发展的人"为核心，细分为文化基础、自主发展、社会参与三个方面，综合表现为人文底蕴、科学精神、学会学习、健康生活、责任担当、实践创新六大素养，具体细化为国家认同等十八个基本要点。如何将核心素养从一套理论框架或者育人目标体系，落实与推行到具体的校外教育优质项目建设中去，进而真正实现其特有的育人功能与价值，这一具化的过程，是校外教育领域面临的重大问题。

作为一名基层校外教育实践者，笔者对近两年来本机构干部教师在"三个一"优质项目建设工作进程中，重点是核心素养具化到校外教育活动课程建构中存在的困惑与问题，归纳出了以下三重思考，也代表着基层不同层面实践者真正面临的工作困境。

一、从目标体系建设的实践看，核心素养体系框架距校外优质项目有多远？

引发这一思考的实践基础是：多数教师采用课程化手段进行项目建设，在建构自己的项目课程目标体系中，机械地将中国学生发展核心素养体系中的三级指标（如人文底蕴、学会学习等），甚至是二级指标（如文化基础等）直接作为课程目标。

来看三个具体的课程目标表述案例：

例1：通过对京剧元素（名家名段、音乐、服装、道具等）欣赏和体验，提升人文底蕴。

例2：通过学习，学员能够掌握小提琴四种类型作品各自的演奏形式和风格特点，形成审美情趣。

例3：通过实践写生及综合创作一系列的活动，学会社会参与方法，学生对家乡的了解、关注、表现、热爱及宣传的情感和意识得到提升。

这些课程目标案例就是前文提到的机械搬用方式的具体表现，在实践工作中还有很多。

课程目标是课程建构四要素中的"灵魂"，它是确定课程内容、实施形式和评价手段的基础，是指导整个课程编制过程最为关键的准则。显然，上述所列举的课程目标缺少了三方面的理解和认识，第一是对素养的内涵，第二是对单项校外课程教育功能的准确定位，第三是对课程内容、实施方式与目标的逻辑关系。

在这重思考下，需要引导教师充分认清：素养，不只是知识与技能，它是在特定情境中，通过利用和调动心理社会资源（包括技能和态度）、以满足复杂需要的能力。由此可见，具体到核心素养体系中提出的每一方面素养的内涵，都是非常丰富的，绝不是某一阶段，某一项单一校外课程能够达成培育目标的。因而，在课程目标体系的建构上，一定要建立和区分宏观上位方向，在这一方向领域具体分析课程的内容与实施所能真正达到的高度，使微观具体课程目标的指向更清晰可测。

在这方面，"以此为纲"没有错，但不是说中国学生发展核心素养体系框架中所提出的素养就适合直接用作某个项目某个阶段的课程目标，我们必须结合具体课程深入思考、合理分层、科学建构。

二、从课程内容与实施层面的实践看，作为核心素养培育的载体，优质项目建设是否就该对原有校外教育活动全部摒弃？

引发这一思考的实践基础，主要是在本机构的"三个一"优质项目实践探索中，很多项目建设越到中期，逐渐偏离了校外优质项目建设的初衷，归纳起来有以下几方面：

现象1：一时兴起，临时组建或是选取一个实验班进行"三个一"项目课程进行实验，而且这个群体的整体课程与原有的初、中、高级课程毫无关联，使得各方面，尤其是知识技能等方面无法衔接，不单是受益青少年学员较少，更使得项目没有了可持续发展的动力。

现象2：盲目整合，两个或多个学科教师以所谓的"学科融合"为前提，将各学科看似学员感兴趣的内容，或是在某一点上稍有联系的内容进行无依据的拼凑，非但不能发挥各自师资、学科的优势，形成合力，反而使得课程杂乱无规律，项目无主导。

现象3：断章取义，仿照一些南方课程，找到一个地域资源设计实施了一个单次主题教育活动，但每年仅仅实施一次，受众也就是参与这一次活动的几十或是百人左右，前无铺垫、后无拓展，更谈不上体系化、项目化。

在以优质项目建设为抓手推进校外教育供给侧改革的同时，我们需要在"核心素养"视角下认真审视改革要求的导向与原有校外教育活动之间的关系，在继承、取舍、修改上做深入的思考，上述案例中的"一时兴起""盲目整合""断章取义"显然都是不可取的，这些所谓的课程也不会走得太远。

尤其是在引进外域的课程上，往往不同时研究彼时彼地的条件因素，改造本土的课程也往往不同时研究此时此地的条件因素。这就像改造植物栽培技术不讨论气候、土壤、光照、水资源等条件一样，是个脱离实际的问题。

在实践中，应该引导基层教师认真思考现代校外教育在学习层面的本质特征，一是校外教育把着眼点从教育转向学习，从外部的教转向内在的学，更注重教育的使命就是使少年儿童学会学习，充分发掘他们个人的潜能；二是校外教育过程更具有个性化的特点，更重视少年儿童的个性品质的培养，并为他们个性的发展提供更多的机会和条件；三是校外教育是一种主体教育，它更注重少年儿童的独立性、主动性和创造性品质的培养。当我们把这三点特征作为一把尺子来衡量优质项目建设工作，原有的校外教育活动无论从活动内容上还是活动形式上都不能一味的摒弃，而是批判地继承和发扬，这样，我们的项目才能少些"标新立异"，多些"真材实料"。

三、校外优质项目建设的评价，怎样真正落实到以青少年素养培育效能为中心上？

当我们的优质项目建设的目标体系定位在以青少年核心素养为指向时，那么，作为项目评价，就应该真正落实到素养培育的效能上。

在推进以课程建设为中心的各类教育改革进程中，课程评价从来都是一个无法回避的关键性问题，它以其判断与评定实践的课程价值与理论的课程价值之间的适切性功能左右着课程改革。

引发这重思考的实践基础是在推进优质项目建设过程中，机构层真正为适应改革背景和要求而重新建构的项目评价体系还不健全，从组织形式上来说，基本处于零散状、碎片化；从指向性来说更多的是外围指标，在此就不一一列举实例了。这样的评价显然不能发挥评价本身的导向与评判功能，需要我们从素养的显性与隐性特征去认真梳理。

再看近期推出的《北京市校外教育优质项目评价标准》，笔者认为其科学性和系统性都非常强，有利于对各优质项目建设工作的引导，在具体指标上，除了关注项目对于青少年素养培育的外围指标和显性特征外，在项目真正核心价值的判定和隐性内化特征上，明显优于原有的评价判断，可以为各区、各机构的内部评价体系提供有力支撑和重要参考，当然，它的系统性和科学性是有待于实践去检验和不断完善的。

以上三重思考，看似独立，实际还是有着非常紧密的内在联系的，除了它们本身隐含了课程建构的目标、内容、实施、评价等基本要素及其相互逻辑关系之外，更重要的是关注基层实践者对校外课程改革的整体性推进把握，而非一点、一面。

【参考文献】

[1] 辛涛,姜宇,王烨辉. 基于学生核心素养的课程体系建构[J]. 北京师范大学学报,2014(1).

[2] 刘登珲. 转型的阵痛:新时期我国校外教育课课程建设问题透视——对华东地区地区十二所校外教育机构的访谈分析[D]. 华东师范大学,2016.

[3] 钱江. 以课程建设推进校外教育内涵发展[J]. 上海教育,2015(11):14-15.

[4] 杨启亮. 制约课程评价改革的几个因素[D]. 南京师范大学,2004.

硬笔书法教学与美术的融合 促进学生探究性学习习惯的培养

韩永智

(北京市延庆区青少年活动中心)

【摘 要】 书写能力是中小学生必备的基本能力，在学生的学习以及今后的工作和生活中发挥着重要作用。但由于电脑、手机等电子产品的冲击，出现了大部分学生不爱写字、不会学习的现状。笔者以课题研究为引领进行改革实践，把美术的内容方法手段融合到硬笔书法教学中，极大地激发了学生写字兴趣，使学生乐学善学，合作探究等核心素养得到潜移默化的培养和发展。

【关键词】 硬笔书法 美术 融合 探究 习惯

书法是中国艺术的瑰宝，书法教学是继承和弘扬中华民族优秀传统文化的一项应用性基础工程。2013年1月，教育部下发了《中小学书法教育指导纲要》，规定从2013年春季将书法教育纳入中小学教学体系，学生将分年龄、分阶段修习硬笔和毛笔书法。首都中小学书法教育确立了"九三一"理念，即"遵循九大原则，完成三个目标，达到一个目的"。中小学书法教育的最终目的，就是"普及书法教育，弘扬传统文化"。同时根据"中国学生发展核心素养"和北京市"三个一"文件精神，书法作为中华民族的根文化，成为素质教育的一项重要内容，对提高学生文化素质，促进学生身心健康发展、意志磨炼、情操陶冶、坚强品格及良好习惯养成等核心素养的培养都会产生潜移默化的作用。

硬笔书法俗称钢笔字或写字课，是指运用钢笔、铅笔等硬质书写工具，按照书法的规律法则进行汉字书写，展现汉字优美的结构造型，创作硬笔书法作品的专业。书写能力是中小学生必须具备的最基本的能力，不仅在学生的学习中发挥着重要作用，而且在今后的工作和生活中都发挥着不可估量的作用。笔者从事校外硬笔书法教学工作已经18年了，通过上课、听课、外出学习、学生填写调查问卷、对学生的观察谈话等调研结果发现，在日常学习和生活中，由于电脑、手机冲击严重，出现大部分学生写不好字，也不想学、不爱学、对书法有抵触情绪，提起写字就烦，不会学、学不会，写字时只动手、不动脑的现状。学生写字在速度、质量和习惯等方面已经出现了很严重的问题。

2016年，笔者的课题"校外硬笔书法教学中重视内因作用促进学生良好写字习惯的培养的实践研究"被立项为市级课题，在研究过程中笔者发现，把美术的内容方法手段融合到硬笔书法教学中，学生非常感兴趣，写字变成了形象直观的实践活动，有利于学生灵活运用多种方法寻找汉字结构规律，从而使学生乐学善学、合作探究、实践创新等核心素养得到潜移默化的培养和发展。2018年，笔者的课题"硬笔书法与美术的融合学生探究性习惯的实践研究"被立项为市级"十三五"规划课题，经过研究总结了一些经验。

元代书画家赵孟頫在题《枯木竹石图》中说："石如飞白木如籀，写竹还应八分通，若还有人能会此，须知书画本来同。"浅层次的理解就是书中有画，画中有书，书画同源。前期笔者查询了大量的材料，目前，书法与美术融合的创作作品屡见不鲜，在教育与科研领域中对于书法或者对于美术的学科教育研究的范围也非常广泛。但是关于书法教学与美术的融合方面的论文和研究报告很少。经过反复查找，目前没有任何关于硬笔书法教学中融合美术的论著、课题或案例，所以此方面还属于研究薄弱的地方，深入研究可以在学科融合、方法融合、习惯培养等方面取得丰富的实践经验。

硬笔书法与美术融合的具体内容是指硬笔书写过程中加入美术的一些

如绘画、剪纸、泥塑、篆刻等方法手段或内容，按照一定的目的长期地进行教育和训练，而达到相互促进、共同发展的目的。苏霍姆林斯基说过："儿童的智慧在他的手指尖上。"如何实现硬笔书法与美术的融合，笔者在课堂实践过程中做了以下几方面的尝试。

一、书法与剪纸的融合，用剪纸的方法理解字的笔画形态

硬笔书法与剪纸的融合，是用剪纸的方法和材料来剪字，体验笔画的对比与均匀。硬笔书法班初级学习的主要内容是基本笔画，而基本笔画就像盖房子打地基时的一砖一石，要想写好字首先要掌握基本笔画的写法。学生特别熟悉基本笔画，也就忽视了它的形态特点和写法。因此，上课时学生用彩纸剪基本笔画，比如，剪长横和短横，为了剪得好看，就要观察起笔、收笔。为了剪出长横和短横的不同，长横是短横的二倍也就注意到了。这样剪一剪，学生对基本笔画有了深刻全面的直观感受。用剪纸的方法来学习硬笔书法，既激发了学生的学习兴趣，又使学生能够直观理解字的笔画形态，从而掌握基本笔画的形态特点和写法。

二、书法与拼图的融合，用拼图的方法找字的位置

把拼图应用到硬笔书法教学中，让学生拼拼摆摆，来找一个字中各个笔画的位置，不失为一种好方法。例如：笔者讲"心"字的写法时，把"心"字的各个基本笔画拆分，请同学来拼摆，大多数学生都能把三个点之间的距离摆均匀，而容易出现问题的是第一个左向点，这样直接切入"心"字写法的难点，教师趁热打铁地进行讲解，会收到事半功倍的效果。利用拼图的方法来找字的位置，既增加了趣味性，又培养了学生用整体布局的思维方式来学写字，达到了眼、脑、手的统一，只有眼、脑、手共同发挥作用来书写，才能收到最佳效果。

三、书法与绘画的融合，用绘画的方法找字的结构

学习"走之旁"的写法时，笔者启发学生想象，然后一笔画成个小鸟，走之旁就像一只蹲在树枝上的小鸟，横折是小鸟的头不能太大，第二折是小鸟的身体要拐活弯儿，到"撇"时像小鸟蹲下来的动作，一定要往回收一下，学生马上理解了走之旁的写法。而把绘画的方法用来解决结构的问题也很不错。绘画人物时是按照一定的比例去画，才能把身体结构画准确，一般是以头长为标准的，成人男子的身长是七个头长，成年女子的身长是六个半头长，小孩是五个头长。书法中的横竖也是要寻找一个标准，就像绘画中的头长，可以把字中的竖做标准，横是竖的几倍，也可以以短横为标准，其他笔画与之比较才能把字的横竖比例找准。

在书法中融入绘画因素，可以促进学生的观察能力、想象能力、比较能力、概括能力以及形象思维的发展。

四、书法与泥塑的融合，用泥塑的方法解决字的重心问题

泥塑艺术是我国一种古老常见的民间艺术。它以泥土为原料，以手工捏制成形。泥塑艺术可上溯到距今四千至一万年前的新石器时期。橡皮泥自从1956年问世以来，就成了孩子们最喜爱的玩具之一。硬笔书法与泥塑的融合是指用橡皮泥来捏字。橡皮泥的特点是柔软，容易塑形和改变，可以随时调整字的大小、笔画以及形态等。例如，学习上下结构的字时，学生很难掌握上下的比例关系，如果用橡皮泥捏字，规律就显而易见了。因为字有两怕，一怕大，二怕上墙，字大了，挂在墙上，字的问题和毛病就能被人一眼发现，而橡皮泥就能把字捏大，挂起来，所以就容易找到字的结构规律。

笔者研究的重点是探究性学习习惯的培养。关于探究性学习的文章很

多,上网一搜就有六七百篇,最早提出探究方法的是美国教育家杜威在1909年提出的。我国古代教育家也非常重视探究能力的培养。孔子提出:"不愤不启,不悱不发。举一隅不以三隅反,则不复也。"就是说要引导学生开动脑筋,启发学生积极思维,培养学生积极探究答案的能力。《学记》中提出:"君子之教,喻也。道而弗牵,强而弗抑,开而弗达。"都体现了探究的重要性。笔者的研究目的培养习惯,习惯是经过反复练习而形成的较为稳定的行为特征,良好的习惯一旦形成,就会变成人生道路上前进的巨大力量,使人终身受益。关于书写习惯培养的论文和研究报告大约一百篇。论述的角度大多是培养良好书写习惯的方法手段途径等。而书法教学中培养探究性学习习惯的研究很少。

探究性习惯的培养要落实到课堂活动中,笔者从以下几方面做了实践。

第一,创设问题情境,鼓励学员主动参与,培养学习兴趣。

探究能力发端与内部动机的作用和外界社会的需要,由于旧经验的转化和新认识的重组,而获得自我表现,主动参与是探究极为重要的因素之一。美国著名的教育家戴尔·卡耐基先生曾说过:"一两重的参与重于一吨重的说教",可见,鼓励学员主动参与非常重要。

例如讲"帽子形字头'冖''宀''穴'"时,辅导教师先写出一组字例"写、军、冠、安、宫、宁、空、穿、容",教师提出问题,思考:如何写好这一组字,关键在哪部分?字头与下面宽窄有什么关系?你能不能把这一规律用最简练的几句话概括出来?

在问题引导下学生选择美术的方法手段(如泥塑),或分组讨论得出规律。学员会自己总结得出帽子形字头的关键部分在于字头,字头与下面部分的关系是下宽上窄,下窄上放宽。这样学员先取得感性认识,而后上升到理性认识,有利于调动学员的学习积极性和主动性。

第二,充分发挥学生主体地位,寻找探究性学习方法。

现代教学论重视学生的主体作用,注重学生智力、能力、创作力的培养。在校外培训中更应注重学员主体地位的发挥,鼓励学员积极主动的去寻找科学的学习方法。

每次上课先让学员尝试书写，老师再写，经过对比，总结出一类字的书写规律，从而得到升华。例如，学习"口"字旁，先让学员写一写"听、吹"，然后老师写，请学员对照找出不同和正确写法，再扩展写"明、昨、项、欢、艰、垃"等一类字。学员在"自写、对比、总结、记忆、迁移"的过程中掌握了探究性学习方法。

第三，持之以恒，培养探究性学习习惯。

培养学员探究性学习习惯是一个长期的循序渐进的过程。辅导教师要因势利导，适度布置问题，并进行耐心的指导，不断激发学员的学习欲望，从而培养学员的创新精神和探究习惯。

一是注重让学员自己发现并提出问题。例如讲"目"字底时，辅导教师先让学员写一写、试一试，让他们自己发现问题，哪部分写不好，上下两部分搭配的规律，然后辅导教师进行正确引导，找到解决方法。

二是培养学员多渠道主动获取知识的习惯。每次课结束时，辅导教师把下次所讲内容提前以思考题形式留给学员，鼓励他们主动查询材料，多方面获取知识。收集处理信息的能力是现代社会中生存和发展的基本能力，也是学员自主学习所必要的能力。

三是注重讨论交流与自我思考相结合的学习习惯的培养。尽量多安排讨论机会，通过讨论使学员能够互相学习，互相提高，并长期坚持，养成习惯。同时，也不能每次活动都安排讨论，也要变换形式，加入个人思考及实践体验等形式，使学员在丰富多彩的活动形式中进行主动探究学习。

经过两年的实践研究，收到了良好的效果，2017年11月，笔者的课《卧钩及有卧钩的字的写法》参加了北京市校外"三个一"项目观摩展示活动，把拼摆、泥塑、绘画等融入教学活动中，引导学生主动参与、自主探究，学生兴趣高涨，下课了都不想走。2018年5月，我们书画部带领学生到延庆区旧县镇盆窑实践教育基地"乐陶园"进行实践活动，学生们体验了书法绘画陶泥的有效融合，孩子们收获满满。学生学习态度发生了转变，从"要我学"变成"我要学"，他们非常喜欢与美术融合的创新的教学模式，自己也看到了书写能力的进步，自主探究合作等学习习惯初步形成，学员有继续学习的积极性和兴趣。

著名教育家叶圣陶说："教育是什么？往简单一句话说，教育就是养成良好习惯。"习惯是经过反复练习而形成的较为稳定的行为特征，良好的习惯一旦形成，就会变成人生道路上前进的巨大力量，使人终生受益。培根曾经说过："习惯是一种顽强巨大的力量，它可以主宰人生"，而写字教育又是培养学生良好习惯的最佳途径之一。养成一种习惯不是一朝一夕就能完成的，笔者要不断改革创新，促进学生良好的探究性习惯的养成。

【参考文献】

[1] 中国教育部. 中小学书法教育指导纲要 [Z]. 2013.

[2] 北京校外教育工作者手册编辑组. 校外教育工作者手册 [Z]. 2006.

[3] 北京市教育委员会. 校外教育规程 [Z]. 2017.

[4] 齐建芳. 学科教育心理学 [M]. 北京：北京市师范大学出版社, 2012.

[5] 教育部法制办公室. 教育法规汇编 [M]. 上海：华东师范大学出版社, 2010.

[6] 周立奇. 北京市校外教育机构优秀活动案例集 [C]. 北京：光明日报出版社, 2015.

改革开放四十年来校外教育政策述评

王秀江

(中国儿童中心)

【摘　要】 自20世纪80年代以来,我国校外教育制度的演化推动了校外教育蓬勃发展。1985年,从国家层面确定了校外教育的重要地位;20世纪90年代,随着市场经济不断发展,国家出台了许多政策以促进校外教育事业的普及和规范化,推动校外教育机构建设,并形成了指导校外教育的纲领性文件;21世纪以来,校外教育机构的公益性问题成为政策制定的一个重要指向。基于梳理,本文从制度建设的指导思想、体制机制建设、标准建设、教师队伍建设、评价建设、法治建设等六个方面对我国校外教育机构的管理制度提出了建议。

【关键词】 校外教育　校外教育制度　儿童青少年

校外教育政策是校外教育发展的规范性文件、规章、制度,对校外教育发展起着加强引导管理的作用。改革开放四十年来党和政府高度重视校外教育,多次颁布文件,极大地推动了校外教育的发展。新时代,校外教育发展面临着新要求、新形势,其发展也必须有与时俱进的政策研究和制度保证,才能更好地发挥校外教育的育人功能,回应人民对美好校外教育的需求。

一、改革开放四十年来校外教育制度的演化

(一) 20 世纪 80 年代的校外教育制度

1985 年的《中共中央关于教育体制改革的决定》规定,"学校教育和学校外、学校后的教育并举,各级各类教育能够主动适应经济和社会发展的多方面需要",从国家层面确定了校外教育的重要地位。

1987 年的《国家教育委员会、共青团中央关于加强少年宫工作的意见》(以下简称《意见》)针对校外教育做出了翔实的规定,为校外教育的正常运转提供了制度保障。该《意见》首先指出"当前少年宫工作在许多方面同培养有理想、有道德、有文化、有纪律的一代新人的要求,同全面改革和对外开放的形势不相适应,基础薄弱,发展不平衡"。《意见》附属的《少年宫(家)工作条例(草案)》也指出"少年宫对少年儿童的培养目标和学校教育的培养目标是一致的","少年宫主要是通过多种多样有教育意义的、有趣味的、知识性很强的活动吸引少年儿童,要把思想教育、知识教育和技能技巧的培养训练寓于全部活动过程中,使少年儿童受到教育和锻炼"。可以看出,校外教育以活动为主,区别于班级授课制的学校教育。同时,校外教育不应该是只面向少数成绩优秀的学生,而应该尽可能普及。这就进一步扩大了少年宫的受众范围和教育内容。

(二) 20 世纪 90 年代的校外教育制度

20 世纪 90 年代是市场经济发展风起云涌之时,也是校外教育机构大发展的时机。校外活动场所数量大幅增加,现有校外教育机构中大部分是在这一时期建立的,服务学生数量更是以亿计。这一时期的校外教育制度,对校外教育机构的性质、教育内容、保障机制等作了明确规定,对校外教育机构的发展起到了规范、引导和积极的促进作用。

1991 年,国家教委等部门联合颁发《关于改进和加强少年儿童校外教育工作的意见》,第一次要求"少年儿童校外教育工作要面向全体少年儿

童",而以前提出的是面向"广大"少年儿童。同时,该意见第一次明确提出"广大农村地区可根据实际情况,积极兴办校外教育活动场所"。这两个"第一次"对于校外机构的发展具有积极意义。

1992年,国务院颁布的《九十年代中国儿童发展规划纲要》提出:"加强儿童校外教育、科技、文化、体育、娱乐等活动场所的建设。可采取政府投入和多渠道筹措资金的办法,改善、增设和扩建儿童活动设施。"1993年,中共中央、国务院印发的《中国教育改革和发展纲要》提出"全社会都要关心和保护青少年的健康成长,形成社会教育、家庭教育同学校教育密切结合的局面"。为贯彻上述文件精神,适应改革开放新形势的需要,切实加强少年儿童校外教育工作,1995年,国家教委等部门联合下发了《关于颁发〈少年儿童校外教育机构工作规程〉的通知》。该规程指出,校外教育机构的活动应当包括思想品德教育、科学技术知识普及教育体育运动、文化艺术教育、游戏娱乐、劳动与社会实践活动等基本内容,采取开展群众性教育活动、开放适合少年儿童的各种活动场所、专业兴趣小组等形式。

(三) 21世纪以来的校外教育制度

在少年宫不断扩大生源的同时,也出现活动场所被挪作他用,公益性设施为营利性质的活动所占用的现象。校外教育机构的公益性问题成为21世纪社会关注的问题,也成为政策制定的一个重要的指向。同时,中小学生数量增加迅速,学校教育负担很重,校外教育机构更是难以满足学生和家长的需求。

在这样的背景下,2000年中共中央办公厅、国务院办公厅下发《关于加强青少年学生活动场所建设和管理工作的通知》,强调了校外教育机构要坚持公益性,政府要加大资金投入,大力兴建校外活动场所,而对于已有的校外活动场所,"凡挤占、出租青少年学生活动场所的,必须在规定时限内予以腾退"。文件还指出"各级财政部门支持青少年学生开展课外活动和维修青少年学生活动场所的经费开支,可以在地方财政对教育经费增加的一个百分点中安排"。

在这个时期，校外教育场所的建设还被纳入当时国家对儿童和教育的总体规划中。2001 年，国务院颁布的《中国儿童发展纲要（2001—2010年）》提出"增加儿童课外活动设施和场所，将儿童校外教育、科技、文化、体育、娱乐等设施建设纳入城镇建设规划。多渠道筹集资金，重点资助中、西部地区的青少年活动场所建设"。

2004 年，中共中央、国务院印发了《关于进一步加强和改进未成年人思想道德建设的若干意见》，指出，"经过 3 至 5 年的努力，要做到每个县都有一所综合性、多功能的未成年人活动场所"。这一文件促进了校外教育机构在数量上的迅速增长，之后几年校外教育机构基本上在所有县、市普及。

2006 年，中共中央办公厅、国务院办公厅印发的《关于进一步加强和改进未成年人校外活动场所建设和管理工作的意见》指出，"要始终坚持把社会效益放在首位，切实把公益性原则落到实处"，"要坚持以普及性活动为主"，"要坚持常年开放"，"对特困家庭的未成年人要全部免费"。这个意见是迄今为止校外教育机构建设和管理的权威性、全面性的政策文件。这一文件还要求制定未成年人校外活动场所公益性评估标准，从服务对象、活动内容、时间安排、服务质量、经费使用等方面设置相应指标，定期进行考核、评估，并将考评结果作为财政支持的依据，对违背公益性原则的校外机构进行限期整改。对于此前一直被忽略的农村校外教育，这一文件也做出了专门规定，要求在农村现有的宣传文化中心（站）、科技活动站等地开辟未成年人活动场地。

二、校外教育机构的管理制度的思考和建议

通过对改革开放四十年以来我国校外教育政策和制度的演化进行简要述评和梳理，本文将从以下六方面对校外教育机构的管理制度提出建议。

(一) 坚持党的教育方针政策，落实立德树人根本任务

一是加强党对校外教育工作的全面领导，牢牢把握校外教育正确方向。办好我国校外教育，必须坚持党对校外教育事业的全面领导，充分发挥各级党委总揽全局、协调各方的作用，让校外教育事业始终沿着中国特色社会主义教育发展道路前进；同时，发挥党组织的领导优势、政治优势，更好动员和凝聚各方面力量支持校外教育发展。

二是深入落实立德树人，着力培养担当民族复兴大任的时代新人。要着眼培养担当民族复兴大任的时代新人，把培养社会主义建设者和接班人作为根本任务。要把立德树人融入思想道德教育、文化知识教育、社会实践教育各环节，贯穿于校外教育机构的各种活动，教育儿童青少年立志肩负起民族复兴的时代重任。

三是发展素质教育，培育德智体美劳全面发展的社会主义建设者和接班人。校外教育机构要着力培养儿童青少年学生的综合素质，组织开展思想道德、文艺、体育、科技等兴趣小组和社团活动，培养他们的正确价值观念、创新精神和实践能力。

四是进一步发挥校外教育机构的公益性服务功能，承担推进教育公平、均衡发展的社会责任。公益性校外活动场所要积极组织贫困地区学生和乡村留守儿童，广泛开展参观学习、交流互动、体验分享等活动，帮助他们开阔视野、陶冶情操。要努力使每个人不分性别、不分城乡、不分地域、不分贫富、不分民族都能接受良好的校外教育。

(二) 加强管理保障力度，推动校外教育多元发展

一是进一步强化全国及各级青少年校外教育工作联席会议的职能。要进一步强化青少年校外教育工作联席会议与各系统负责指导校外活动场所的有关机构、团体之间的工作联系，形成有效工作机制。

二是进一步明确校外教育机构保障政策。把场所建设、使用和管理摆上党委政府重要议事日程，纳入经济社会发展规划和公共财政服务体系，统筹城乡发展，科学安排投入。保障现有场所的运行经费，采取购买服

务、项目补贴、定向资助、以奖代补等方式，支持校外教育机构面向全体儿童青少年提供服务。

三是加强主管部门对校外教育机构的管理指导。坚持谁主管谁负责和属地管理原则，由教育、共青团、妇联、科协等部门加强对本系统所属校外教育机构的管理指导，把校外教育机构场所建设、使用和管理纳入文明城市和未成年人思想道德建设测评体系，推动形成长效工作机制。

四是发挥校外教育机构在学校、家庭、社会协同育人格局中的作用。校外教育是社会教育中的主阵地，要积极配合学校教育，为学生课后活动提供服务；参与社会教育，正向引导社会培训机构发展；支持服务家庭教育，引导家长树立正确的科学育儿观。

（三）提高校外教育质量，完善校外教育标准体系

建设和完善教育标准体系，是推进依法治教，促进教育公平，提高教育质量，基本实现教育现代化的必然选择。目前北京、上海、浙江等省市相关部门出台了校外教育活动场所的建设标准。北京市在近两年还进行了校外教育教学活动的标准研制和建设，但校外教育机构在全国范围内尚未形成统一的建设标准和管理标准。构建校外教育标准体系要落实党的教育方针政策，满足儿童青少年校外教育需求，建立完善以场所建设标准、教育质量标准、人才培养标准为核心的内容体系，从规划设计、功能建设、教育教学质量、人才培养目标等方面，健全校外教育质量保障体系，为校外教育发展的活力提供重要支撑。

（四）整合社会人才资源，切实加强教师队伍建设

加强师德师风建设，进一步完善政策措施，努力建立一支数量充足、结构合理、素质较高、专兼结合的校外教育师资队伍。一是全面加强师德师风建设。把师德师风作为教师队伍建设的第一要求，教师要成为先进思想文化的传播者、党执政的坚定支持者、儿童健康成长的指导者。二是制定"校外教育机构教师专业技术职务评聘办法"，明确校外教育机构师资队伍的教师资格和评聘程序，按照事业单位绩效工资改革办法，明确在编

教师的待遇。三是逐步建立一支志愿者工作队伍，有计划地招募"五老"人员、大学生、科技人员、专家学者、非物质文化遗产传承人等，发挥其特长和优势。四是引导各地高校、科研院所、文艺体育团队等专业机构与校外教育机构建立经常性联系，选派优秀教师、演职人员到场馆开展活动。五是加强工作人员队伍培训，分门别类地对管理人员和专兼职教师进行业务培训，不断提高其能力和水平。

（五）加强教育监测评估，健全校外教育评价制度

教育评价有助于推进人才培养模式的改革和教育体系的建设。随着管办评分离改革的不断推进，在"评"的层面，形成一个集政府督导评估、学校自我评估、社会组织专业评估相结合的多元化的评估体系。目前，学校教育的评估体系已经逐步成熟，校外教育机构的评估还很不完善，也不成熟。对于校外教育的质量监测和评估制度主要的建议包括：完善校外教育督导制度；健全校外教育机构的质量监督和评估制度；健全第三方评价机制。

（六）建立法律保障制度，促进校外教育法治建设

《中华人民共和国教育法》规定，"国家、社会建立和发展对未成年人进行校外教育的设施。学校及其他教育机构应当同基层群众性自治组织、企业事业组织、社会团体相互配合，加强对未成年人的校外教育工作"。这明确了校外教育的法律定位。但是校外教育涉及的规范性文件大多是各类行政规定，或散见于各类法律条文和文章，立法位阶较低。据统计，我国县级及以上校外教育机构已达五千多个，从业人员超过12万人，可见校外教育机构集聚了大量的人力、物力和资源，亟须通过立法活动来对校外教育的创办、准入、运行、发展进行监管和保障。国外校外教育机构管理的经验启示中最为重要的就是对校外教育进行立法，值得我们借鉴。

【参考文献】

[1] 吕同舟. 改革开放 30 年校外教育事业的发展历程回顾 [J]. 中国德育, 2008 (11): 12-15.

[2] 王秀江. 我国校外教育政策的价值分析 [J]. 教育科学研究, 2016 (2): 53-58.

[3] 陈宝生. 认真学习贯彻全国教育大会精神开启加快教育现代化、建设教育强国新征程 [J]. 人民教育, 2018 (19).

校外教育机构美育实践的思考和探索

蔡 颖

(中国宋庆龄青少年科技文化交流中心)

【摘 要】 第五次全国教育大会确立了"要全面加强和改进学校美育,坚持以美育人、以文化人,提高学生审美和人文素养"的重要内容。如何发挥美育及其对德育、智育、体育等积极影响进而培养具有美形美体、美心美智、美行美德的优秀人才,成为校外美育工作的基本方向。在校外美育的机遇和挑战中寻求发展空间,发挥校外美育的优势并重构各种美育资源,全力打造校外美育的课程和活动体系,紧紧抓住校外美育的教学和智慧这个根本,把握好校外美育的评价和质量这个保障,基于校外教育与其他教育形式和平台的协同发展趋势和需求形成以人才为依据、以管理为依托和以文化为驱动的校外美育主导实施体系,成为新时代校外教育机构美育工作和美育事业的重要工作内容和发展方向,值得我们进一步思考和探索。

【关键词】 校外 美育 思考 探索

2018年9月10日,我国第五次全国教育大会召开,大会科学系统地回答了"为谁培养人、培养什么样的人、怎样培养人"的根本性问题。在"如何培养社会主义建设者和接班人"的论断中,确立了"要全面加强和改进学校美育,坚持以美育人、以文化人,提高学生审美和人文素养"的重要内容,将美育提到了新的高度。我国学生发展核心素养把人文积淀、人文情怀和审美情趣等作为基础性的基本要点,与中华文化和世界各国一直倡导和重视美育的教育精神是一脉相承的，它们的宗旨就是发挥美育及其对德育、智育、体育等积极影响进而培养具有美形美体、美心美智、美行美德的优秀人才。这是学校和校外教育机构及其他相关主体应当明确的美育战略，更是校外机构引领改革和发展的战略起点。

一、抓住机遇，迎接挑战，彰显校外美育独特优势

重视美育教育是我国教育的传统，美育作为国家教育方针之一，从新中国成立后1952年3月教育部颁发的《小学暂行规程（草案）》和《中学暂行规程（草案）》，到1986年国务院制定的《中华人民共和国国民经济和社会发展第七个五年计划（1986—1990）》，再到1999年国务院颁布《中共中央国务院关于深化教育改革全面推进素质教育的决定》，一直倡导素质教育，并把美育作为其中核心内容。党的十八届三中全会在《中共中央关于全面深化改革若干重大问题的决定》中专门就学校美育问题提出了"改进美育教学"。尤其是2015年，国务院办公厅颁发的《关于全面加强和改进学校美育工作的意见》，是中华人民共和国成立以来，也是中国有史以来的一份专门部署改进学校美育工作的系统的、专门的文件，开启了我国美育历史的全新篇章。

（一）化挑战为机遇，为彰显优势再上台阶

在迎来大好政策机遇的同时，美育仍存在很多的挑战。如忽略美育在学生发展中所起的重要作用，或把美育仅局限于校园范畴，或将美育只看作艺术教育，或把美育当作无所不包的"万能教育"。还表现出了对美育育人功能认识不到位，重应试轻素养，重少数轻全体，重比赛轻普及，应付、挤占、停上美育课，资源配置不达标，师资队伍仍然缺额较大，缺乏统筹整合的协同推进机制等现象。特别是忽略了校外教育在美育中扮演的重要角色。

这也构成了校外教育机构美育发展的机遇和挑战，也为其发展提供了主观需求和客观要求相结合的发展新空间。校外教育在经历"学校教育的

补充"和"素质教育的重要组成部分"等阶段后，迎来了当前"学生成长和发展的不可替代的重要内容"的新时代，这要求校外教育要站在"学生成长和发展需求"的根本立场上，重新定位自身的发展，一切为了青少年的成长和发展，正如宋庆龄先生所说："一切工作和努力的结果，归根结底，应该使儿童的健康和福利得到改善。"当然，这更是各级校外机构美育的特殊处境以及独特使命，应当克服各种难题，发挥独特优势，实现美育的全新发展。

（二）提升管理水平，为彰显优势立根铸魂

以"学生成长和发展需求"为根本立场上，重新定位自身的发展，梳理确立属于自己的理念体系和实践体系，重点是彻底形成独具特质的培养目标。以此为不同年龄阶段中小学生提供符合青少年特点、深受青少年喜爱的特色活动，培养青少年科技创新能力，弘扬中华优秀传统文化，提高审美素养，促进世界青少年交流等。

以培养目标为主导，把美育作为实现培养目标过程中的重要优势力量，就必须全面提高校外教育机构的管理能力，为彰显优势立根铸魂。首先，基于机构的理念体系和实践体系，全力打通美育与管理、队伍、科研、课程、教育教学、文化和品牌等发展节点的关系，形成贯通的以培养目标落地为主要目标的美育实践体系。其次，重点发挥负责美育工作的部门和岗位的重要作用，健全管理功能，明确管理职责，做好分工合作，如此形成落实美育工作计划和方案的运行体制和机制，将美育理论研究和学生成长和发展研究、美育课程研发和活动开发、美育教育教学管理和实施、美育评价制定和考核等美育工作关键环节联动起来，互动起来，深入实际，有效推进。最后，整体与阶段结合，跨部门、跨资源、跨形式，培养一支热爱美育工作、师德高尚、业务精湛、乐学上进的美育教师队伍。2007 年，我国有中小学美育教师 46.5 万人，到 2017 年这个数字变成 74 万人，而在校外教育领域从事美育工作的从业人员也越来越多。可采用项目推进、师徒结对、分工合作和共创佳绩等方式，实实在在地推进美育工作的具体实施。

二、遵循规律，重点突破，深化校外美育育人实践

美育的本质还在于人，只有提高美育育人的能力和水平，才能实现美育的根本价值。因此，校外教育机构需要进一步遵循规律，在校外美育育人这个重点上有所突破，才能真正肩负起独特的美育育人使命，培养更多更优秀的具有美的理想、情操、品格和素养的时代人才。

（一）提高课程建设水平，丰厚育人实践资源

实现美育育人目标要依靠学生成长和发展的现实过程特别是教育教学过程来完成，而建构具有校外教育独特优势的美育课程和活动体系，是根本的途径和载体。

在校外机构理念和实践体系的统领下，以满足和支持广大青少年美育需要和需求为宗旨，有计划、有节奏、有层次地建构系统化、融合化、生命化的美育课程体系，打造多样化、创新化、实践化的美育活动体系，才能真正地将美育教育教学行为高标准、高质量、高效率地转化为学生成长和发展的现实美育价值。比如，华东地区校外教育在课程一体化构建方面，做出了很多的探索，对美育课程一体化有重要的参考价值。又如中国宋庆龄青少年科技文化交流中心艺术中心构建的培训课程与艺术实践相融合的教育体系，演艺中心的儿童戏剧、儿童影视、儿童艺术实践等，成为引领校外美育发展的特色课程和活动体系。

在有计划地培养美育教师推进美育课程和活动开发的基础上，充分发挥各领域美育专家的指导和引领作用，与周边和社会有实力和条件的专业机构和基地合作，运用各级各类的美育教育资源，结合不同的时间段、不同的群体、不同的形式和内容等具体情况，开发各种生动活泼、个性鲜明、喜闻乐见的美育课程和活动，是实现校外美育开创性发展的重要工程，具有重要的战略意义。如果条件允许，还可以打造一些具有影响力的课程和活动品牌。比如，据不完全统计，每年有超过5万名的师生有组织地到上海的美术馆来观摩美术展览，"上海夏季音乐节"每年邀请近两万

名师生现场观摩,这就是一个可供借鉴的品牌。

总之,各级校外机构可通过品牌课程和活动,引领和带动整个美育课程和活动体系地不断完善和发展,并对外形成机构的品牌示范功能,引领校外教育领域的内涵发展和可持续发展。

(二)创新教学实施方式,提升育人实践层次

对教育教学过程的深耕细作,创新实施方式,提高教育教学的科学性、技术性和艺术性,是校外美育工作推进的依据和依靠。如采取探究式学习、体验式学习、主题教育活动等方式引导青少年学生在观察、体验、感受、反思中与传统文化对话、与日常生活接轨、与科学知识碰撞,不断提升孩子们的美育知识水平、实践能力和协作精神,丰富孩子们的业余生活和精神生活,提升孩子的美育素养与技能,陶冶学生的情操,培养学生的各种美育能力,让更多的学生享受成功的喜悦,享有更大的发展空间,真正让广大青少年具有美育素养的特质。

城市学校可以利用博物馆资源、城市展览馆、科技馆等场地开展美育,农村学校则可以转换思路,将目光瞄向富含美育价值的自然、社会资源,以及民间戏曲、民间手艺、乡村服饰、民歌民谣等。如山东淄博市构建"大美育"格局,全市已命名3批77处校外美育基地,福建省开始建设100个省级校外美育实践基地等,都是美育教学方式的最大创新和改革。

同时,在美育教学实践中,要充分发挥执教教师的智慧和艺术,让美育课堂和现场充满美的气质和氛围。以美的体态感染人,以美的语言唤醒人,以美的知识启发人,以美的行为教化人,以美的过程培育人,以美的力量完善人。这样的课堂和现场,彰显出美育的独特气质和文化,让青少年徜徉在美的世界中,吸收美丽的力量,开发爱美的潜质,建构美好的品性,从身体到心灵,从智力到性格,从行为到德性,都得到美的涵养和发展。如2019年1月27日,为了纪念宋庆龄先生诞辰126周年,中国宋庆龄青少年科技文化交流中心举办了"传承先进文化精神,做新时代追梦人——讲宋庆龄的故事"活动,别开生面的课堂和现场,不仅传承了宋庆

龄先生的教育思想,还体现了第五次全教会的主题,也呈现了中心课堂和现场的育人特点,引起了较好的反响。

(三) 完善综合评价体系,强化育人实践效果

要实现这些学生成长和发展的美育目标,就需要加强美育的评价,提升美育工作的质量。校外美育的评价,不能就美育而美育,撇开其他只关注美育角度的评价和考核。如中国福利会少年宫建设"八大目标"的评价体系,主要从"教学、活动、创新、创作、演出、人才培养、公益服务、品牌建设"进行合理的部门工作评价和考核。不仅要重视美育角度的评价内容和方式,还将第五次全教会的要求落到具体工作之中,将青少年美育评价与"要在坚定理想信念上下功夫""要在厚植爱国主义情怀上下功夫""要在增长知识见识上下功夫""要在培养奋斗精神上下功夫""要在增强综合素质上下功夫""要树立健康第一的教育理念""要在学生中弘扬劳动精神"等全面成长和发展的评价结合起来,既体现美育的独特性和创造性,又体现青少年的综合成长和立体发展。

三、育人为本,合作共享,全面推进美育融合发展

据有关统计,对 200 所高校大学生的问卷调查显示,近 80% 的学生在中小学接受了艺术教育,参加艺术社团并掌握艺术特长的学生达到 62%。这是融合育人的结果。当前,站在"学生成长和发展需求"的根本立场,以育人为本,校外教育正体现出合作、融合与共享的趋势,校外教育本来与学校教育、家庭教育、社区教育和社会教育等就有着深刻的联系,在新的时代,谋求合作发展、融合发展与共享发展自然是校外教育未来发展的主旋律。

因此,要深入推进校外机构内部合作、内外合作、校内外合作和区域合作,基于校外教育和其他教育形式和平台的协同发展趋势和需求,形成以人才为依据、以管理为依托和以文化为驱动的校外美育主导实施体系,并在此格局中重构所有美育资源和力量。如"长江三角洲青少年社会教育

联盟"由上海市、江苏省和浙江省的 24 个城市的 27 家青少年宫（活动中心）组成，不断加快区域青少年社会教育事业的发展。又如中国宋庆龄青少年科技文化交流中心挂牌成立"中国志愿服务青少年实训基地"，与中青旅签订合作框架协议，与教育部中国下一代教育基金会联合主办了首届家庭教育发展论坛，与中国艺术摄影学会联合主办了首届丝路国家青少年国际摄影作品展，承办了"北京市中小学生社会大课堂十周年总结展示会"，承接了国家发改委、外交部、统战部、中国红十字会等三十多家单位八十多场在青少年领域具有影响力的大型活动。这些融合发展作为美育工作推进的重要形式和载体，让美育真正成为青少年生命发展的有生力量和独特优势。

总之，通过一系列的思考和实践，可以让校外美育成为校外教育机构的重要创生力量，整体提升校外教育的发展层次和水平，以促进校外教育的可持续发展，深化践行社会主义核心价值观，更多地培养德智体美劳全面发展的社会主义建设者和接班人，也为我国从教育大国走向教育强国贡献应有的不可替代的重要力量。

【参考文献】

[1] 宋庆龄. 愿小树苗健康成长 [J]. 儿童时代，1981（11）.

[2] 宋庆龄. 为培养共产主义接班人而努力——为庆祝中国福利会成立 25 周年而作 [N]. 人民日报，1963-06-14.

[3] 宋庆龄. 把教养儿童的责任担负起来 [N]. 人民日报，1957-06-01.

[4] 宋庆龄. 致父母、教育工作者和儿童保育工作者的一封公开信 [N]. 人民日报，1955-06-01.

[5] 柳学袖. 加强校内外教育的融合，提高中学生的科学素养 [J]. 北京教育，2010（1）.

[6] 王志强. 浅谈新课改下学校、家庭、社会的协同教育 [J]. 中国校外教育，2014（2）.

益智类游戏活动课模式探索

——"叠叠高"游戏

章雪楠

(北京市东城区少年宫)

【摘 要】 本研究希望通过对一种典型益智游戏的活动模式的探究,获得一个比较普遍的活动课模式。研究在学生情况基本一致的情况下,对同一核心内容的活动进行了12次尝试,六次推进性修改,并着重记录和分析了每一次活动课修改给活动效果带来的不同。从研究过程可以看出,在此种合作类益智游戏活动中"彼此熟悉"是一个必要的过程,可以有效消除将要共同商讨和交流的学生们之间的陌生感;简单的和目标游戏相融合的小型体育活动不仅可以充分调动学生参与的积极性,更可以加强学生对目标游戏的理解,对帮助学生更好地进入目标游戏从而完成它起到十分积极的作用。同时,还应该注意到环境对学生关注力的影响,要依据具体情况进行慎重处理。我们将以上研究结果纳入最终的活动框架中。

【关键词】 校外活动　益智游戏　叠叠高　模式探索　小学低年级

一、研究内容的选择

(一)研究的由来

"思维影响身体,身体也影响思维"。除去各种文化课的学习,"游戏"

活动也是每个孩子青少年时期非常重要的内容，并担当起越来越重要的角色。

我们对于"益智类"游戏的研究始于"十二五"课题——"东城区少年宫'游戏流动营'实践研究"。"游戏流动营"的主体是"游戏"。活动的设计均基于集体活动进行，包含二人、三人或多人之间的相互配合、协作。而"没有课程的局限性，没有时间的局限性，没有地域的局限性"是"流动"的含义。只要是学生喜爱的，就是我们将要提供的。课题研究一定程度上反映了如何合理使用校外资源，并将其最大化。该课题研究获得北京市课题评选三等奖，课题成果集《游戏·欢笑·成长》获得北京市教材学材评选一等奖。

"十二五"结束后，"游戏流动营"申报了"三个一"特色项目继续研究。研究方向与课题基本一致，旨在通过"游戏"使学生得到身心上的愉悦和综合素质的提高。

（二）问题的提出

不同于课题时期偏重于室外游戏的研究，现阶段我们的研究逐渐转移到对室内游戏活动的细化。

益智类活动课的课堂气氛和参与率的提高一直是"'游戏流动营'实践研究"中的一项难题。作为室内游戏的一个重要种类，益智类游戏往往没有室外游戏直观，看起来好玩，因此，尤其是对于低年级学生，如何激发他们对游戏的兴趣，调动大家的积极性，使孩子们在玩儿的过程中主动积极的思考是我们一直思考的问题。本次研究选择的是对"叠叠高"这一典型益智类合作游戏进行研究。

（三）样本的选择及构成

本次活动案例研究的样本来自于参加 2018 年东城区少年宫"暑期'快乐营'"的学生。"快乐营"共四期，每期三个班，每班 15 至 20 人，最少的一班为 10 人。每期每班活动一次。活动发生在每周的周一至周三。每节活动课为 90 分钟。

学生在东城区少年宫官网报名，随机录取来自东城区各小学一二年级的学生参加活动，偶有 6 岁即将上学的孩子和个别三四年级的学生每班最多不超过 3 人。活动共 12 次，活动方案使用了 12 次，每一次使用方案的学生均不重复，因此可以认为基本相同。

二、研究中的变量

"游戏流动营"的所有活动都是以为学生带来快乐为目标，设计核心是使学生在"玩儿"（即获得快乐）的过程中，能够获取知识和技能。因此，符合学生的成长规律，顺应学生心理发展，积极地进行引导，是我们每个活动必须做到的事情。其实在课题初期，"叠叠高"就已经出现在我们的活动策划案中，但当时只是简单作为一种益智游戏对学生进行推广。然而，在"快乐营"中，我们重新审视了"快乐"一词，为把活动课做得更加生动，我们开始了对活动方案的集中尝试和改进。

（一）过程对象

在遵循活动原则的基础上，活动方案在初稿的基础上进行了六次过程上的修改直至定稿。增减（或微调）内容包括"自我介绍""接力搭建""猜拳"和"背景音乐"。

1. 自我介绍

这是一个学生们相互认识熟识起来的环节。由于孩子们随机抽取于各个小学几乎没有相互认识的，所以这个环节有可能提高孩子们之间的信任感，对完成活动有帮助。

自我介绍的内容包括姓名、年龄、星座、爱好，以及希望其他小朋友知道的事。孩子们依次上前介绍，女生先，男生后。

2. 接力搭建

这是一个将接力赛和"叠叠高"游戏规则相结合的环节。孩子们分两队，依次跑向对面目标点再跑回，在目标点每个同学将三个木块并好垒搭在下层木块之上。同时需注意每次垒搭要和上一层呈 90 度角,形成横竖相间的搭建。满足以上两个条件,哪队先使用完所有木块哪队胜。

叠叠高的游戏规则比较简单,但是一次性讲述给孩子们对孩子们来说理解起来还是有困难。困难来自学生们对"垒好""抽取""稳定"等词都基本理解,但是不知道怎么叫垒好,从哪里抽取,保持什么的稳定。本环节设置的目的就是让孩子们熟悉这些木块,熟悉它的最终立方体的形态,熟悉横竖相间的搭建方式。

3. **猜拳（剪刀、石头、布）**

这是一个确定游戏顺序的环节。以前的课程在学校正规教室内实施,为了保持室内游戏的秩序,防止吵闹,老师们会为孩子们指定顺序。此次活动在舞蹈教室内进行,环境宽松。因此,选择猜拳游戏,由孩子们自己确定顺序也许更符合孩子们的心理需求。

4. **背景音乐**

由以往的经验我们知道环境的设计除了格局外还包括背景音乐这个重要元素。例如,在曾经的"拼装游戏"活动中,我们设计了轻松欢快的背景音乐,使整个活动教室内,大家更容易进入集中注意力进行拼装的状态。因此,此次也设计了这方面的改进,希望对游戏完成效果有所帮助。

(二) 衡量指标的介绍

针对以上增减元素是否有利于活动的进行,我们认为设置一些活动中常见的重要指标作为衡量依据更为妥当。在低年级学生游戏活动中,时常需要着重考虑的有"注意力""参与率""完成度"。

1. **注意力**

注意力是否能有效集中往往决定着某个活动能否成功完成。低年级学生的注意力,通过整队、老师讲述等方法在短时间内可以集中,但也容易涣散。我们发现积极的情绪可以更好地带领学生集中注意力,而使学生获得积极情绪的一个捷径就是使内容有趣,因此什么样的活动设计使得学生们觉得有趣可以直接由"注意力"反映出来。

根据学生在整个过程中可以集中精力和参与活动的总的时间占活动总时长的比例进行估算。

2. 参与率

从策划者的角度讲，有效的参与率是衡量一个活动是否成功的重要指标。一个活动再精彩，如果只是百分之几的参与率也不算是成功的。策划者们在一个活动中最绞尽脑汁的应该就是这件事了。有效的参与率不同于参加游戏的人数，而是指具有参与意愿的孩子所占总人数的比率。

根据主动参与游戏人数占所有人数的比例进行估算。

3. 完成度

完成度是一个相对片面又比较重要的指标。比如在"七巧板"游戏中，越多的学生能够按要求拼出图形，游戏的完成度越高。但是，没有完成的学生在摆拼的过程中也得到了经验和乐趣。因此，虽然能够完成任务的人数越多越好，但是不能说完成学生人数少的活动就是不成功的活动，可见完成度既是一个绝对数又是一个相对量。

根据可以按规则进行游戏的人数占总人数的比例进行估算。

以上三个指标初始值均假设为 50%。除此之外，我们还对每个指标进行了简单的"描述"，均体现在"研究过程"表格中。

（三）研究的方法

本次活动方案的改进过程主要是一个定性的分析，观测指标的值是估算值，这些具体值的绝对数并没有特别具体的含义，相比之下它们的增减度才是我们关注的焦点，它们的作用是帮助我们理解每个元素的增减为整体活动的效果带来的差异，方便我们对活动过程进行最终的描绘。

由于人力所限，我们不可能对每一个学生的情况都进行详细记录，我们采用的方法主要为分组观察。比如，参与率的估算就是以组为单位（4—5人），如果四人一组的三人参与度高就是 $3/4 = 75\%$，四人参与度高就是 $4/4 = 100\%$。

三、研究过程

本次研究的数据来自总共 12 次课的 12 次活动。方案改进共经历了六个阶段：

（一）初稿阶段

初稿是依据以往基本活动课方案制定的，直接使用到本次"快乐营"中。第一期学员周一至周二使用过两次表 1。

表 1 初稿

	增减元素				观测情况		
	自我介绍	接力搭建	猜拳	背景音乐	注意力	参与率	完成度
初稿	—	—	—	—	50%	50%	50%

（二）第一次更改

首次更改加入"自我介绍"环节，对活动效果有一些积极影响。学生的注意力有所提高，相互沟通有一定的改善，对参与率和完成度均有积极影响。第一期学员周三至第二期学员周一使用过两次表 2。

表 2 第一次更改

	增减元素				观测情况		
	自我介绍	接力搭建	猜拳	背景音乐	注意力	参与率	完成度
初稿	—	—	—	—	50%	50%	50%
第一次更改	新增	—	—	—	55%	60%	60%
	有效	—	—	—	有提高	有提高	有提高

（三）第二次更改

对"自我介绍"环节进行了改进，并加入了"猜拳（剪刀、石头、布）"环节。

"自我介绍"环节要求学生介绍姓名、年龄、学校、爱好及星座。教师会在每个学生自我介绍完之后，随机提一个关于这位同学的问题，比如，他的星座是什么。由学生举手抢答。这个简单的互动大大提高了学生的注意力，活跃了活动气氛，对调动学生积极性有很大的帮助。

"猜拳"是孩子们常用的游戏前确定游戏顺序的小游戏。它被加入在"叠叠高"游戏每次木块倒塌后重新开始游戏时。于是，这个参与度100%的小游戏贯穿了整个活动，把学生们不停地拉回到"合作"中，明显提高了分组后的注意力和参与率，完成度也有所提高。两个改进都是有效的。第二期学员周二至周三使用过两次表3。

表3　第二次更改

	增减元素				观测情况		
	自我介绍	接力搭建	猜拳	背景音乐	注意力	参与率	完成度
初稿	—	—	—	—	50%	50%	50%
第一次更改	新增	—	—	—	55%	60%	60%
第二次更改	调整	—	新增	—	80%	85%	80%
	调整有效	—	有效	—	有提高	有提高	有提高

（四）第三次更改

加入"接力搭建"。由于舞蹈教室场地相对宽阔，适合孩子们做一些小型体育游戏，比如接力跑。在接力跑的拐点设计垒搭叠叠高的环节，帮助孩子们尽快熟悉叠叠高的基本形态（立方体），理解横竖相间搭建的重要性（使建筑物更加坚固），为之后叠叠高游戏规则的解释做好铺垫。效果非常好。第三期学员周一至周三使用过三次表4。

表4 第三次更改

	增减元素				观测情况		
	自我介绍	接力搭建	猜拳	背景音乐	注意力	参与率	完成度
初稿	—	—	—	—	50%	50%	50%
第一次更改	新增	—	—	—	55%	60%	60%
第二次更改	调整	—	新增	—	80%	85%	80%
第三次更改	—	新增	—	—	90%	95%	90%
	—	有效	—	—	有提高	有提高	有提高

（五）第四次更改

加入"背景音乐"。在以往室内活动中，我们常常会使用背景音乐以活跃现场气氛，本次更改也希望得到这样的结果。然而，音乐声影响了孩子们的相互交流。为了压过音乐的声音，孩子们说话声音越来越大，很快就疲劳了，也有一些孩子甚至觉得对方听不见而干脆放弃交流，导致参与率有所下降。在调低背景音乐后，问题有所缓解但仍然存在。可见这一尝试并不成功。第四期学员周一使用过一次表5。

表5 第四次更改

	增减元素				观测情况		
	自我介绍	接力搭建	猜拳	背景音乐	注意力	参与率	完成度
初稿	—	—	—	—	50%	50%	50%

（续表）

	增减元素				观测情况		
	自我介绍	接力搭建	猜拳	背景音乐	注意力	参与率	完成度
第一次更改	新增	—	—	—	55%	60%	60%
第二次更改	调整	—	新增	—	80%	85%	80%
第三次更改	—	新增	—	—	90%	95%	90%
第四次更改	—	—	—	新增	70%	85%	80%
	—	—	—	无效	有下降	有轻微下降	基本不变

（六）定稿阶段

最终我们的活动方案停留在了第三次的更改上。第四期学员周二至周三使用过两次表6。

表6　定稿

	增减元素				观测情况		
	自我介绍	接力搭建	猜拳	背景音乐	注意力	参与率	完成度
终稿	保留	保留	保留	去掉	90%	95%	90%

四、研究的结果

（一）过程结果（略，可见于"三、研究过程"）

（二）参数分析结果

图 1　活动中

（1）注意力：想要延长学生集中注意力的时长，最有效的方法就是使活动更加新奇、有趣。在整个活动中要求学生注意力一直集中是十分不切实际的，我们只需学生在有效活动时能够积极参与，主动完成任务即可。

（2）参与度：参与度的提升来源于学生对活动指令的理解，只有理解了自己的任务，才能正确的参与，融入活动。因此，加入的各种辅助活动要与主要的目标任务相结合，能够拆分目标任务中涉及的知识点，使活动在符合学生认知水平的基础上逐渐展开，才能有效提高参与度。

（3）完成度：学生在逐步改进的活动中注意力和参与度不断提高，使得能够正确完成游戏的人数越来越多。同时，在完成了目标游戏后，还有一部分同学想象出一些和小木块相关的其他玩法，比如设计多米诺骨牌，把木块当作积木进行搭建。这些积极的尝试实际上超越了我们所要求的完成度，更加值得鼓励。

图 2　智力拼装　　　　　　　　图 3　创意贴纸

图4　七巧板

（三）框架

在完成了以上研究之后，我们得出一个相对稳定的活动框架，它由四阶段构成：

第一阶段：相互熟悉（如"自我介绍"）（15%）。

目的：可以让大家彼此简单相互了解。

第二阶段：热身（如"接力搭建"）（25%）。

目的：将目标游戏的部分知识点融入简单的体育游戏中，以积极的身体活动带动和激发孩子们活跃的思维。

第三阶段：主体游戏活动（包括介绍规则、示范，并活动）（40%）。

目的：进行主体游戏的活动。

第四阶段：尾声（包括收拾玩具、小结）（20%）。

目的：培养学生善始善终的良好习惯。

五、小结

经过以上的研究，我们得到了一个比较有意义的四阶段活动框架，它可以被套用到很多形式上比较单一的室内益智游戏活动课当中。框架中"相互熟悉"是一个非常必要的过程，可以有效消除将要共同商讨和交流的学生们之间的陌生感；"热身"和"主体游戏活动"需要紧密结合，简单的和主体游戏相融合的小型体育活动不仅可以充分调动学生参与的积极性，更可以加强学生对主体游戏的理解，对帮助学生更好地进入游戏状态从而完成它起到十分积极的作用；而"尾声"对孩子品行的培养起到很重要的作用。如此，学生们才能在一节活动课中既能开心地动起来，又能静静地进行思考和交流，活动效果得到大幅提升。

我们的活动框架还需要更多其他益智游戏的检验以获得更加丰富合理的数据。同时，面向更多年龄段学生，寻找出更多可以与目标游戏相融合的体育游戏也是我们的工作。

人们常说"开心的孩子是最聪明的"。在今后的活动中，我们将更加注意提高教师的基本素质，及时把握学生心理变化，争取让更多的孩子在积极的状态下得到最恰当的引导。

【参考文献】

[1] 三种不同类型 case study 的写作介绍[EB/OL]. [2018-05-22]. http://www.ukassignment.org/case_study/2018/0522/25023.html.

[2] Felicia. case study 怎么写详细指导[EB/OL]. [2015-02-28]. http://www.ukassignment.org/case_study/2015/0225/22154.html.

[3] 章雪楠. 游戏 欢笑 成长——北京市东城区少年宫"游戏流动营"实践研究成果汇报[J]. 中国校外教育，2019（A1）.

[4] 张明英. 我国休闲体育的发展前景[J]. 湖州师范学院学报，2001（3）.

[5] 丁海东. 论儿童游戏的教育价值——基于游戏存在的双重维度[J]. 幼儿教育：教育科学版，2007（2）.

[6] 教育部门户网站. http://www.moe.gov.cn.

教育资源促进资质优异学生科学素养发展

王慧旻　张　彦

(北京市东城区府学胡同小学)

【摘　要】 本研究旨在探索利用北京丰富的科技教育资源使资质优异学生科学素养得到适切发展。通过课堂观察和非正式访谈，以科学素养四要素为依据，遴选约占学生总数7%的科技资质优异学生，聘请11位校内教师作为指导教师，以11项科技赛事（活动）为依托，进行项目式科学素养培育。遴选校外科技教育资源，包括人力资源——专家团队开展教师培训及学生科技项目指导；课程资源——开展项目式教学；赛事（活动）资源——以深度动机为特质的学习，在解决问题过程中促进科学知识、科学方法与能力、科学精神的发展。

研究发现，校外科技教育人力资源——项目专家对资质优异学生科学素养培养具有积极意义；科技赛事和活动资源可以为资质优异学生提供更多实践研究机会；校内外科技教育资源有效联动更利于资质优异学生科学素养培养。同时发现，教育资源开发利用应注重学生的主体需求，各种教育资源之间衔接还有待进一步完善。

【关键词】 教育资源　资质优异学生　科学素养

一、内容与方法

针对天资聪颖和具有特殊才能的青少年,本课题用"资质优异学生"进行表述。因为是小学阶段,研究关注可利用的物质资源、可设计的环境(基地)资源、可生成的课程资源、可体验的活动(赛事)资源和可联动的人力资源,整合社会资源提升资质优异学生科技教育质量、科技活动质量,满足资质优异学生科学素养提升需求。

以"教育资源"为出发点,联结资质优异学生优势与科学素养提升进行"科技教育资源库"整体性开发、"科技教育资源群"模块化开发、"科技教育资源"课程化开发。

学校层面,学院制培养体制下教育资源整合改变教育模式培养科学领域资质优异学生。教师层面,采用项目负责制,对资质优异学生进行筛选与甄别,发挥教育资源对其科学素养的促进作用。

课题研究立项开题阶段,主要运用文献研究法进行信息搜集;课题研究推进阶段主要采用行动研究法,探索利用教育资源满足资质优异学生科学素养发展需求策略,并在行动研究中澄清、检验、丰富研究成果;采用调查研究法获取相关信息和数据;课题结题阶段,运用经验总结法对阶段性研究成果进行总结与推广。

二、结论与对策

(一)以项目为依托甄别资质优异学生

科技竞赛是学校选拔和培养科技创新后备人才的重要途径。依托科技竞赛平台,对资质优异学生进行筛选与甄别,主要采用非正式评鉴(如自荐、面试、课堂观察、竞赛纪录等)方式,强调个人兴趣。

通过访谈11位科技社团教师和两位科技教育主管领导,我校科技资质优异学生具有以下特点:兴趣浓厚、动手能力强、具备相关领域科学知识和电脑基础，具备逻辑思维、创新能力、团队意识，善于写作，能够自律。对上述九方面科学素养排序如图1所示。

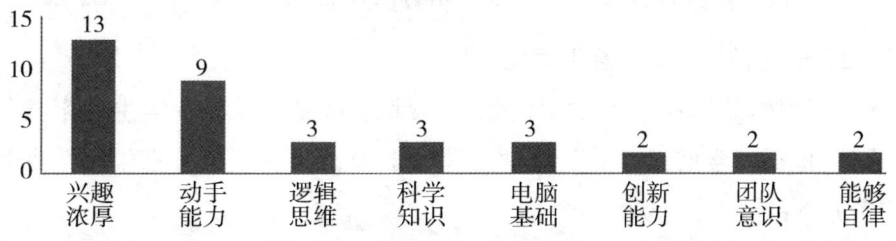

图1 科技资质优异学生选拔标准

据此制订府学科技资质优异学生选拔科学素养四要素为：兴趣（浓厚的兴趣和强烈的求知欲）、能力（较强的动手能力和解决实际问题的能力）、思维（较强逻辑思维和创新思维能力）、知识（具有相关领域知识储备），如图2所示，并兼顾智力与非智力因素相协调，如自律意识、团队合作精神等。

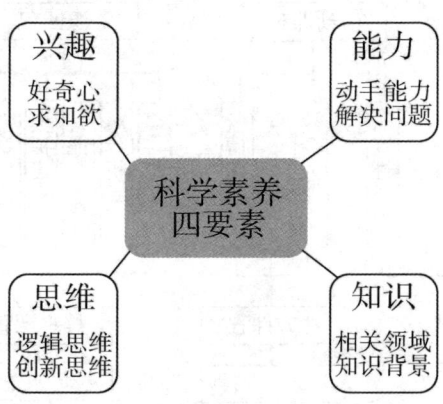

图2 科技资质优异学生科学素养四要素

科技教育主管领导，对资质优异学生遴选提出基本要求，遴选方式以观察、访谈为主；操作流程为学校宣传→自主报名→教师选拔→征求班主任意见。11位科技社团（小组）辅导教师依据项目需求，选取其中要素作为标准进行选拔，遴选出科技资质优异学生236人，占在校学生总数3342人的7%。

（二）以项目为依托进行课程设置

聚焦科技资质优异学生科学素养培育的课程设置是研究的核心问题。

1. 依托科技活动、赛事建构课程

"课程的品质影响着学生的素养，课程的结构影响着学生的素养结构。"[1]依据"学府式府学"博学院课程框架，修订"紫轩理学院"课程体系如下：

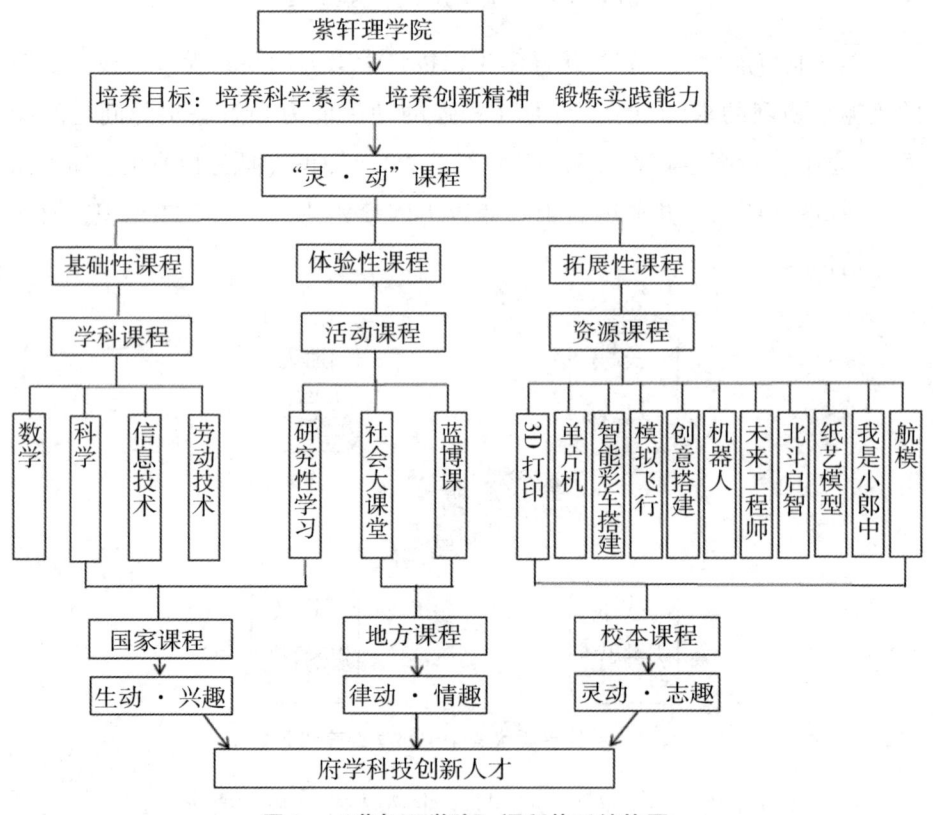

图3 "紫轩理学院"课程体系结构图

"紫轩理学院"课程以培养科学素养为宗旨，于国家课程"科学""研究性学习"中学习科学知识、研究方法，培养学生对科学的兴趣；在地方课程富有情趣的活动中，体验科学活动的过程和方法；在校本课程的拓展中，引领学生学习与周围世界有关的科学知识，初步养成科学探究习

惯，培养创新意识和实践能力，并发现具备潜在创新能力和有志于科学研究的科技创新后备人才。三个维度课程为资质优异学生科学素养培育提供了可选择和发展的空间。

2. "科技教育资源库"整体性开发立足于"人力、课程、赛事、物质、场馆"资源五位一体

针对资质优异学生科学素养发展可利用的校外资源，主要有人力资源、课程资源、赛事资源、物质资源、场馆资源五大类，利用资源开展实践的情况如表1所示。

表1 科技社团（小组）教育资源利用

项目名称	人力资源	课程资源	赛事资源	物质资源	场馆资源
3D打印		✓	✓	✓	
单片机	✓	✓	✓	✓	
智能彩车搭建	✓	✓	✓	✓	
模拟飞行	✓	✓		✓	
创意搭建	✓	✓	✓	✓	
机器人		✓	✓	✓	
未来工程师	✓	✓	✓	✓	
北斗启智	✓	✓		✓	
纸艺模型	✓	✓		✓	
我是小郎中	✓	✓		✓	✓
航模	✓	✓	✓	✓	

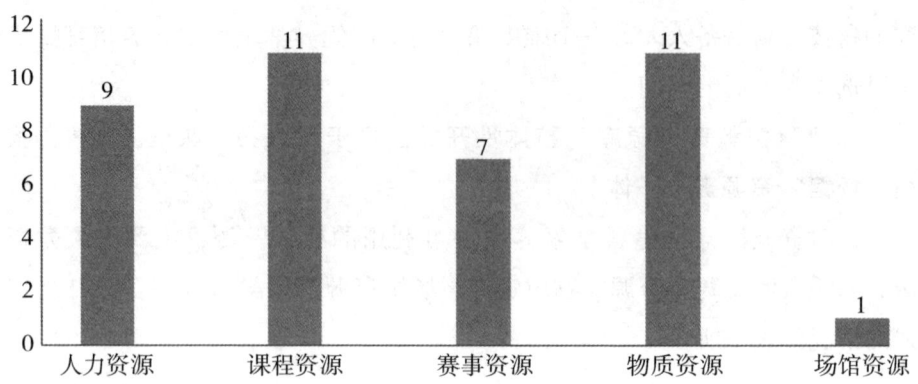

图 4 科技社团（小组）教育资源利用情况

3."科技教育资源群"模块化开发对"人力资源、课程资源、赛事资源、物质资源、场馆资源"进行组合

人力资源、课程资源、赛事资源、物质资源中，最重要的是人，即有学术领域专家，才能依托课程、物质、赛事资源开发出能实操有实效的课程。11门课程中，除2门没有外聘专家外，6位专家负责课程主讲，3位负责培训教师。"专家进学校"既对学生进行了科学知识与方法的培训，又使校内指导教师积累了完整辅导一个项目的经验，提升了项目指导能力。

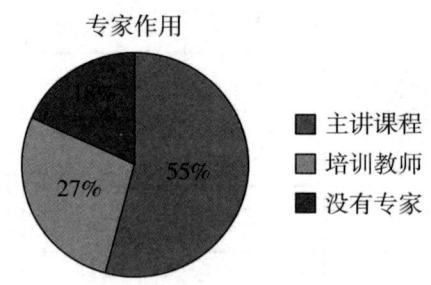

图 5 科技社团（小组）人力资源利用情况

11门课程，9门来自专家，2门由学校教师依据参赛项目自行开发。

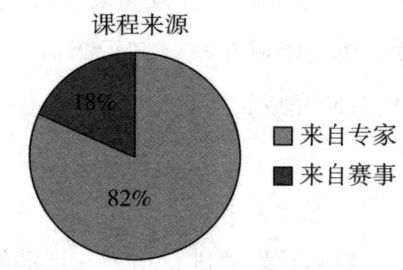

图 6　科技社团（小组）课程资源利用情况

11 个项目除 3 项没有赛事外，7 项赛事来自教育行政部门，1 项来自专家。

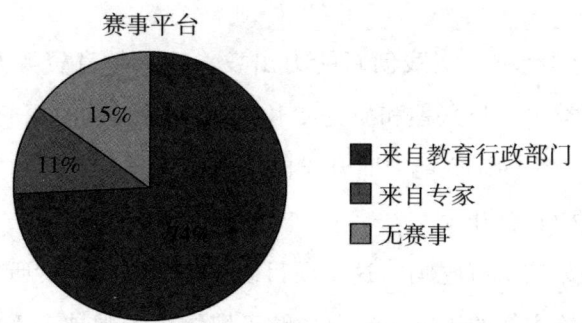

图 7　科技社团（小组）赛事资源利用情况

11 个项目组中只有"我是小郎中"用到了场馆资源。到场馆学习可以丰富学生相关领域知识，也发现了一些问题：一是缺乏有针对性学习来辅助学生学习；二是主讲专家，学术性强，但对场馆缺乏了解，使场馆学习效果不如预期。

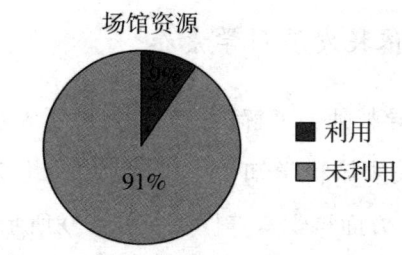

图 8　科技社团（小组）场馆资源利用情况

场馆资源利用率不高，除了课程开发需要学校辅导教师（了解学生知识基础、长于教学）、相关领域专家（知识丰富、学术造诣高）、场馆人员（了解展示内容）共同完成，难度较大外，还有学生外出安全因素的考虑。

实践证明，人力资源（专家）和课程资源利用效果最好。特别是专家指导学生解决难点问题，对辅导教师进行培训，帮助教师将专业知识转化为学生的学习内容，并就赛事进行解读、策略分析、思路开拓。赛事其次有助于检验学习成果，应用、展示与激励。

4. "科技教育资源"课程化开发——项目式学习是培育科学素养的重要途径

从培养科学精神、实践创新能力出发，选择教育资源开发研究类课程，可以根据学生自身兴趣和研究专长进行某一领域的探究性学习活动；也可以是针对学生的研究能力而开设的项目性活动课程。这类课程最好与大学或科研机构联合开设。

在"太空果实更好吃吗"这个项目研究中，学生们聆听中国航天育种研究中心钦天钧主任的讲座，到中华航天博物馆参观神舟飞船、返回舱等实物展品，到通州于家务太空种子栽培基地了解太空植物。回到学校，在老师指导下在学校小菜园栽种太空种子，种植了辣椒、黄瓜、番茄等蔬菜。到农科院蔬菜花卉研究所，在专家指导下学习检测维生素C，对自己种植的太空果实进行检测。虽然学生们的实验研究还很稚嫩，操作实验仪器也不够娴熟，但他们学会了像科学家那样进行研究。

（三）以项目为依托发展科学素养

访谈11位项目辅导教师，了解科技教育资源引入对资质优异学生培养兴趣、动手能力、相关领域科学知识、逻辑思维、创新能力、团队意识、自律意识、写作能力八方面科学素养促进，如图9所示。

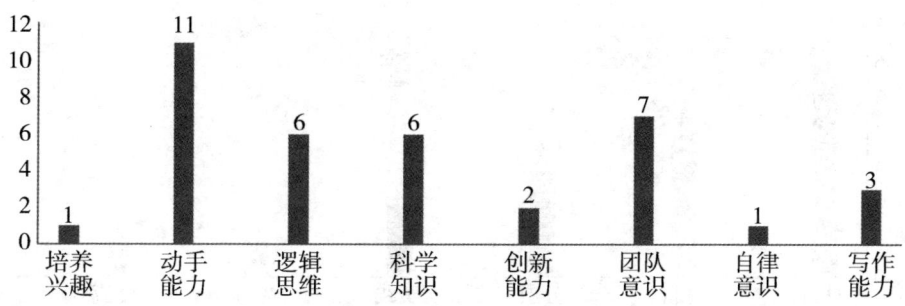

图 9 教育资源促进科学素养培养（一）

访谈中还了解到，科技教育资源引入对资质优异学生探究能力、应用能力、应变能力、独立思考、协调能力、综合能力、视野开阔、竞争意识、严谨态度、科学精神、克服困难、自信心培养方面有所促进，如图 10 所示。

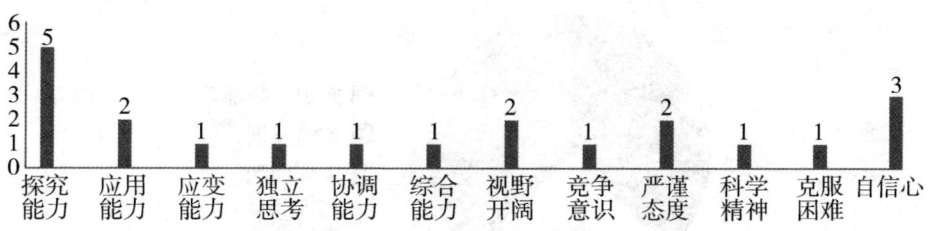

图 10 教育资源促进科学素养培养（二）

访谈结果显示，研究体现了学校倡导的培育"饱满"的科学素养——既有很强的动机与能力，在解决问题的过程中又能体现知识、技能、态度的发展。

（四）依托项目建立需求了解机制

学校建立项目指导教师需求调研机制。访谈归纳科技社团指导教师社团未来发展需求涉及对口专家、材料设备、分层课程、实践基地、赛事平台、交流平台六方面，如图 11 所示。

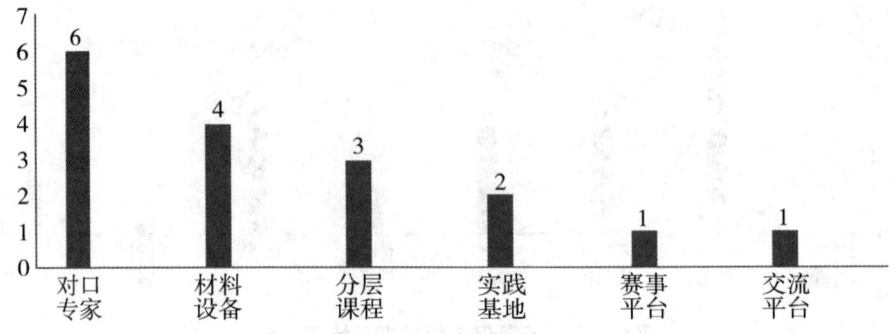

图 11　辅导教师教育资源需求

访谈结果显示，项目指导教师团队未来发展"对口专家"需求居首位。与资质优异学生科学素养培养（知识与技能，学科前沿发展，发现问题、分析问题、解决问题能力，写作与答辩）需求对接如图12所示。

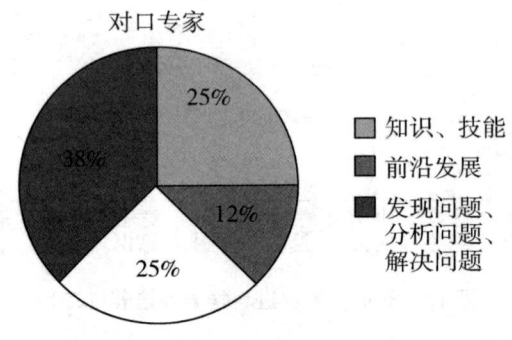

图 12　对口专家资源需求

辅导教师对材料、设备、工具的需求指向动手能力、操作技能的培养。分层课程需求，一是增加入门、基础课程（如模型设计基础、人工智能基础——编程）；二是为"精英"学生提供升级版课程。对实践基地的需求指向动手能力、实践精神培养。交流与赛事平台指向技能展示。

三、成果与影响

五年研究实践，我校科技教育资源建设优势显现：

（一）科技教育资源生成"课程"

当前，课程已不是"学习者在学校情境中获得的全部经验"[2]。

1. 科技教育资源库整体优化

教育资源的开发与利用要从学校整体教育目标出发，以提高教育效益为目的，力争以少的教育资源获得最大的教育效果。

2. 科技教育资源群合理组合

学校科技教育资源开发围绕教育目的或任务——资质优异学生科学素养培育，对现实或潜在教育资源进行深入发掘、优化组合，使教育资源最大限度发挥作用，为教育目标的实现、教育任务的完成服务。

3. 科技教育资源结构动态平衡发展

学校在科技教育资源开发与利用中充分发挥本校的优势与特色，形成了较为平衡的教育资源结构，纳入学校"教育资源库"、嵌入科技资质优异学生科学素养培养的课程中，从而跳出传统教育的局限，使科技教育不断有新突破。

（二）科学素养在"课程"中提升

当前，课程是"提供学生各种学习机会"[3]。而项目学习，"为学生提供在他们喜欢的主题中做有一定深度的研究的机会"[4]。集中优质科技教育资源，对资质优异学生进行高效培养，能够使学生像科学家一样探究和发明创造；开发学生才智，挖掘学生科技潜能，达到知识、素养同时提升的赋能目标。

四、改进与完善

（一）科技教育向素养教育转型

通过研究，学校明确提出资质优异学生科技教育理念：科技教育是素养教育。以科学兴趣为起点，以科学知识系统和科学方法和能力体系为支撑，以科学精神为目标，全面提升学生的科学素养。确立科技教育资源建设原则为：以资质优异学生科学素养发展为目标，结合科技项目筛选教育资源，构建多种教育资源整合的培养平台。

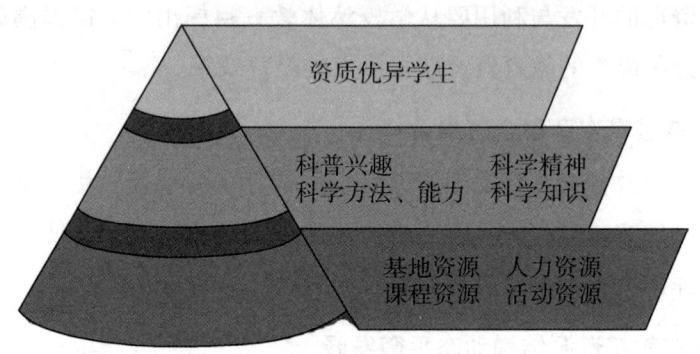

图13 "雏鹰科技学院"教育资源

（二）科技教育资源精准定制

目前还处在科技教育资源精准定制的起步阶段。仍需改变科技教育资源遴选与利用从项目内容入手的现状。只有将项目内容、教育资源与科学素养精准对接、深度融合，探索科技拔尖创新人才的早期发现与培养机制，才能在多种教育资源整合中精准发力。

（三）科技教育一体化机制

遴选、整合不同优势资源，架构适合资质优异学生发展的课程资源、基地资源、人力资源、物质资源与科技赛事活动有效结合，需要科技教育管理一体化。

研究从以教育资源建设为载体的深度整合"率先突破"。由多种教育资源所构成的教育资源系统的构建还远未完成，即使是对某一方面教育资源的研究，也是既很肤浅，也很零散，缺乏系统性。

（1）适合资质优异学生科学素养提升所需教育资源的内涵、特点是什么？

（2）如何才能聚集这些教育资源？

（3）如何评价这些教育资源品质？

（4）如何发挥这些教育资源的教育效能？

如何通过教育资源整合使资质优异学生的科学素养得到适切发展，还只是刚刚起步，上述问题还未找到合适的答案。

【参考文献】

[1] 夏桂敏. 基于核心素养的校本课程建设 [J]. 未来教育家，2017（8）.

[2] 叶澜，郑金洲，卜玉华. 教育理论与学校实践 [M]. 北京：高等教育出版社，2000.

[3] 李子健，黄显华. 课程——范式、取向和设计 [M]. 香港：香港中文大学出版社，1996.

[4] 林崇德. 从创新拔尖人才的特征看青少年创新能力培养的途径 [J]. 科学中国人，2011（1）.

研发课程提高电子小组教学质量的研究
——"可编程电子创意制作"课程教材开发与教学应用

毕 欣

(北京市宣武青少年科学技术馆)

【摘 要】电子信息技术已成为当代社会科技重点,在实际生产生活中应用广泛,推动人类社会发展。学生们对身边的电子信息技术知识应用很感兴趣,有学习探索的渴望。可见,学习这个内容非常重要。

目前电子技术教学一般都是老师系统讲授知识理论,比较抽象枯燥,学生不容易理解,需要研发新课程直观形象讲解。新课标也要求教师不能仅仅是传统教材的传授者,要注重学科建设研究,用新方法新思路创设课程,提高教学质量。

基于以上原因,经过大量调查研究、创新探索,笔者研发了课程《可编程电子创意制作》,包括:研发了配套特色系列教具和整套课程教材(该教材书籍已正式出版)。教学内容分为:相关电子信息知识介绍、方法介绍、应用示范、拓展延伸五个章节内容,该课程既利于教师直观形象讲解电子信息技术相关知识生成过程与应用;也利于学生全程参与学习:焊接电路板、DIY创意搭建、现场编程,创新实践,互动体验,增强学习兴趣、提高教学质量、培养提升创新能力!

目前还没有同类课程和配套学具。该课程已列入学校初高中技术类课程选用教材和中小学校本课程教材,利于进一步普及开展电子信息技术教学活动。

笔者在北京四中、师大附中等10所中小学电子信息技术教学中，都使用了该教具课程，达到了预期效果，受到老师们和同学们好评。教学应用已在《中国中学生报》《中国科技教育杂志》《现代教育报》等报刊上宣传报道。

【关键词】 课程研发与应用　电子信息技术　电子小组　教学质量　学科建设研究

一、研究背景

（一）电子信息技术的重要性

电子信息技术成为当代最活跃、渗透力最强的科学技术，信息技术应用已经进入各个领域，成为现代生产生活重要组成部分。比如，手机、电脑、家电、通信、网络等等，因此，学习电子信息技术是当代人类社会发展的需要。

（二）电子信息技术教具的重要性

教具的功能除了教师演示、示范操作以外，还可以让学生结合电子信息技术的知识理论独立操作，清晰再现知识的生成与发展过程，反映具体规律与规则，使学生能有更多观察、探索、体验与模拟的机会，通过自主行为模式形成顿悟，符合学生认知规律。起到激发兴趣，开发智力的作用。

（三）电子信息技术教学现状和广大师生的需求

在多年教学实践中，笔者发现：学生很想了解学习身边的电子信息技术，但是，课堂教学一般都是老师系统讲解理论知识，缺少生动直观的教具，很难形象展示知识生成过程，互动体验环节较少，感觉抽象枯燥，难以激发学习兴趣，不利于知识理解应用，不能达到很好的教学效果。

因此，非常需要研发新课程和直观教具，通过形象演示讲解，增强学生学习电子技术积极性和自信心，提高教学质量。

二、研究目的

（一）研发新课程、开拓新思路

基于以上原因，通过大量研究和科技查新，笔者研发了课程《可编程电子创意制作》，包括研发配套特色系列教具和整套课程教材（该教材书籍已经正式出版）。学生可以自己焊接该教具电路板、外观组合DIY制作、现场编程、创意拓展、互动交流。该教具系列既方便教师直观讲解，也利于学生形象学习。目前还没有这样的课程教材和教学用具。

（二）提高课堂教学质量

1. 利于教师"教"

通过教具演示，利于教师形象讲授多种电子信息技术原理和应用、单片机编程、软硬件设计制作等，展示抽象知识生成过程和创新思维应用过程。

2. 利于学生"学"

系列教具利于学生全程参与学习：自己焊接电路板、DIY拼插组装扫描机器人外观、现场编程、动手实践、交流体验等多种互动环节，符合学生认知规律、充满乐趣、开阔视野、提高创新精神和实践应用能力。

3. 促进"教与学的传承"

教师将教学与科研紧密结合、研发创设课程，也为学生创新实践起到示范启迪和榜样作用，促进"教与学的传承"。

（三）学科建设研究和教育资源开发利用

科技教师在教育教学中应注重学科建设研究和教育资源开发利用，根据学校和学生特点，创设内容丰富、时尚新颖的电子信息技术兴趣小组课程，增强学生学习兴趣、积极参与，利于学生理解和应用，提高教学质量。

三、研究方法

（一）文献研究法

通过调查文献正确了解掌握电子信息技术实物教具的历史和现状，从而利于自己教学上的探索和创新。

（二）调查法

对多所学校的老师和学生进行走访和调查，并对调查搜集到的大量资料进行分析、综合、比较、归纳，得出结论：100%受访师生都希望能有实物教具来阐述电子信息技术的知识原理和应用。

（三）经验总结法

在发明制作教具和教学应用中，笔者不断地总结完善，比如：结构功能、教学对象、难易梯度、材料使用、模型规格、外观形状颜色等方面都在进行调整改进，只为达到最好的教学效果。

（四）实验法

在平行的兴趣小组教学班进行实践对比，使用教具的班级在学习兴趣积极性、参与度、理解体验相关知识、解决问题的能力都高于没有使用教具的班级。

四、研究内容

（一）概念界定

1. 教学质量：学生对电子信息技术的理解应用，增强创新和实践能力。

2. 电子小组：本研究中是指电子信息课外兴趣小组，科技教师注重教育资源开发和利用、结合时代特色、根据学校和学生特点，拓展延伸学科建设、用新方法创设内容丰富、形式新颖、时代感强的电子信息技术兴趣小组课程。学生根据兴趣爱好、自己选择课程内容，调动发挥主体性多样化学习方式。

（二）研发课程整体介绍

研发系列教具（共 6 种）组合完成整套教学体系内容和教学目标，共 20 课时。具体内容如表 1 所示：

表 1 研发课程

项目	内容
教具特点：适合青少年学龄段的说明	1. 贴近学生生活，激发学习热情和乐趣。 2. 学生可搭建、拼插、焊接、编程。 3. 互动参与、体验实践、应用创新。 4. 适合大型科普活动展示，也适合兴趣小组培训课程。 5. 适合从小学到高中年级的青少年学习使用，按照知识难度分类教学，适合不同层次的学生学习
系列教具名称	1. 数码管、点阵DIY电子组合教具 2. 电子蜘蛛DIY电子创新教具 3. 电子通信可编辑音乐终端教具 4. 基于Zigbee无线通信公交站牌提示教具 5. 交通路口行人自动输送机器人教具 6. 新型DIY数码扫描机器人教具
每种教具的教学侧重点	1. 学习数码管、点阵结构、原理、软件编程，无线通信技术Zigbee、Wi-Fi，增强学习热情 2. 简单仿生机器人：外观搭建、拼插焊接、机械原理、蓝牙、Z、红外等无线通信技术知识原理 3. 增加学习无线通信技术的兴趣、互动参与、编写音乐程序、外观设计创意制作 4. 学习Zigbee无线通信技术知识原理应用 5. 外观搭建、拼插焊接；Zigbee技术模拟解决交通问题，说明科学技术解决实际问题 6. 实际应用，用无线通信技术解决交通问题，体现当代特色
每种开展课程的课时数	4课时、3课时、3课时、3课时、4课时、3课时
课程教学目标	1. 通过6种系列教具，直观学习无线通信技术知识。 2. 通过自己搭建外观、拼插、焊接、编程，启发学生科技创新精神，培养科技创新能力，严谨认真的科学态度和科学精神。 3. 通过学具学习，服务社会，造福人类，增加社会责任感，立德树人。 4. 激发青少年从生活中寻找素材，发现问题，利用科学技术解决实际问题。明确科技创新源于解决实际问题，改进完善，现场制作加工，参加多种成果展示活动。

（三）教具的研发与教学应用

现以课程中研发的 6 种系列教具之一"无线扫描机器人 DIY 组合教具"为例，来说明教具教学功能研发与应用。

1. 教具技术原理

该教具通过光敏电阻阵列扫描新方法，采用 24 个光敏电阻构成具备 24 个像的线性 CCD 扫描路面，超过一般寻迹单条黑白线或简单交叉线，线性 CCD 可做成各种拓扑形状，识别复杂地面背景信息符号。自主研发软件开发平台、现场编程、单片机控制，通过扫描数据改变运动方式，机器人将地面信息通过 Zigbee、Wi-Fi 等无线通信技术发送到手机或电脑上及时处理数据。

2. 教具结构设计与制作

该教具可以组装拆卸、方便教学演示互动。（教具实物结构如图 1 所示）

教具由硬件模型和软件编程两部分组成，包括光敏电阻阵列、LED 阵列组成光敏线性 CCD、单片机、Zigbee 模块、Wi-Fi、驱动电机、舵机、电脑和手机；自主研发软件平台、研发电路板、机器人外观组装模型等。

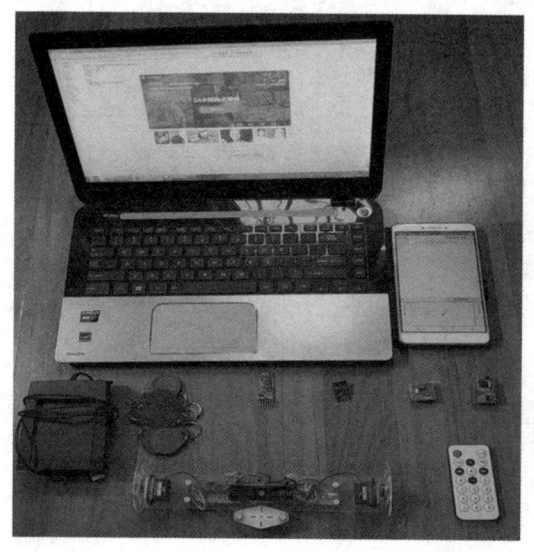

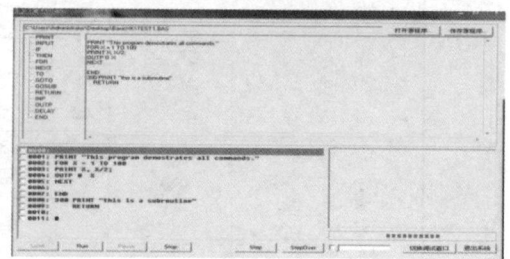

图 1　教具整体实物结构照片

3. 教具工作原理流程

（1）通过电脑或手机发送命令，通过 Wi-Fi 发送到扫描机器人，单片机收到命令驱动电动机控制机器人多种运动、扫描地形信息。

（2）ADC 分别读取光敏电阻阵列数据，编码后通过 Wi-Fi 和蓝牙发送到手机 APP，直接显示扫描结果，根据数据处理识别路面信息，通过单片机控制小车运动。

五、教学实践与应用（简要介绍）

（一）利用教具讲述软件知识形成过程

结合研发的《可编程电子创意制作》教材，利用教具讲解这一部分内容。

在课堂上，笔者先问同学们几个问题："我们生活中常用的扫描技术、无线通信技术、智能控制等原理，你们都了解吗？扫描技术的原理是什么？又是如何实现信息交互的？"

同学们一听到此，兴趣就来了。这些技术都与生活息息相关，但是，对于技术原理和应用却都说不具体。

此时，笔者打开整套装置箱，告诉大家，这是笔者自制的无线通信扫描机器人教具实物，请同学们跟我一起来组装模型，了解机械结构、电子结构和智能控制，明确每个元素和整体的关系。

笔者请同学们组装好模型后，系统准备就绪。打开自己研发的软件平台，将光敏电阻阵列和 LED 阵列组成光敏线性 CCD 新的扫描技术，实现复杂地面背景的智能车巡线等功能，通过 Zigbee、Wi-Fi 等无线通信方式将扫描地面信息传递给电脑，现场编程处理信息，通过单片机控制扫描数据改变机器人运动方式。这体现了知识原理即兴生成的特点，利于学生之间的学习互动。（笔者使用该教具课堂互动、探究学习如图 2 所示）

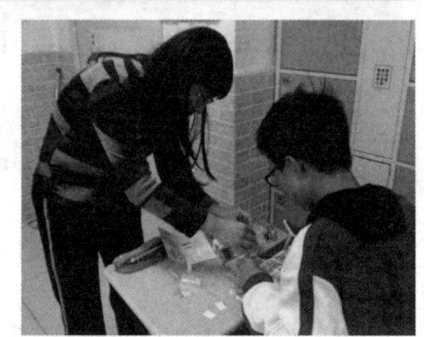

图 2 使用该教具课堂互动、探究学习部分照片

(二) 利用教具体验硬件设计原理

笔者问同学们:"这个教具的硬件设计是由哪些部分组成的?"

同学们看着教具,指着上面各个部分,回答道:"外观搭建结构、马达、单片机、舵机、Zigbee、Wi-Fi 等无线通信模块、红外遥控器、电路板、光敏电阻阵列、按键、LED、电容、电阻……"

笔者再引导道:"请大家感受我们讲过的机械结构原理,比如:360 舵机,脉冲控制舵机的速度和方向,一般需要一个 20ms 左右的时基脉冲,请大家现在体会验证一下反转、正转、不转是怎样实现的?"

同学们探索实验:"该脉冲的高电平部分一般为 0.5ms—2.5ms 脉冲,0.5 最大速度,2 不转,2.5 正转最大速度。"

笔者继续启发:"光敏电阻,同学们都见过。但是教具上的光敏电阻阵列,大家见过吗?又是如何扫描采集数据,还原地面的图片?"

同学们经过机器人扫描运行程序数据分析得出:"单片机 ADC 采集该电阻上的电压变化来实现光强度检测。光敏阵列,通过一系列光敏电阻连续采集,就可以采集到一行的数据,连续采集多行,就可以还原出地面图片。"

学生们也明确了电路板制作流程、电子元器件焊接难点、创意的迁移,在设计制作时遇到的困难,如何改进完善等,希望增强学生们的意志品质。

6 种教具每一种教具都有相应的套装和说明书(见图 3)。

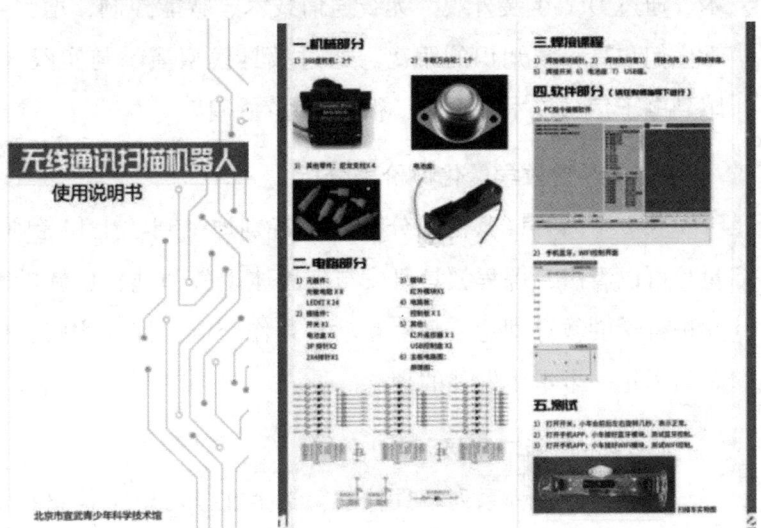

图 3 教具的相应套装和说明书

六、研究结论

（一）系列课程教学应用效果

1. 教学实验对比

笔者在所教平行班里做了对比实验，使用新课程系列教具讲述的班级，学生参与课堂积极性、对信息技术理解应用、在相关知识创新实践中都要好于没有使用教具的班级。可见，采用实物教具是一种行之有效的教学手段。

2. 教学效果反馈

笔者在部分中小学校上电子信息技术课，使用系列教具在教学过程中，初步达到了预期教学效果，得到学生和教师们的好评，师生反馈摘录部分如下："该课程系列教具设计较新颖，利于教师讲授展示电子信息技术，通过DIY组装外观、无线通信技术、智能控制，增强趣味性，拉近了学生们与高科技知识的距离，通过教具模型演示与实践体验，激发热情，感到电子信息技术并不难、很有乐趣……！"

3. 从课堂教学量化评价表分析

表2中内容（其他部分略）都特别地受到学生和老师们好评。由表2量化可以看出，课程教具研发与应用体现教师独特创新的教学风格特色和先进科学的教育理念。师生互动，合作交流，探索实践，体现新课程核心是为了每一个学生发展的理念。

4. 学生创新成果展示

通过用该课程系列教具教学，学生在学习电子信息技术知识原理的基础上，更加热爱电子技术的学习和应用。同时，在教师创新教具的启发下，学生们的创新思维受到极大地启发和点燃，应用到各自的科技创新研究探索中，并取得了一定的成果。

表 2　课堂教学量化评价表（部分）

项序	评价项目	评价要点	评价 （对你满意的部分画"√"）
		2. 准确客观分析学情，把握学生认知规律	√
		3. 三维教学目标明确，重、难点把握准确	√
2	教学过程 教学方法	1. 情境创设新颖，导入方法自然	√
		3. 教学方法灵活新颖，主导作用充分发挥	√
		4. 师生互动，合作交流，体现主体作用	√
		5. 重点鲜明突出，难点突破巧妙	√
		6. 恰当使用教学媒体辅助教学	√
		3. 示范操作熟练规范	√
4	教学效果 教学特色	1. 教育教学理念先进、科学	√
		2. 整体设计合理巧妙，符合学生认知规律	√
		3. 达到预期的教学目标，教学效果好	√
		4. 体现独特、创新的教学风格与特色	√

例如：学生利用无线扫描机器人 DIY 组合教具高速扫描新方法，实现扫描识别地形编码寻迹并精确定位的特点，迁移应用到"巡线送餐机器人"；学生的创新项目无线通信电子产品标识体系的研究、无线通信快速取件装置、无线通信邮筒、无线通信智能遮雨机器人等项目，获得多项国家级、市级一等奖和国际专项奖并在媒体杂志上宣传报道。

由此可见，教师研发新课程，既利于直观讲解知识原理方法，也促进学生创新思维的迁移和应用，出现更多的学生创新成果！

5. 研发课程《可编程电子创意制作》(课程教材、拓展延伸)

(1) 课程教材封面如图 4 所示:

图 4 课程教材封面

(2) 课程教学应用已在《中国科技教育杂志》《中国中学生报》《现代教育报》宣传报道。

(二) 总结与反思

教师应注重教育资源开发与应用的研究,用新策略新方法创设课程,结合学生和时代特色,研发教具解决教学中的问题,以提高学生学习积极性、提高课堂效率。教师研发学具,将教学与科研相结合,也为学生创新起到示范启迪和榜样作用。

根据国家人才培养战略部署"大众创新、大国工匠",电子信息技术课程应注重创新能力及人才培养、学科学、用科学解决实际问题,增强社会责任感、立德树人。

该课程和配套系列教具弥补电子信息技术教学的不足，在结构和设计方面国内外未见同类报道。以教具为基础实践教学，抓住重点、突破难点、增加应用环节、解决教学中的抽象难题。

七、展望

该课程和教具在教学中初步达到预期效果，下一阶段，改进方向是：更深入系统地研发课程教材，研发系列教具应从硬件整体设计和软件编程方面更利于教学示范并推广应用。

【参考文献】

[1] 康凯. 电子通讯技术与应用 [M]. 北京：机械工业出版社，2006.

[2] 刘海涛，等. 8051单片机C语言程序设计与实例解析 [M]. 北京：清华大学出版社，2009.

[3] 邬正义，徐惠钢. 现代无线通信技术 [M]. 北京：高等教育出版社，2008.

[4] 韩兵. 蓝牙技术及应用 [M]. 北京：化学工业出版社，2008.

[5] 宋戈，等. 51单片机应用开发范例大全 [M]. 北京：人民邮电出版社，2012.

基于三科兴趣探究海淀区中学生人文素养的影响研究报告

张 伟

(北京市海淀区青少年活动管理中心)

【摘 要】 本研究主要调查了海淀区初中学段学生科技、艺术、体育三个领域兴趣水平,并从人文知识、人文精神、人为行为三个方面,探究学生各领域兴趣水平与人文素养的关系。本研究认为,在当前推行素质教育的基础上,家长、学校和社会三方面需要加大对学生三科兴趣的培养,在兴趣引导下让学生全面发展,努力就学生人文素养的三个方面相互配合,明确分工,共同促进学生兴趣养成,提高学生的人文素养,发挥学生自身优势。

【关键词】 海淀区初中学 艺术、科学、体育兴趣探究 人文素养影响研究

一、问题提出

(一) 研究背景

随着素质教育在我国基础教育中的普及,学生综合素养越来越得到社会的关注,而人文素养是学生综合素养的重要组成部分,因此培养中小学

生的人文素养意义重大。党的十八大提出，要把立德树人作为教育的根本任务。《国家中长期教育改革和发展规划纲要（2010—2020年）》指出，要"重视人文教育，提高学生的人文素养、艺术修养"，这是对基础教育提出的基本要求，而"人文教育""人文素养"则成为其中的关键词。[1]

（二）目的意义

1. 理论意义

国内尚未有针对中学生兴趣养成的评价问卷，但在教育实际中需要这方面测量数据，以检测学生对某些知识、事物和现象的专注、思考和探求情况；学生课余生活的丰富性，在科技、艺术、体育三个领域表现出的喜好、付出的努力和表现的结果；学生在某些方面表现出的突出素质和进一步发展的能力；对学生人文素养的影响程度等。本课题组的主要成员参与了"海淀区中小学教育质量综合评价研究项目"中的兴趣潜能发展研究部分，通过使用该部分对兴趣养成的调查问卷，调查中学生不同领域兴趣发展现状、影响因素，同时探究其与人文素养提高的关系，为促进学生全面发展，提升整体素质提供理论支持。

2. 实践意义

（1）推动单一的学业成绩评价向教育质量综合评价转变

全面体现以学生为本的思想，关注学生个体差异，重视起点与过程，参与建立海淀区中学教育质量保障体系，推进区域教育优质、公平、均衡发展，促进学生全面发展和健康成长。

（2）建立有海淀特色的中学生兴趣养成评价体系

深入了解初高中两个学段中每个学生科技、艺术、体育方面的状况，综合测评出学生各领域的兴趣水平。科学研发针对中学生的评价工具以及评价标准，建立评价数据库，助力海淀教育发展。

（3）提供科学提升人文素养的相关指导

通过对部分中学生科技、艺术、体育三个领域兴趣养成测量数据的分析，对结果进行反馈和研讨，全面评价学生的实际情况。从家庭、学校、社会等角度,以科学的数据为指引,为学校正确运用评价结果提升学生人文素养水平、提高教育教学质量提供支持。

二、研究问题

(一) 概念界定

1. 兴趣

个体出于某一目的而探究某种事物或从事某种活动的心理倾向。在本研究中,结合我国中学生的实际情况,主要考察学生对科技、艺术、体育三个方面的兴趣。

2. 人文素养

人文素养的内涵应包括人文知识、人文精神和人文行为三个方面[2]。人文知识是与自然知识和社会知识相对应的一种知识类型,是人类总体知识构成中的一个重要组成部分,是以语言(符号)的方式对人文世界的把握、体验、解释和表达。人文精神泛指一个人体现出的对人类生存意义和价值的关怀,是一种以人为对象、以人为中心的思想,主要包括人的信念、理想、人格和道德等。而一个人通过人文知识的学习和体悟,唤起对人的生命本身带有终极性质的追问,养成"清风亮节"和"超然物外"的价值追求和精神品格。这种内在的价值追求和精神品格体现在外在的行为上即是人文行为[3]。

(二) 研究假设

(1) 不同性别、年级的学生在兴趣和人文素养方面存在差异;

(2) 带养方式、父母学历、学习成绩对学生的兴趣和人文素养有显著影响;

(3) 学生兴趣与人文素养的三个方面存在相关关系。

（三）研究目标

（1）了解海淀区中学生三个领域的兴趣状况，并探究主要的影响因素；

（2）了解海淀区中学生人文素养的基本情况，并探究主要的影响因素；

（3）探究中学生兴趣养成与人文素养之间的关系，并提出培养建议。

三、研究方法

（一）研究对象

本研究面向北京市海淀区初中二年级的学生进行调查，共计发放问卷800份，筛选剔除无效问卷后共计632份，有效回收率79%。

（二）研究工具

本研究使用自编的《中小学生兴趣爱好与行为习惯调查问卷》。问卷包括中小学生兴趣爱好与行为习惯的量表和个人基本信息两部分。量表部分包括对科技、艺术、体育的兴趣调查，以及对人文知识、精神、行为的调查。其中，对人文行为的调查又分为四个方面：对同伴、长辈、集体和环境的人文行为。

（三）研究方法

调查采用分层随机抽样的方法，在海淀区抽取20所中学，以班级为单位对学生进行集体施测，施测前，对主试进行施测程序及注意事项的培训说明。施测时间约三十分钟，结束后当即收回问卷。问卷由老师统一回收，并以学校为单位进行数据汇总。

四、主要研究结论

（一）中学生三科兴趣及影响因素

（1）在中学生三科兴趣中，中学生艺术兴趣得分最高，其次是科技兴趣，体育兴趣得分最低。三科兴趣聚类结果显示，偏艺术型的中学生占比最多，其次是弱-均衡型，强-均衡型的中学生占比最少。

（2）中学生在三科兴趣方面存在显著的性别差异。男生的科技兴趣和体育兴趣都显著高于女生，而女生的艺术兴趣则显著高于男生；在偏艺术型的中学生中，女生所占比例远高于男生；在强-均衡型的中学生中，女生所占比例略低于男生；在弱-均衡型的中学生中，女生所占比例远低于男生。

（3）中学生在三科兴趣方面存在显著的年级差异。七年级学生在科技兴趣、艺术兴趣和体育兴趣三个方面的得分都显著高于八年级学生。

（4）中学生在艺术兴趣方面存在显著的带养方式差异，科技兴趣和体育兴趣方面的差异不显著。完整家庭带养的中学生艺术兴趣得分最高，其次是隔代带养和核心家庭带养，母亲带养得分最低。

（5）中学生在科技兴趣和体育兴趣方面存在显著的父亲学历差异，艺术兴趣方面的差异不显著。科技兴趣方面，父亲学历是博士的得分最高，其次是高中及以下和本科学历，硕士学历的得分最低；体育兴趣方面，父亲学历是博士的得分最高，其次是高中及以下和硕士学历，本科学历的得分最低。

（6）中学生在科技兴趣和体育兴趣方面存在显著的母亲学历差异，艺术兴趣方面的差异不显著。科技兴趣方面，母亲学历是博士的得分最高，其次是高中及以下和硕士学历，本科学历的得分最低；体育兴趣方面，母亲学历是博士的得分最高，其次是本科和高中及以下学历，硕士学历的得分最低。

（7）中学生在科技兴趣和体育兴趣方面存在显著的学科成绩差异，艺术兴趣方面的差异不显著。成绩领先和靠前的学生在三科兴趣上的得分都显著高于成绩靠后和居中的学生。

（二）中学生人文素养及影响因素

（1）在中学生人文素养中，中学生人文精神得分最高，其次是人文行为，人文知识得分最低。人文素养聚类结果显示，知识欠缺型的中学生占比最多，其次是充分发展型，精神欠缺型的中学生占比最少。

（2）中学生在人文知识方面存在显著的性别差异，人文精神和人文行为差异不显著。男生的人文知识得分显著低于女生；在知识欠缺型中学生中，女生所占比例略低于男生；在充分发展型中学生中，女生所占的比例显著高于男生；在精神欠缺型中学生中，女生所占比例与男生相同。

（3）中学生在人文知识方面存在显著的年级差异，在人文精神和人文行为方面差异不显著。七年级学生的人文知识得分显著高于八年级学生。

（4）中学生在人文知识方面存在显著的带养方式差异，人文精神和人文行为方面的差异不显著。隔代带养的中学生人文知识得分最高，其次是完整家庭和核心家庭带养，母亲带养得分最低。

（5）中学生在人文精神方面存在显著的父亲学历差异，人文知识和人文行为方面的差异不显著。父亲学历是硕士的中学生人文精神得分最高，其次是本科和博士学历，高中及以下学历的得分最低。

（6）中学生在人文精神方面存在显著的母亲学历差异，人文知识和人文行为方面的差异不显著。母亲学历是本科的中学生人文精神得分最高，其次是硕士和博士学历，高中及以下学历的得分最低。

（7）中学生在人文素养三方面均存在显著的学科成绩差异。人文知识方面，人文知识的得分随学科成绩的提高而提高；人文精神和人文行为方面，成绩靠后和成绩领先的学生得分较低，成绩居中和成绩靠前的学生得分较高。

（三）初中生三科兴趣与人文素养的关系

（1）中学生科技兴趣、艺术兴趣和体育兴趣两两显著正相关；科技兴趣与人文知识和人文行为显著正相关；艺术兴趣、体育兴趣与人文素养三方面均显著正相关；人文知识、人文精神与人文行为显著正相关。

（2）中学生综合兴趣与人文素养有显著关系；占比最大的是人文素养知识欠缺且综合兴趣弱-均衡型的中学生，占比最小的是人文精神欠缺且偏艺术型的中学生；人文素养均衡且综合兴趣强-均衡型的中学生占比较少。

五、问题与思考

本研究的研究对象仅限于海淀区的中学，今后的研究可以扩大研究对象，探讨不同地区、不同学段的学生的兴趣养成和人文素养的现状，并探究学生兴趣养成和人文素养之间的相关性是如何作用的，为更好地提高我国学生的人文素养提供更加科学的依据。

【参考文献】

［1］国家中长期教育改革和发展规划纲要（2010—2020 年）［J］. 实验室研究与探索，2017（12）：229.

［2］赵磊. 当代大学生人文素养的内涵与提升［J］. 重庆大学学报：社会科学版，2003（2）：156-158.

［3］石中英. 人文世界、人文知识与人文教育［J］. 教育理论与实践，2001（6）：12-14.

校外教育优质项目建设阶段性成果调查报告

刘春霞

（北京市密云区青少年宫）

【摘　要】 北京市校外教育改革以优质项目建设为引领，在全市校外教育机构范围内实施"三个一"优质项目，密云青少年宫在全宫范围内开展了优质项目建设的理论与实践研究，在项目实施过程中，学生增强了获得感，教师的教育教学能力提升了，机构发展也增加了活力，优质项目建设有力地推动了校外教育工作的开展。

【关键词】 北京市　校外教育　优质项目建设　成果

2016年10月，北京市教委在全市校外教育机构推出的优质校外教育教学项目（即"三个一"工作）实施以来，密云青少年宫将其作为机构发展、教师成长、学生实际获得的发展机会，积极落实相关工作。经过一年多详细调研和有计划的分步推进，取得了一定成效。为了及时归纳分析阶段性成果、经验，更好推动"三个一"项目发展，我们对全体干部教师和部分学生进行了问卷调查，与部分教师进行了访谈。通过调研分析，深入了解"三个一"项目实施的开展现状，总结成果，找出问题，提出改进建议。

一、调查的目和意义

深入了解"三个一"项目实施的成效,总结经验,反思问题,研究成果,探讨发展路径,运用现有经验,推进密云校外教育进一步发展。

(1) 了解"三个一"项目实施对校外教育质量提高的作用。

(2) 了解"三个一"项目实施对校外教育干部教师成长的作用。

(3) 了解"三个一"对学生综合培养的作用。检验优质项目对学生全面发展,综合素养提升的影响,关注学生获得。

(4) 了解"三个一"项目实施对校外教育管理改革的作用。探讨和解决在实施进程中带来的一系列管理问题。

二、调查方法

(一) 问卷法

本次问卷调查采用教师和学生实名调查,包括两方面的内容:

第一部分,面对项目实施的领衔教师和业务干部进行"密云区青少年宫'三个一'项目实施情况的调查",发放问卷33份,100%回收,全部有效。第二部分,对家长和学生开展"'三个一'项目建设中期兴趣组学员满意度及需求调查问卷结果统计分析"的调查,共发放问卷498份,有效回收413份,83%回收。

(二) 座谈会和个别访谈法

对于实施项目的骨干教师和领衔教师、项目参与学校以及资源单位的干部、教师、工作人员47人访谈。进一步了解干部教师在实施过程中对优质项目建设的课程的思考、教育理念改革的实践探索、社会主义价值观和核心素养的落实及成效。

三、调查结果与分析

通过调查,"三个一"项目实施成效显著。100%的干部教师认为北京市教委在全市校外教育机构中开展的"三个一"项目建设具有深远意义和教育价值。体现在:

(一)"三个一"项目实施激发了教师的活力

1. 教师队伍整体团队凝聚力显著增强

由于校外教育"三个一"项目多以团队形式来建设和推进,干部、教师们所见所谈所想所问紧紧围绕"三个一"项目建设发展话题,不断探究新时期校外教育活动"理念、目标、方法、途径、评价"等活动育人要素的作用,如何体现"实践、自主、创新、跨界、贯通"等特点,在策划、实施项目的过程中大家目标聚焦,学术研究氛围浓厚,团队凝聚力明显增加。

2. 教师主动与家长沟通更加顺畅

项目实施中,通过开放日、家长调查、家长座谈会等形式,建立了家校共同育人的机制,85%的教师与家长进行了有效沟通,让家长详细了解项目开展的目的,学生的学习情况,校外教育的改革很支持,家长也更积极地配合项目的实施,有时还提供建议。

其中,问卷调查的413名学员中,有明确的项目实施目标的为311人,占75.3%。通过调查可以看出,绝大多数兴趣小组学员参与"三个一"学习目标很明确(见图1)。

3. 教师主动学习的意识不断提升

围绕"三个一"搭建了很多外出学习、专业研讨和评优展示平台,这些平台,引领着改革的方向。在一系列的学习和培训当中,教师对新时代教育改革有了较深的认识,对核心素养的理解,以学生为中心的观念,现代学习方式的运用等理念指引实践,教师理念不断更新,教学更加系统、科学、规范。

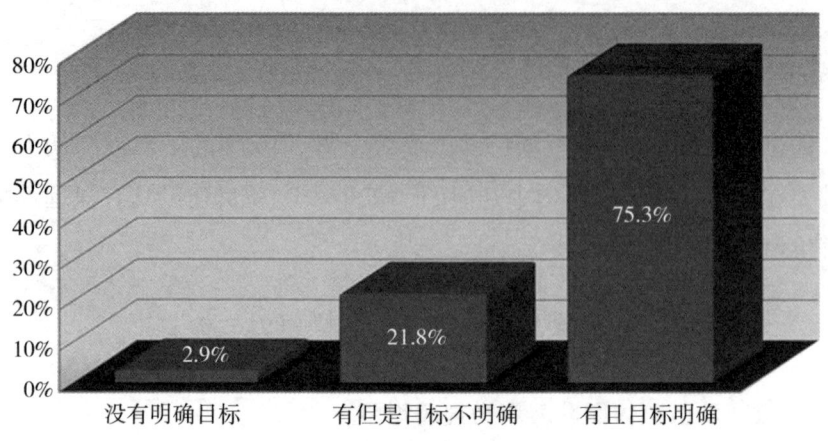

图1 学员学习目标情况

4. 教师参与科研工作逐渐成为一种习惯

以《北京市校外教育优质项目建设标准》为指导,校外教育"三个一"的建设与实施为核心开展研究,有助于促进广大教师自觉、主动参与教科研工作,促使教师越来越关注学生,关注育人。促进了校外教研工作与教育实践相结合,加强合作与交流,促进校外教师队伍水平整体提升。使教科研工作的实用性、实效性得到大幅度提高。打破了常规,打破了惯性,激发了教师教科研的潜能。

(二)"三个一"项目的实施推进了校外教育机构改革进程

1. 课程建设能力明显增强

首先,在"三个一"项目的建设中,教师的设计能力整体提升。根据相关政策、学生实情、辅助设施、专业特点等方面,设计多学科、跨学科、学科融合、学科穿越的有新时代气息特点的项目,课程设计、活动实施、活动评价更加科学丰富,对学生综合素质的培养显著增强。目前教师均设计了课程纲要,在学科专业特点、教材体例上都更加规范。促进校外教育系统化、科学化和规范化发展。

2. 多元教学模式得到进一步探索

优化多元教学活动模式,同时在引领、辐射学校项目发展上做了一些尝试，探索新的活动模式，打破原有的基础性课程、拓展性课程和探究性课程模式，设计出相融合的新的组合式模式，如在美术项目上已经设计出"必修课 14（含 2 次社会实践）+选修课 6"模式。其他学科"必修课 14（含 2 次社会实践）+选修课 8（社会实践、跨学科融合、辐射学校、成果转化）"模式，并能够在实施过程中不断发现问题并解决问题。

3. 资源整合与利用能力明显增强

青少年宫教师与学校共建项目 50 个，非教育系统区域内资源单位 30 个，区域外资源高等院校、专业团体、专家团队、新闻媒体、公园、公司、博物馆、美术馆等 14 个，在校外教育的资源建设上逐渐规范。

（三）"三个一"项目实施增满足了学生实际获得

目前，密云区的"三个一"项目 18 个，有 14743 名学生参加，从学前儿童到初三年级学生，覆盖全区城内、平原和山区 96%的学校。更好地满足了学生的需求，使他们有更多的实际获得感。表现在：

1. 学习方式的改变

体验式、参与式、互动式的学习方式提高了学生的学习兴趣。现在课程更注重形象模仿、游戏体验、情境体验，在专业知识和技能以及行为习惯、个性发展、审美情趣等方面有所提升，加强了主动学习和合作学习的自觉性。

学员中，喜欢的学习方式是带着任务分成小组合作学习，占 39.5%；其次是喜欢课上动手实践操作和外出活动并用到所学内容两种学习方式的比例不相上下，分别占 32%和 31.9%（见图 2）。

在学习过程中，41.7%的老师带领学员学习常用的方法也基本是选择带着任务分成小组合作学习，26.7%的学生实践占比较多。

2. 综合能力有所提升

综合素养在实施"三个一"项目过程中，学生的创新能力、探究能力、观察能力等综合能力都得到了发展。社会主义核心价值观、核心素养得到了落实；文化素养得到提升；语言表达、与人合作能力得到提升；创

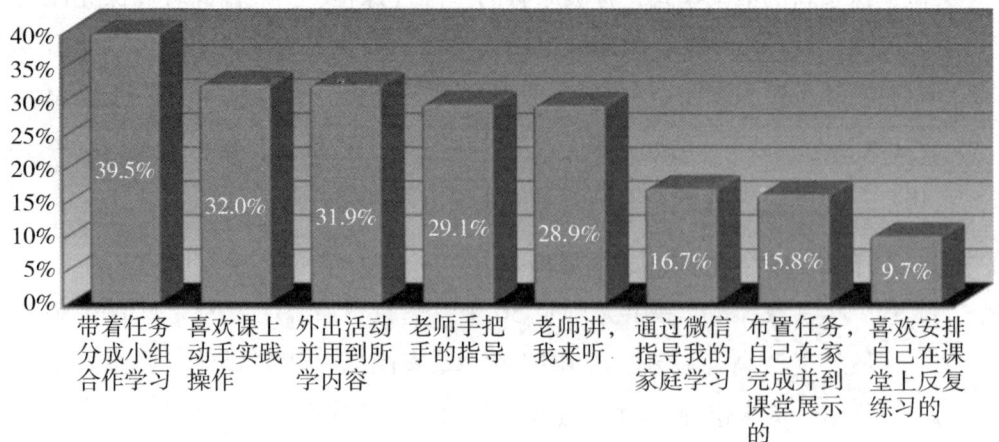

图 2 学员喜欢的学习方式

新精神、实践能力、问题意识、动手实践能力显著增强，学生更加主动参与活动了，在沟通与表达等方面进步明显。

参与活动能力：老师经常给学生机会发言和展示的学员252人，占参与问卷的61%，老师们课堂上能够充分调动学员学习积极性，给孩子们以锻炼展示机会（见图3、图4）。

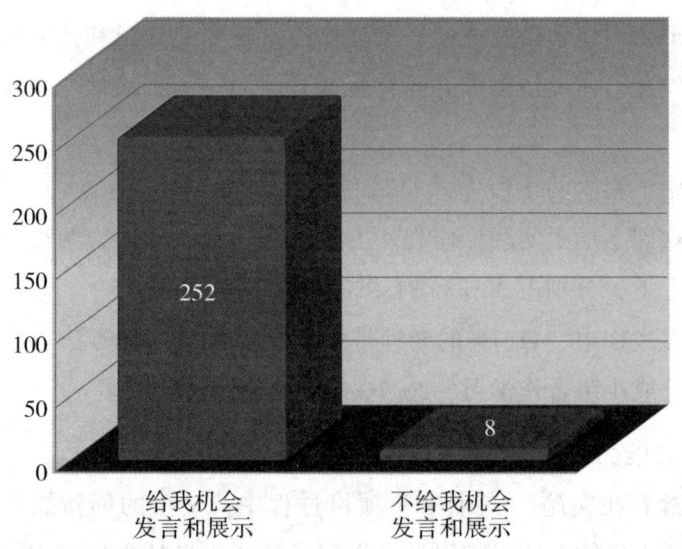

图 3 老师经常给机会发言和展示的学员人数

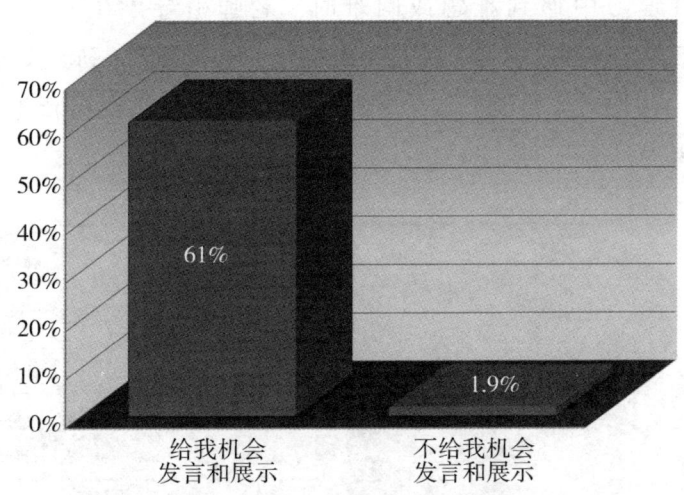

图 4　老师经常给机会发言和展示的学员百分比

综合能力：老师在增加学生知识和技巧的基础上，还对学员进行其他方面的教育和培养（见图5）。

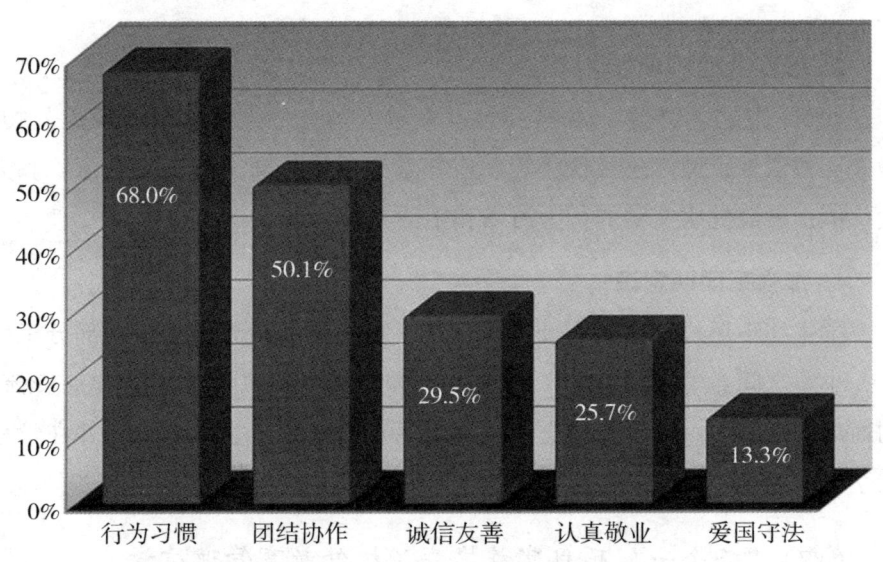

图 5　对学员进行其他方面的教育和培养

其中，64.5%的学员认为，老师经常或每次都介绍跟学习内容有关的背景、故事或人物等文化育人。培养学生人文底蕴，在学习、理解、运用人文领域知识和技能等方面表现出了情感态度和价值观。

如果在学习中遇到难题或困难时，老师引导学生自己去解决占88.9%。培养学生独立思考、独立判断能力，乐学善学，勤于反思的素养。在学习中，有61.7%的学员认为老师经常会为我提供说出新想法、新创意、新思考的机会（见图6）。

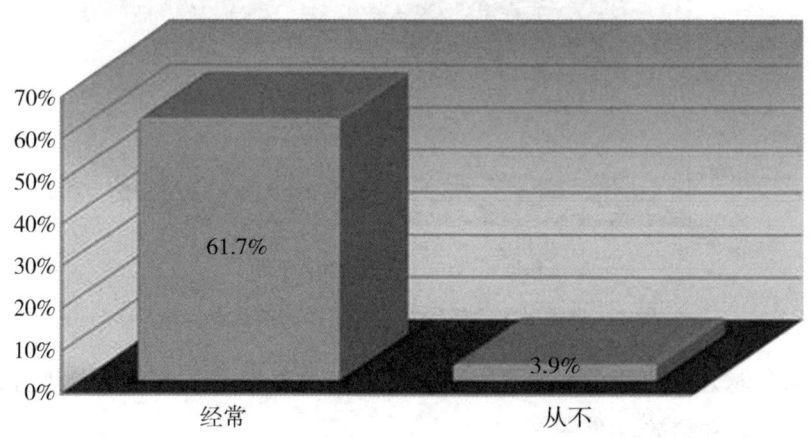

图6　认为老师会给我说出新想法、新创意、新思考的机会

3. 培养了规则与法制意识

如尊敬国旗、国徽；尊敬父母；尊敬老师；待人有礼貌；爱护公物；遵守交通法规；遵守公共秩序等。培养学生珍爱生命，具有安全意识和人生价值，养成健康文明的行为习惯和生活方式。

4. 加强了团队意识

学生在学习过程中，积极主动合作、互相帮助指导。小组内部分工合作，小组之间竞争激烈，敢于展示自己和小组，提高了小组合作、交流、沟通的综合能力。学生参与交流竞赛等活动，增强了主动意识，并在学校的学习和活动中得到了充分体现。

（四）"三个一"项目实施提高了校外教育管理质量

"三个一"项目建设，一方面促进了校外教育工作者的观念转变，另一方面强化了校外教育机构在管理上的科学化和规范化管理。"三个一"项目建设推进一年多来，机构的管理也发生了较大的变化。

1. "三个一"项目实施促进机构新的增长点

"三个一"项目实施是机构发展新的增长点。项目实施促进校外教育活动的科学化、规范化和可持续性，促进机构的内涵发展，促进教师的专业发展，增强了机构的实力，激发了校外教育的新活力，项目建设实施是北京市校外教育改革新的增长点和亮点。

2. "三个一"项目实施促进了校内外融合

"三个一"项目实施更好地推动了校内外课程、活动的融合，更有力地发挥了校外教育机构的职能。项目的实施辐射学校、社会乃至跨区、跨省，目前辐射了 50 所中小学。宫校一起规划项目，研发教材，设计实施，共同推进项目开展。

3. "三个一"项目实施转变了管理模式

过去的管理更多的是靠行政部门管理，现在渐渐转化成了以项目为中心的学习研究实践共同体，依托项目，打造教师团队，调动教师的积极性，促进教师专业素养提升。在教师全员参与的基础上，实行分层分类推进策略，牵手学校实施，建立 18 个项目的金字塔结构，宫校联盟更加紧密。同时培养出一批优质项目，培育一批骨干教师。项目质量提高了，教育质量随之提升。

4. "三个一"项目实施推动了课题研究

我宫"十三五"市级校外重点规划课题"以'核心素养'为目标指向的校外课程建设的实践研究：以密云为例"实施以来，一直坚持课题与"三个一"项目建设紧密结合，二者相互促进，将课题的理论研究、活动管理与评价研究与"三个一"项目建设紧密结合，采取行动研究的方法，边探索边总结，项目的实施是课题研究的实践抓手，课题是加强"三个一"项目建设实施的有力保证。这是课程改革带给教师自我提升和教育观念变革的思想力量。

5. "三个一"项目实施扩大了校外教育的影响力

"三个一"项目实施，学生、家长对"三个一"项目高度关注，有的家长亲自参与活动，给予了高度评价。同时引来主流媒体的宣传力度，做到电视有影,电台有声,报刊有字,新媒体上有体现,干部教师多次受邀做经验介绍,机构之间互学互访,给实践者以自信,提高了本单位的知名度和美誉度。

四、思考与建议

(一)在本区层面需要在以下几方面进行思考和改进

(1)"三个一"项目实施成果最大化的转化问题。校外教育发展同校内教育同频共振,我们的课程研发成果辐射全区学校的机制值得深入实践和探索。

(2)"三个一"项目实施管理需要进一步在机制、教科研、培训、职能等几个方面进行顶层设计。需要在管理体制、职能配置、奖励机制、培训、交流上加大力度。需要人员配备以及内部人员的组合方式、运行机制的调整。

(3)整体师资水平有待提升。项目推进还在探索阶段,教育活动视野、自身素养、理论水平、研究能力、创新能力、信息技术运用能力、课程建构能力等方面还需进一步提升。

(二)从市级层面需要进一步加强对"三个一"项目建设的指导

建议北京市教委在指导各区深入开展"三个一"项目中加强对机制、教研等方面项目建设的顶层设计;加强对校外教育培养培训力度;同时加强对"三个一"项目建设的指导与督导。比如引入高校资源,帮扶各机构发展,在理论研究、探索实践,特别是课程建设上等多方面进行强有力的指导,整体提升校外教育创新和发展水平,真正实现校外教育跨越式发展。

【参考文献】

［1］北京师范大学. 中国学生发展核心素养总体框架［Z］. 2016.

［2］北京市教育委员会. 北京市教育委员会关于开展北京市校外教育"三个一"优质项目评选活动的通知［Z］. 2018-05.

［3］北京市教育委员会. 北京市校外教育"三个一"优质项目评选工作方案［Z］. 2018-04.

［4］北京市教育委员会. 北京市校外教育优质项目建设标准［Z］. 2018-04.

［5］北京市教育委员会. 北京市校外教育"三个一"优质项目评价标准［Z］. 2018-04.

［6］顾明远，石中英. 国家中长期教育改革和发展规划纲要（2010—2020年）解读［M］. 北京：北京师范大学出版社，2010.

［7］王媛媛，崔向红. 第六届北京校外教育理论与实践研究优秀论文集［G］. 北京：团结出版社，2017.

附录一

北京市教育委员会
关于组织开展 2019 年北京市课外、校外教育理论研讨会论文征集的通知

各区教委：

为深入贯彻全国及全市教育大会精神，进一步深化北京市课外、校外教育供给侧结构性改革，全面提高课外、校外教科研工作质量，全面提升课外、校外教育活动育人、实践育人水平，北京市教委决定组织"2019 年北京市课外、校外教育理论研讨会活动"。现面向全市课外、校外教育工作者征集研讨会论文，请各单位按照有关要求做好征集组织工作。

一、征集范围

全市各校外教育机构、乡村少年宫、乡镇校外活动站、中小学校等。

二、征文主题

面向新时代的课外、校外教育，提升优质项目建设理论研究水平。

三、选题范围

依据北京市课外、校外教育工作有关文件精神，结合本次研讨会主题，特别是近 2 年开展课外、校外教育教学工作的主要做法和工作经验，自拟题目，撰写论文。

选题范围可以参考以下领域：

（一）课外、校外教育优质项目建设经验与思考

（二）校外教育活动场所的管理制度创新

（三）校外教育学科建设研究

（四）校外教育与学校教育有机结合的研究

（五）课外、校外教育教师队伍建设研究

（六）校外教育活动育人、实践育人创新研究

（七）乡村少年宫、乡镇校外活动站建设及活动经验研究

四、评选办法

北京市教育委员会委托北京市校外教育研究室、北京市教育学会校外教育研究会负责本次论文评选及理论研讨会活动的具体组织实施。

按照参评文章总数的 5%、10%、15% 评选出一、二、三等奖，并设优秀组织工作奖。

五、工作要求

（一）组织工作

各区组织初评，推荐优秀论文参加市级研讨会论文征集与评选。

各区对推送论文进行把关，对推荐报送的论文进行查重，杜绝学术不端行为的发生。

（二）报送材料

1. 各区报送论文的汇总表（见附件1）。包括电子版和纸质版，纸质版需要加盖公章。

2. 全部参评论文只要电子版，打包到一个文件夹。

论文要求格式完整（见附件2），每篇不超过5000字。

论文文档请按照"区—序号—论文名—作者名"方式命名，例如"东城区—5—关于科普活动的讨论—王红"。

3. 各区组织及评比情况总结（不超过1500字）。包括电子版和纸质版，纸质版需要加盖公章。

（三）其他要求

每位作者限推送一篇论文（含合作撰写的论文），每篇论文作者署名不超过两人。

禁止一稿多投，参加过同类征文和已参评作品不予参评。

六、报送时间和地点

1. 报送时间：2019年6月15日前
2. 电子邮箱：bjxwsgy@163.com
3. 报送地址：东城区左安门西街11号7#楼二层校外教研室

附件：

1. 2019年北京市课外、校外教育理论研讨会论文汇总表
2. 论文格式模板

北京市教育委员会
2019年4月30日

（联系人：侯老师；联系电话：87550337）

附录二

北京市教育委员会关于公布
"2019年北京市课外、校外教育理论研讨会"
论文获奖及优秀组织工作奖名单的通知

各区教委，北京学生活动管理中心：

为深入贯彻全国及全市教育大会精神，进一步深化北京市课外、校外教育供给侧结构性改革，全面提高课外、校外教科研工作质量，全面提升课外、校外教育活动育人、实践育人水平，我委于2019年5月面向全市课外、校外教育工作者开展了"2019年北京市课外、校外教育理论研讨会论文征集活动"，各区教委积极响应，共报送论文558篇。经评审委员会评选，章雪楠等同志撰写的169篇论文获一、二、三等奖。现将获奖名单（见附件1）以及优秀组织工作奖名单（附件2）予以公布。

希望各区教委以此为契机，加强校外教科研组织建设，支持广大教师参与研究，全面提升教科研工作质量，从而促进校外教育优质发展。

附件：
1. 2019年北京市课外、校外教育理论研讨会论文获奖名单
2. 2019年北京市课外、校外教育理论研讨会论文征集优秀组织工作奖名单

北京市教育委员会
2019年10月9日

（此件公开发布）

附件 1

2019 年北京市课外、校外教育理论研讨会论文获奖名单

（共 169 篇）

一等奖（28 篇）

姓名	单位	论文题目
章雪楠	北京市东城区少年宫	益智类游戏活动课模式探索——"叠叠高"游戏
霍艳平	北京市东城区少年宫	中华优秀传统文化促进师德建设的策略研究
马 馨	北京市东城区少年宫	基于核心素养探索初级合唱团游戏化教学模式
何 江	北京市第一零九中学	论中学校外教育资源的开发与利用
王慧旻 张 彦	北京市东城区府学胡同小学	教育资源促进资质优异学生科学素养发展
孙 浩	北京市西城区少年宫	关于校外教育机构传统文化课程设置的几点构想
李 雪	北京市西城区青少年科学技术馆	"趣味鸟科学"课程的开发经验与思考
赵 洁	北京市宣武青少年科学技术馆	校外科技教师开展小课题研究的实践探究——以北京市宣武青少年科学技术馆为例

姓名	单位	论文题目
毕　欣	北京市宣武青少年科学技术馆	研发课程提高电子小组教学质量的研究——"可编程电子创意制作"课程教材开发与教学应用
黄　涛	北京市宣武青少年科学技术馆	浅谈校外教育机构新入职教师的培养方式
马　劢	北京市西城区西长安街少年宫	国学校本课程开发中的课程内容组织逻辑研究
王　芳	北京市朝阳区学生活动管理中心、青少年活动中心	校内外深度融合，共话生命之美
李魏新	北京市朝阳区望京教育辅助中心	校外教育优质项目目标框架问题与对策研究
张　伟	北京市海淀区青少年活动管理中心	基于三科兴趣探究海淀区中学生人文素养的影响研究报告
孙　茜	北京市丰台区少年宫	实践中研究　挑战中转型　梯级中发展
王　妍	北京市丰台区少年宫	少年宫美术活动教学法的实践与研究
杨　帆	北京市门头沟区少年宫	加强优质项目建设　坚持活动育人
王袁媛	北京市大兴区少年宫	国学启蒙教育促进儿童品德发展的实践研究
王　雷	北京市大兴区少年宫	校外儿童美术教育实践活动育人的创新研究
刘春霞	北京市密云区青少年宫	校外教育优质项目建设阶段性成果调查报告
崔焕然	北京市密云区青少年宫	实践视角谈核心素养在优质项目中具化的思考
韩永智	北京市延庆区青少年活动中心	硬笔书法教学与美术的融合促进学生探究性学习习惯的培养
徐　颖	北京学生活动管理中心	冬奥会背景下北京市中小学冰雪运动进校园开展现状及对策研究
周　咪	北京学生活动管理中心	对校外教育项目建设的思考

姓名	单位	论文题目
冯晓虹	北京学生活动管理中心	北京校外教育"三个一"活动的成效与发展启示
胡盼盼	北京学生活动管理中心	"三个一"优质项目下的校外教育教科研初探
王秀江	中国儿童中心	改革开放四十年来校外教育政策述评
蔡　颖	中国宋庆龄青少年科技文化交流中心	校外教育机构美育实践的思考和探索

二等奖（57篇）

姓名	单位	论文题目
王　欢	北京市东城区少年宫	谈陶艺综合实践课程对学生创造性思维的培养
王雅薇	北京市东城区少年宫	试论校外艺术教育"过程性"评价的转型与发展
肖　妍	北京宏志中学	冬奥背景下"冰雪进校园"的制约因素与对策研究
张　琪 刘　禹	北京市东城区史家胡同小学	合作学习模式在小学健美操运动队中实证研究
杨春娜 马晨雪	北京市东城区史家胡同小学	借天文实践活动之力提升学生科学素养
史定宇	北京市东城区史家胡同小学	史家小学课外游泳活动发展经验的分析
马　晓	北京市东城区定安里小学	浅谈校外教师职业素质的提高
张鸿蓓	北京市东城区特殊教育学校	聋校课外戏剧活动践行爱国主义教育策略研究
陈婷琨	北京市西城区少年宫	基于"十三五"课题的校外教育课程模式初探
王　丹	北京市西城区少年宫	校外群众活动优化的认识与实践
王　曦	北京市西城区少年宫	青少年茶文化实践育人的创新研究

姓名	单位	论文题目
宁佳音	北京市西城区少年宫	校外教育中钢琴学科建设的思考与实践
王芳娜	北京市宣武少年宫	少年宫开展古诗词合唱教学的创新实践探究
谭 昕	北京市宣武少年宫	"国乐坊"精品项目建设经验与思考
王汝梅	北京市宣武少年宫	财经主题综合实践活动开发探索
赵 溪	北京市西城区青少年科学技术馆	从校内外科技教育差异探校外科技教改创新
刘浩然	北京市西城区青少年科学技术馆	化学教育在校内外的对比结合
王 苒	北京市西城区金融街少年宫	科研与教学的融与促
周 阳 王 爽	北京市西城区青少年美术馆	以衣为媒，育华夏赤子之心
解立新 王硕华	北京市朝阳区黑庄户教育辅助中心 北京市朝阳区学生活动管理中心、青少年活动中心	艺术教育助力校内外教师成长的实践研究
尤艺霖	北京市朝阳区香河园少年之家	运用中国传统文化资源培养学生美术核心素养
郝卫民	北京市朝阳区芳草地国际学校教育辅助中心	非遗传承教育的实践与思考
刘燕鸿	北京市海淀区青少年活动管理中心	海淀区小学生体育兴趣与学业（习）成绩间的关系研究报告
马敬东	北京市海淀区青龙桥青少年活动中心	"六镜意识"督导校外教育的探索与思考
马 卉	北京市海淀区四季青青少年活动中心	关于自由创作与技能技法关系的研究
龙金辉	北京市海淀区海淀学区教育教学辅助中心	非遗活性传承与课程体验
王 颖	北京市海淀区海淀学区教育教学辅助中心	实践育人中的"动"与"知"

姓　名	单位	论文题目
李　紫	北京市丰台区少年宫	变革中溯本，新时期亮剑——探索校外活动课程创新途径
商　颖	北京市丰台区少年宫	切实提高幼儿手风琴教学质量有效途径的几点思考
孙晓光 王洁如	北京市丰台区少年宫	浅析少儿版画课程在校外美术教育中的发展和实施
陈　红	北京市丰台区少年宫	拓宽校外美术教育领域形式与发展的探讨
张迎华	北京市丰台区劳动技术教育中心	利用绘本进行儿童戏剧创作与表演的实践研究
乌日娜	北京市门头沟区少年宫	在二十四节气美术教学中落实学科核心素养的实践研究
彭丽明	北京市门头沟区琉璃渠中小学劳动艺术教育基地	基于学生核心素养下琉璃文化教育的实践与探究
杨毅妹	北京市房山区少年宫	创新少年宫乒乓球小组课程初探
王春鹏 魏　兴	北京市房山区少年宫	以"三个一"优质项目建设促进校内外融合育人
刘建军	北京市通州区青少年活动中心	书法楼门文化课程注重融合，发展学生核心素养
李咏梅	北京市通州区青少年活动中心	以茶育人馨香一生——茶艺社团实践活动探究
王天琪	北京市通州区梨园学校	《从中医药中感受传统文化魅力》活动课程实践研究
方孟珅	北京师范大学大兴附属中学	在戏剧教育实践中践行美育育人理念例谈
郑　璇	国家教育行政学院附属实验学校	新时代美育工作中的学校舞蹈社团建设探索
冯丽华	人大附中北京经济技术开发区学校	小学低段音乐教学中节奏训练的实践探究
孙　萌	北京市昌平区少年宫	古筝零基础学生教学要点分析

姓名	单位	论文题目
黄道阳	北京市密云区青少年宫	在密云开展京剧融合式体验教学法的调查报告
李 昱	北京学生活动管理中心	试论少年宫艺术团队凝聚力的培育——以北京市少年宫朗诵表演艺术团建设为例
孙 宇	北京学生活动管理中心	结合"英语点亮科学"特色项目——浅谈多师合作教学实践
明冠华 杨 天	北京学生活动管理中心	校内外结合,探索气候变化教育"植物园+学校"模式
齐景宇	北京学生活动管理中心	北京市中小学生校园足球联赛开展现状的调查与发展研究
陈 雪	北京学生活动管理中心	从学科融合浅析校外摄影教育创新的途径
胡 冰	北京学生活动管理中心	北京市校外教育机构、少年宫系统项目课程建设的窘境与思考
龙 磊 刘鹏进	北京学生活动管理中心	校内外综合实践活动的衔接途径探索——以北京市中小学生植物栽培大赛为例
郭 跃	北京学生活动管理中心	轮滑球辅助练习在冰球训练中的应用价值探究
郭 爽	北京学生活动管理中心	新时代北京市校外教师专业发展的实践与思考
刘 敏	北京学生活动管理中心	浅谈校外教育中儿童灵性的保护
肖凤秋 王 萍	中国儿童中心	北京市课外教育现状研究
王 哲	中国儿童中心	儿童书法启蒙课程建构的研究
王 欢	中国宋庆龄青少年科技文化交流中心	校外艺术教育中的德育渗透探讨

三等奖（84 篇）

姓名	单位	论文题目
徐 静	北京市东城区少年宫	"华服创客+"教学研究
吕 钦	北京市东城区少年宫	基于校内外教育有效衔接与有机融合的分析
穆晓萌	北京市东城区崇文青少年科技馆	S4A 编程学习对学生提高大脑学习效果的浅析
吴振维	北京市东城区崇文青少年科技馆	关于情景教学在模型活动中的应用
李英杰	北京市东城区地坛青少年活动中心	互联网+校外摄影教育的初探
杜 督	北京市东城区明城青少年活动中心	东城区中小学美丽校园建筑模型制作活动研究
朱斌斌	北京市东城区明城青少年活动中心	东城区精品项目斌斌爱心社建设经验与思考
王 斌 曹瑞兰	北京市东城区明城青少年活动中心	明城青少年活动中心特色文化建设研究
刘海初	北京市东城区明城青少年活动中心	新童谣系列活动中以美育人的实践研究
殷 娜	北京市第一零九中学	如何在阅读中培养学生思维品质和文化意识
韩 啸 白雪梅	北京市东城区黑芝麻胡同小学	利用 BMI 数据对学生体质健康水平进行研究
杜欣月	北京市东城区史家胡同小学	德育课中利用博物馆资源弘扬爱国主义价值观
苏 芳	北京市东城区史家胡同小学	浅谈如何利用校内科技馆资源实现育人目标
王 颖 马 艳	北京市东城区培智中心学校	培智学校开展课外亲子活动的实践研究
杨 倩	北京市西城区少年宫	少儿生活创意舞蹈项目构建与思考
肖 薇	北京市西城区青少年科学技术馆	学科融合下校外青少年活动方案的设计研究

姓名	单位	论文题目
林希遥	北京市西城区金融街少年宫	书古文佳句 寻习字之法
左小彦	北京市西城区新街口少年宫	校外教育中的白板互动教学
苏 华	北京市西城区新街口少年宫	关于校外舞蹈教学针对性和实效性的研究
么 雪	北京市西城区西长安街少年宫	做新型校外舞蹈教师——创新舞蹈基本功训练方法
张俊菊	北京市宣武青少年科学技术馆	博物空间之科创星活动课程体系化探索与实践
单 丹	北京市西城区椿树少年宫	开发七彩课程 彰显学科魅力——声乐特色项目建设的实践与思考
李春娜	北京市西城区椿树少年宫	家风美德系列活动——校外教育特色项目建设的思考与实践
李湘燕	北京市西城区椿树少年宫	浅谈在少年宫摄影教学中培养学生的人文精神
崔 雪	北京市朝阳区学生活动管理中心、青少年活动中心	学生实践活动自主学习单的设计
武学永	北京市朝阳区黑庄户教育辅助中心	航空模型活动中学生实践创新能力培养新策略
李建敏 韩文利	北京市朝阳区望京教育辅助中心 北京市朝阳区学生活动管理中心、青少年活动中心	发挥校外棋类项目优势带动校内活动普及发展
王 芳	北京市朝阳区香河园少年之家	心育教育从心理游戏开始
孙 雪	北京市朝阳区香河园少年之家	教育戏剧之育人功能探析
范 均	北京市朝阳区芳草地国际学校教育辅助中心	盘活特色资源促校内外教育融合发展
李旻晔	北京市朝阳区芳草地国际学校教育辅助中心	动听旋律快乐"音评"——学生音乐活动评价策略
张 昭	北京市海淀区甘家口青少年活动中心	"梧桐艺术团微电影活动"精品项目建设

姓名	单位	论文题目
卓健忠	北京市海淀区清河青少年活动中心	开发"传统游戏"独特功能发挥校外教育育人价值
冯淼	北京市海淀区清河青少年活动中心	校外教育"活动育人"的实践研究——以清河活动中心实践为例
金圆	北京市海淀区海淀学区教育教学辅助中心	"四步式"美术专题欣赏系列训练,提高学生欣赏水平
李长江	北京市海淀区中小学综合实践教育中心	北京市海淀区中小学综合实践基地课程设置研究
赵艳	北京市海淀区海淀学区教育教学辅助中心	校外综合实践活动中如何提高小组合作学习的效率
李冰	北京市海淀区海淀学区教育教学辅助中心	在劳动技术教育中渗透美的教育
白大伟	北京市丰台区少年宫	中国传统文化融入校外教育的探索
毕颖	北京市丰台区少年宫	青蓝携手共促发展——党支部引领下的校外青年教师专业发展
贺礼	北京市丰台区少年宫	"一人千声、声色无穷"扬琴教学中音色内涵的探究与途径分析
李宝华	北京市丰台区少年宫	新时代校外教育优质项目建设的经验与思考——丰台区校外"三个一"优质项目建设经验的推广及应用
刘雯	北京市丰台区东高地青少年科技馆	基于STEAM理念的小学生机器人活动课程教学设计的探索与实践
杨莉	北京市丰台区云岗青少年科技站	校本课程的开发及教学研究
焦书祥	北京市丰台区劳动技术教育中心	纸飞机教学活动中自主探究教学策略的实践研究初探
高卉	北京市门头沟区少年宫	"文舞相融"传承中华优秀传统文化——从古诗词中走出的少儿舞蹈创编活动
阚秋影	北京市门头沟区少年宫	开发校外美术教材丰富活动内容

姓名	单位	论文题目
马 峥	北京市门头沟区灵溪基地	小学段如何运用《"有趣的弹力——投石战车"活动》巩固科学课弹力知识点
王文新	北京市房山区少年宫	创优质社团 促全面育人——特色社团建设的探究
孙禹梅 李建伟	北京市房山区少年宫	承古典精华，炫时代色彩——炫彩书画社项目实践
丛君敬	北京市房山区少年宫	创新项目综合表达训练营育人模式探究
李 昂	北京市房山区少年宫	从他律到自律——培养学生自主学习习惯的探究
张行健 陈梦诗	北京市房山区少年宫、房山区琉璃河中心小学	校内外民乐团的建设经验与合作研究
王 佳 朱莹旭	北京市房山区窦店镇窦店中心小学	国粹传承正当时——京剧进校园实践探索研究
梁 晶	北京市通州区青少年活动中心	浅谈校外美术教育中情景活动的实践研究
张建新 徐兆杰	北京市通州区第二中学	"外面的课堂"别样精彩
左晓茹	北京市顺义区少年宫	顺义地方特色校外美术活动课程建设研究
李冬花	北京市顺义区少年宫	朗诵里的学问
刘 颖	北京市顺义区少年宫	浅谈美术材料的开发与运用
于 潇	北京市大兴区少年宫	浅谈戏剧教育对学生美育提升的重要性
段晓敏	北京市大兴区少年宫	少儿琵琶教学中促进情感表达能力的实践研究
李 洁	北京市大兴区少年宫	科技社团项目式学习提升学生创新思维能力
李东敏	人大附中北京经济技术开发区学校	基层教师应如何高效地开展器乐社团教学

姓名	单位	论文题目
罗　娜	北京市昌平区少年宫	少儿舞蹈创作"童心"与"童趣"的表达
宋　倩	北京市昌平区少年宫	浅谈如何提高校外少儿舞蹈教学的趣味性
宋越军	北京市昌平区少年宫	浅谈中国古典舞在少儿舞蹈教学中的作用
徐　晖	北京市昌平区少年宫	试论创造教育在少儿美术教学中的渗透
刘晓兰	北京市昌平区少年宫	论校外思维教学活动中学生核心素养的培养
王东云	北京市平谷区青少年活动中心	春风春雨化墨痕——校外教育中国画教学之研究
郭会娟	北京市平谷区大华山中心小学	小学校外社团活动中渗透传统文化教育的研究
王海伶	北京市怀柔区学生活动管理中心	儿童写意花鸟画系统化教学策略的研究
刘事成	北京市怀柔区学生活动管理中心	儿童写意花鸟画教学评价多元化策略的研究
徐晓龙	北京市密云区青少年宫	浅谈密云区中小学校外开展冰雪运动现状
尹　玉	北京市密云区青少年宫	浅谈如何将学科融合理念融入校外科技教育
隋家萍	北京市燕山少年宫	以钢琴沙龙为平台培养学生艺术素养的研究
赵　茜	北京学生活动管理中心	结合优势资源促进高水平学生天文社团多样化发展
赵　硕	北京学生活动管理中心	少年宫与学校教育合作的分析与研究
李鹤群 王　鹏	北京学生活动管理中心	探索新型小提琴集体课程框架，促进校内外深度融合
张碧云	北京学生活动管理中心	校外美术教育运用信息化手段开展传统文化教育的尝试

姓名	单位	论文题目
程　波	北京学生活动管理中心	国外校外教育发展比较研究
孔令华	中国儿童中心	生活　生命　生长——校外特色儿童素质教育舞蹈综合课程建构
夏宁宁	中国儿童中心	学龄前儿童校外舞蹈教学模式的探索与设计
姜雪晴	中国宋庆龄青少年科技文化交流中心	刍议家长如何有效选择校外艺术课堂
郑昭苏	中国宋庆龄青少年科技文化交流中心	自由与平等：校外教育与学校教育结合的几点思考

附件 2

2019 年北京市课外、校外教育理论研讨会论文征集优秀组织工作奖名单

东城区教委、西城区教委、朝阳区教委、海淀区教委、丰台区教委、石景山区教委、门头沟区教委、房山区教委、通州区教委、顺义区教委、大兴区教委、昌平区教委、平谷区教委、怀柔区教委、密云区教委、延庆区教委、燕山教委、北京学生活动管理中心、中国儿童中心、中国宋庆龄青少年科技文化交流中心。

抄送：中国儿童中心、中国宋庆龄青少年科技文化交流中心。